本书为国家民委民族问题研究项目（编号2015-GM-138）、贵州大学重点学科特色学科重大招标项目（编号GDZT201303号）成果汇集

清水江流域少数民族教育文化研究

杨军昌　李　斌　等著

知识产权出版社
全国百佳图书出版单位
—北京—

图书在版编目（CIP）数据

清水江流域少数民族教育文化研究 / 杨军昌等著. — 北京：知识产权出版社，2020.11
ISBN 978-7-5130-7156-7

Ⅰ.①清… Ⅱ.①杨… Ⅲ.①少数民族教育—研究—贵州 Ⅳ.①G759.2

中国版本图书馆CIP数据核字(2020)第177094号

内容提要

本书为国家民委民族问题研究项目、贵州大学重点学科特色学科重大招标项目成果汇集，内容涵盖民国及以前清水江流域的私塾、义学、社学、书院、官学及近现代学校教育发展状况以及相关的文化如状元文化、宗祠文化、乡贤文化以及民众向学、社会办学风尚等，是对清水江流域多姿多彩民族文化之于教育的较为集中的展示，为地域性学科"清水江学"研究体系的重要组成。主题鲜明，中心突出，资料翔实，论从据出，具有一定的学术意义和实践参考价值。

责任编辑：王　辉　　　　　　责任印制：孙婷婷

清水江流域少数民族教育文化研究
QINGSHUIJIANG LIUYU SHAOSHU MINZU JIAOYU WENHUA YANJIU

杨军昌　李斌　等著

出版发行：	知识产权出版社有限责任公司	网　　址：	http://www.ipph.cn
电　　话：	010-82004826		http://www.laichushu.com
社　　址：	北京市海淀区气象路50号院	邮　　编：	100081
责编电话：	010-82000860转8381	责编邮箱：	wanghui@cnipr.com
发行电话：	010-82000860转8101	发行传真：	010-82000893
印　　刷：	北京九州迅驰传媒文化有限公司	经　　销：	新华书店及相关销售网点
开　　本：	720 mm×1000　1/16	印　　张：	17.25
版　　次：	2020年11月第1版	印　　次：	2020年11月第1次印刷
字　　数：	290千字	定　　价：	78.00元

ISBN 978-7-5130-7156-7

出版权所有　侵权必究
如有印装质量问题，本社负责调换。

导 言

　　教育文化既有重要的理论意义，又有重要的方法论意义。其从学科领域讲包括教育科学与文化的相互渗透与交叉，用多维的视野克服教育单一化、应试化而带来的弊端影响，借以促进教育文化化、文化教育化，最终服务于教育文化事业，推进"以人为本"和实现人的全面发展进程。其从内涵上讲是教育有机体的理论形态，表现为在精神层面其是全部教育活动的灵魂，在制度层面其是教育活动运行的轨道，在器物层面其是教育活动的硬质资源，在行为层面其具有目标终端达成的功能。具有对教育的整体性观照，对生态有机体性质的揭示，对自组织动力的探寻，对主体的关注，对动态文化观的展示的作用与价值。

　　清水江为洞庭水系沅江上游，全长514千米，流域面积17157平方千米，流域人口433.93万，其中苗、侗等少数民族人口占总人口的75%。是全国苗族、侗族、布依族、水族、瑶族、土家族的主要聚居区和苗侗文化中心区域，有着丰富的文化资源和广博的研究领域，教育文化是为其中的重点和亮点之一。早在唐初，清水江流域就出现了学校教育与社会教育并存的局面。天宝年间，著名诗人王昌龄即在流域锦屏隆里创办"龙标书院"，开展讲学活动。宋代开始，不仅有学宫、学馆、书院，还有社学、义学和私塾。明清两代，流域内各类教育进一步发展，其中尤以义学（以官办为主）和书院最为突出，并显示出了民族区域教育发展的时代、地方与民族特色。有清一代，仅义学就有167所，名冠黔中的光绪戊戌状元夏同龢走出流域内的麻江，是为私塾、义学、县学文教之风浓烈的折射。其他有如流域"改土归流"后中原文化与苗侗等族文化的交融并存、民族传统社会教育的制度性坚守、人与自然和谐相处的生态教育惯制、以木商文化为主体而被公认为我国第三大珍贵历史文献的"清水江文书"所体现出的教育文化积淀和教育文化价值等内容，反映了清水江流域教育文化的多样性、特殊性、重要性。

通过文献典籍和田野资料不难发现，清水江流域教育文化是流域内苗侗等族人民图存求强意识觉醒、文化自觉和国家政权力量相互作用的结果，从中既体现出国家政权对流域治理的高度重视，又反映了苗侗等族人民在坚守自有传统文化基础上对主流文化的接纳，以及经由这一过程奠定了流域内苗侗等族的民族国家观念与认同意识。无疑，在漫长的历史岁月中，流域教育文化不时经历着选择、挣扎、顺应、适应和思考的过程，也有着辉煌的喜悦和低落的阵痛。因此，从教育文化视角整理和归纳清水江流域教育文化的演化史迹、发展规律与特点，明晰其传承的机理、机制、脉络、走向，分析和总结其发展经验教训、路径、理念及其历史作用与局限，考量其当代际遇、价值所在和当代使命，犹显必要和紧迫。在具体研究内容上，应跳出目前研究仅限于流域内学校教育研究的现状而应有宽广的、文化的视野，在厘清流域教育文化生存环境与支持系统基础上，注重流域学校文化、教师文化、课程文化、学生文化、家庭宗族教育文化、社会教育文化等的研究并重，应以历史的、辩证的、发展的事业对流域教育文化特征、贡献及其局限，流域传统文化现代化与教育变革历程、民族传统文化与现代教育的融合、教育文化化与教育现代化等进行综合的分析。

正是基于上述认识和思路，以及从教育文化视角系统整理和归纳清水江流域教育文化的演化史迹、发展规律与特点，明晰其传承的机理、机制、脉络、走向，分析和总结其发展的经验教训、路径、理念及其历史作用与局限，发展机遇与当代使命的研究目的，课题运用了文献研究、田野调查、跨学科交叉、统筹分析等方法。对流域教育文化进行了较为系统的研究，并呈现以专题的形式而保障研究成果的分量。具体内容与建树为：

其一，"清水江流域教育文化概述"。可视为课题的总概。在阐发课题研究意义的基础上、简概清水江流域教育文化发展的历程基础上，重点对流域私塾、社学、义学、书院、官学、近代学校及民国学校教育的发展的相关史事与文化进行了概说，对流域教育文化的历史影响进行了总结。

其二，"明代清水江流域的卫学教育"。卫学，为贵州、为清水江流域特殊而又重要的教育形式。对卫学教育的背景、建制沿革、基本规制、教官配备、经费来源及用途和历史意义的拔梳和分析是该专题的主要内容。

其三，"清代贵州义学开办的时空分布与清水江流域的地域特征"。随着"改土归流""开辟苗疆"的完成,清政府在贵州少数民族聚居的广大地区,兴办了大量义学,借以传播封建文化、教化少数民族、加强地区控制。在时空分布上,清水江流域是清代贵州义学开设的重点和特殊区域,数量有176所之多,呈现出以官办为主、空间分布广泛、发展起伏波折、教育目的与教学内容特殊等特征。流域义学既有积极的历史作用,又有其不可逾越的局限性。

其四,"明清时期清水江流域黎平地区的书院教育"。书院教育,是中国古代一种独特的教育形式。清水江流域的书院教育,黎平府辖地是重点,前后有27所。该区域在书院办学上多渠道的经费来源、德高学富的山长、高标准的入院条件、灵活的教学方法、优厚的奖励措施、严格的学规学约、突出的科举成绩呈现出了该地区书院的特色。

其五,"明清时期清水江流域苗侗地区官学教育及其社会影响"。所指官学,是指清水江流域各级地方官府依朝廷的诏令而设立并管理的府、厅、州、县、卫、乡等学,不包括官办的社学、义学以及书院等。清水江流域的官学教育是明清王朝开发、经营"苗疆"的重要举措,同时也是地方社会融入王朝体系的主渠道。系统阐述流域官学系统嬗变的同时,通过进士人群及其社会风气变化等方面探讨分析官学教育对清水江流域的社会影响是专题的重点。

其六,"清代清水江流域'苗疆六厅'学校教育类型及其影响研究"。清代黔东南苗疆范围大致包括今榕江、三都、丹寨、雷山、台江、剑河及其邻近地带,这一地区雍正朝开辟前向为"生界"。雍正年间,鉴于西南边疆形势变化,清廷在此进行了大规模军事行动,设置了"新疆六厅",为巩固统治,避免文化冲突,朝廷在此推行了教化为先,学校为本之策。"苗疆六厅"的教育类型主要有书院、厅学、义学、社学、私塾等,是清政府"化导""生苗"的重要路径,对之进行专题研究,有其重要性。

其七,"民国时期清水江流域中小学教育的学制、课程与教材"。民国时期,该流域中小学教育的学制执行、课程安排与教材使用,伴随着流域教育在多变的社会环境中曲折发展的历程体现出了鲜明的时代特征和历史印迹,并对流域教育事业的发展产生了重要的影响。对其进行专题研究,可窥其大概。

其八,"清水江流域状元文化及其对民族社会的现实教育价值"。因于贵州麻哈州人夏同龢摘取光绪戊戌科殿试魁首而以形成的清水江流域状元文化,是清水江流域各民族共同的历史记忆,是少数民族多元文化灿烂星河中一颗璀璨的明星,代表着中国传统儒家文化在少数民族地区传播的新高度,是清水江流域民族、国家认同的代表性体现。研究认为,这一文化,有着求学上的勤学拼搏、精神上的与时俱进、学术上的经世致用、行为上的"兼济天下"、艺术上的情操陶冶、品德上的守己律身等丰富内涵,同时具有地域性、民族性、传承性、社会性、遗存性等显著特征。作为一方内涵丰富、特色鲜明、影响深远的教育文化品牌,其对于当下清水江流域民族社会,有着积极的现实教育价值。

其九,"清水江流域少数民族宗祠文化与民族社会教育发微"。清水江流域特别是其下游侗族、苗族地区的家祠,不仅数量较多,而且建筑特色形态纷呈,是清水江流域多元文化大花园中灿烂夺目的文化品牌。研究认为:该流域宗祠兴起的基础与动力是伴随国家政权进入与儒家文化渗入而积淀的教育文化,同时,宗祠又通过祭祀祖先、倡学办学、议事集会、修谱定规、依规惩戒等公共活动发挥着对族众的教育教化功能,体现出了诸如尊祖敬宗,奉先思孝;个体启蒙,道德养成;耕读传家,修齐治平等丰富的教育文化内涵,是流域民族社会寓治于教、以教敦俗、以教务治的重要载体和表征,并在民族社会教育中发挥了不可替代的重要作用。流域宗祠的教育实践应体现和发挥追思仰古、道德养成、亲情凝聚、团结合作、爱乡爱国、文化传承等社会教育的价值与功能。

其十,"从《创建蔚文书院官绅士民捐输碑》看清代清水江流域的书院教育"。为典型个案研究。蔚文书院在流域较为著名,其中尤其是留下的《创建蔚文书院官绅士民捐输碑》,见证了书院开办的历史背景、开办历程、教育与管理等历史事实。是研究书院不可多得的"刻在石头上的史书"。

其十一,"清代清水江流域土司宗族的兴学活动与社会变迁——以锦屏亮司龙氏土司为中心"。为典型个案研究。族学教育是一种特殊的教育形式,以本族子弟为主要教育对象,以满足其族属子弟读书应试为目的,以振兴宗族、教化族人为目标。亮司龙氏土司族学自清代创办后,举族维系长期运转,培养了一批知识精英,推动了亮江地区向学风气的形成,其影响一直持续至今。从一个侧面可见流域对于教育之重视。

其十二,"清水江流域竹坪侗寨'教育现象'述论"。为典型个案研究。侗寨竹坪"教育现象"是黔中大地民族民众向学、民族社会办学的一个文化特例。从清代建立学馆传授儒学"以破天荒"到当代人才辈出"再破天荒",较为充分地展示了流域民族民众向学、办学、爱学的热情与风尚。

导言

其十三,"从碑刻看清代清水江流域的乡贤与乡村社会生活——以地坌彭氏为中心的考察"。文章以清水江流域天柱县竹林乡地坌村发现的20余通碑刻为中心,并结合《彭氏族谱》等民间历史文献,分析彭氏家族移民至边疆地方社会之后,奋力科举,终至科甲蝉联的历史过程。考取科举功名之后的彭氏族人,成为乡贤,他们热心乡村教育事业,积极参与修桥铺路、设渡济人、建庵立庙等地方社会各项公共事务,在乡村社会生活中起着举足轻重的作用。

其十四,"从千户指挥到科举世家:以凯里顾氏移民家族的科举之路为例"。论述了明洪武年间江南顾氏作为军事移民来到清水江流域今凯里一带开启军屯生涯后,渐以介入当地土司的争斗之中,同时从入黔五世祖顾良相开始,便开始了亦汉亦苗的宗族生活史事。尤其是在进入清代后,在王朝国家的倡导下,顾氏后裔通过参加科举考试,渐次步入科举世家,成为士绅家族,从而完成了从千户指挥到科举世家的转变历程。

其十五,"清水江流域民族教育文化遗产与乡村旅游融合发展试论"。本部分从遗产学的视角,对贵州丰富的教育文化遗产进行了较为系统的分类,提出在贵州建设山地公园大省、全力推进全域旅游的当下,流域各地应高度重视教育文化遗产资源的开发、整理、打造,积极推进其与乡村旅游的深度结合,并以此促进流域乡村旅游"树形象、提品质、增效益"目标的实现和多种教育天然课堂功能的充分发挥,达到教育文化遗产传承保护与乡村旅游发展的双赢。

其十六,"规制与教化:清水江文书的社会教育内容探析"。明末已降至20世纪50年代400余年中国贵州清水江流域苗侗等族人民为了经营混林农业和木商贸易等而形成的契约文书,亦即清水江文书被中外学者誉为"世界记忆"和"全球重要农业文化遗产"的代表作之一,其数量50余万份的遗存以及内容丰富、归户性强的特点在《中国档案文献遗产名录》中引人瞩目。通过研究,发现清水江文书中丰富而又重要的教育文化内容映,具体表现为爱家爱国、务本成才、行为规范、兴学办学、生态维护、易子而教、地方性知识传承等诸多方面,并在民族社会中发挥着规制与教化的功能,对民族社会秩序的维系、民族文化的传承、民族经济的发展以及民族人口素质的提高均产生了重要的影响。这一来自民间、为民众所书写并践行的文书的教育价值值得关注和深入研究。

其十七,"清水江流域民族教育文化遗产与乡村旅游融合发展试论"。是从遗产学的视角,认为有着形式多样、内涵丰富的教育文化遗产,并对其进行了较为系统的分类。认为在贵州建设山地公园大省，全力推进全域旅游的当下，流域各地应高度重视教育文化遗产资源的开发、整理、打造，积极推进其与乡村旅游的深度结合，并以此促进流域乡村旅游"树形象、提品质、增效益"目标的实现和多种教育天然课堂功能的充分发挥，达到教育文化遗产传承保护与乡村旅游发展的双赢。

其十八，"清水江流域少数民族教育文化的社会传承机制及其嬗变和调适"。研究认为，以苗、侗等民族文化丰富独特而著称的黔东南，少数民族教育文化的社会传承机制类型多样。随着全球化、工业化、城镇化、信息化浪潮不断推进，传统农耕社会正向现代社会演进，形成了一些新的社会传承机制。在持续开放的社会背景下，少数民族教育文化社会传承场正不断地发展变迁，影响了文化传承的土壤和环境，要求我们积极调整和创新文化传承社会机制，方可适应不断变化的新常态。

通过上述研究，得出如下主要观点：

第一，教育文化是人类文化的重要组成部分，是教育有机体的理论形态，具有理论与方法论的双重意义。其实践价值在于动态地跟进社会体现教育的责任，其社会功能在于教育与文化的高度契合，其生命价值在于使人的内心充满向上的活力和意识到人性美德之伟大，其精神价值在于用社会理性传递人类文明。清水江流域民族教育文化是清水江流域各族人民的历史创造和智慧的结晶。

第二，长期被封建王朝视为"化外之区""生苗地带"的清水江流域教育文化的久远历史、鲜明特点和重要影响，在我国民族教育史上具有典型的意义和价值。对其研究的领域宽广，内容丰富，是民族教育、经济、社会、文化等领域研究的"富矿"。

第三，清水江流域教育文化是流域内苗侗等族人民图存求强意识觉醒、文化自觉和国家政权力量相互作用的结果，从中既体现出国家政权对流域治理的高度重视，又反映了苗侗等族人民在坚守自有传统文化基础上对主流文化的接纳，以及经由这一过程奠定了流域内苗侗等族的民族国家观念与认同意识。

第四，清水江流域教育文化遗产，是特定区域中，中央王朝与地方政府主导、流域各民族民众主动而为、儒家文化与民族文化相互影响、官方与民间广为互动、边缘文化与主流文化交流等因素共同作用的结果。其对于陶冶清水江流域民风和提高了苗侗等民族人民的文化素养、维护地方稳定有着深远的影响、培养流域之于国家和地方有用的人才、推动流域重文崇儒风气的形成、促进清水江流域传统文化的发展和创新等方面产生了即为重要的研究。值得认真研究和总结。

第五，通过对流域内灿烂的教育文化研究，可进一步增强流域内苗侗等族人民对本民族文化的自豪感和自信心，推动民族教育发展战略、人才培养模式向着以人为本、人的全面发展方向奋进，同时有助于民族地区社会教育、生态教育的良好开展，并促进人与自然和谐共生，使流域始终成为"人类疲惫心灵的最后家园"。此外，还可为正在建构的以"清水江文书"为主要研究对象的"清水江学"学科提供必要、重要的理论与文化支撑。

第六，文化战略是教育崛起的根本，是教育发展的核心力。民族地区的发展与进步，教育是关键，但缺乏文化的应试教育、短视教育只会带来短期的行为，造成负面的效果，因此应在教育实践中高度重视文化的融入和文化支撑，并实现教育文化化，文化教育化。因此，因在教育发展与人的全面发展的研究中，用高度重视教育文化的研究。

目 录

※ 清水江流域教育文化概观 …………………………………………… 1
  一、前言 ……………………………………………………………… 1
  二、清水江流域教育文化发展历程简述 …………………………… 3
  三、清水江流域教育文化的载体——各类教育组织机构及其活动 ……… 5
  四、清水江流域教育文化的历史影响 ……………………………… 15

※ 明代清水江流域的卫学教育 ………………………………………… 19
  一、卫学教育的背景探析 …………………………………………… 19
  二、卫学的建制沿革 ………………………………………………… 21
  三、卫学的基本规制 ………………………………………………… 23
  四、卫学的教官 ……………………………………………………… 24
  五、卫学生员的定额和所在地区的乡试 …………………………… 25
  六、卫学的经费来源及用途 ………………………………………… 26
  七、卫学教育的历史意义 …………………………………………… 28

※ 清代贵州义学开办的时空分布与清水江流域义学的地域特征 …… 30
  一、贵州义学的发展历程及其时空分布 …………………………… 30
  二、清水江流域义学地域特征 ……………………………………… 38
  三、清水江流域义学教育的影响 …………………………………… 45

※ 明清时期清水江流域黎平地区的书院教育 ········ 49
- 一、黎平地区书院的建置与分布 ················· 49
- 二、黎平府书院的组织管理 ····················· 52
- 三、黎平书院的教学特色 ······················· 54

※ 明清时期清水江流域苗侗地区官学教育及其社会影响 ···· 58
- 一、府厅州县学之设 ··························· 58
- 二、科举取士范围的扩大 ······················· 61
- 三、鼎故革新：创办新式学堂 ··················· 64
- 四、官学教育的社会影响 ······················· 66

※ 清代清水江流域苗疆学校教育类型及其影响 ·········· 75
- 一、清水江流域苗疆学校教育类型、特点 ········· 75
- 二、学校教育对清水江流域苗疆的影响 ··········· 80
- 三、结论 ····································· 84

※ 民国时期清水江流域中小学教育的学制、课程与教材 ···· 85
- 一、民国时期清水江流域中小学发展概貌 ········· 85
- 二、清水江流域中小学学制课程 ················· 88
- 三、清水江流域中小学教材 ····················· 90
- 四、结语 ····································· 92

※ 清水江流域状元文化及其对民族社会的现实教育价值 ···· 94
- 一、状元文化的内涵 ··························· 95
- 二、状元文化的特征 ··························· 98
- 三、状元文化对民族社会的现实教育价值 ········· 100

※ 清水江流域少数民族宗祠文化与民族社会教育发微 ······ 105
- 一、教育：清水江流域少数民族宗祠建立的文化基础 ···· 105
- 二、清水江流域少数民族宗祠的教育载体与教育活动 ···· 107

三、清水江流域少数民族宗祠的教育文化内涵……………………111
　　四、清水江流域少数民族宗祠文化的时代变迁及其教育价值的当代诉求…114

※ 从《创建蔚文书院官绅士民捐输碑》看清代清水江流域的书院教育………118
　　一、蔚文书院之创办……………………………………………………119
　　二、蔚文书院的教学与管理……………………………………………122
　　三、蔚文书院的时代影响………………………………………………126

※ 清代清水江流域土司宗族的兴学活动与社会变迁
　　——以锦屏亮司龙氏土司为中心………………………………………127
　　一、龙氏土司宗族的兴学背景…………………………………………128
　　二、族学的兴办及办学经费……………………………………………130
　　三、龙氏土司宗族兴学活动的影响……………………………………132

※ 清水江流域竹坪侗寨教育现象述论………………………………………137
　　一、竹坪简介……………………………………………………………137
　　二、竹坪教育现象………………………………………………………138
　　三、竹坪"教育现象"产生的原因分析………………………………141
　　四、竹坪教育现象的启示………………………………………………143

※ 明清时期清水江流域乡贤与民间乡村教育摭论…………………………145
　　一、贵州乡贤的产生及黔东南乡贤……………………………………145
　　二、乡贤推动的民间乡村教育…………………………………………149
　　三、乡贤兴学活动的特征………………………………………………153

※ 规制与教化：清水江文书的社会教育内容探析…………………………157
　　一、爱家爱国……………………………………………………………158
　　二、务本成才……………………………………………………………159
　　三、规范行为……………………………………………………………161
　　四、兴学办学……………………………………………………………163

五、易子而教 165
　　六、生态教育 166
　　七、社会教育内容之作用 169

※ 清水江流域民族教育文化遗产与乡村旅游融合发展试论 172
　　一、教育文化、教育文化遗产与乡村旅游 172
　　二、清水江流域教育文化遗产 174
　　三、清水江流域乡村旅游的状况分析 176
　　四、流域教育文化遗产与乡村旅游融合发展的意义与路径 178

※ 清水江流域少数民族教育文化的社会传承机制及其嬗变和调适 183
　　一、少数民族教育文化与社会传承机制 183
　　二、少数民族教育文化的社会传承机制 184
　　三、少数民族教育文化社会传承机制的创新 189
　　四、少数民族教育文化的社会传承机制在新常态下进行调适的探讨 192

※ 从碑刻看清代清水江流域的乡贤与乡村社会生活
　　——以地坌彭氏为中心的考察 195
　　一、彭氏移民及其科举之路 196
　　二、彭氏乡贤与崇文重教 198
　　三、彭氏乡贤与地方社会公共事务 200
　　四、研究结论 206

※ 从千户指挥到科举世家
　　——以凯里顾氏移民家族的科举之路为例 207
　　一、从"汉"到"亦汉亦苗"：顾氏的移民 207
　　二、顾氏宗族的科举之路 213
　　三、顾氏宗族转型后的影响 215
　　四、余论 218

附 录

※ 黄质夫乡村教育思想及其在贵州民族地区的乡村教育活动……………222

※ 清末民国贵州教坛女杰与女子学校教育……………………………………229

※ 对话视域中的贵州民族文化进校园试论……………………………………236

※ 贵州民族地区基础教育资源配置的问题与优化分析
　——以黔东南苗族侗族自治州为例………………………………………244

※ 浓浓的乡情　满满的思念
　——罗雍品《笔尖上的故乡》序…………………………………………253

后　记…………………………………………………………………………257

※清水江流域教育文化概观

一、前　　言

　　教育文化既有重要的理论意义，又有重要的方法论意义。从学科领域讲，教育科学与文化的相互渗透与交叉，以多维的视野能够克服教育单一化、应试化而带来的弊端，借以促进教育文化化和文化教育化，最终服务于教育文化事业，推进"以人为本"和实现人的全面发展。

　　清水江流域位于贵州省东南部，是黔中高原向湘西丘陵及广西盆地的过渡地带。清水江隶属沅水水系，是贵州省境内长江流域的第二大水系，主要的支流有重安江、巴拉河、南哨河等，是贵州由西而东的主要河流之一，其干流流经黔南布依族苗族自治州的都匀、贵定、福泉和黔东南苗族侗族自治州的凯里、黄平、施秉、台江、三穗、剑河、黎平、锦屏、榕江、天柱、雷山、麻江、丹寨16县（市）。流域人口433.93万人，其中少数民族人口325万人，占总人口的75%，是全国苗族、侗族、布依族、水族、瑶族、土家族的主要聚居区和苗侗文化中心区域，有着丰富的文化资源和广博的研究素材，教育文化为其中的重点和亮点之一。

　　早在唐初，清水江流域就出现了学校教育与社会教育并存的局面。天宝年间，著名诗人王昌龄即在流域锦屏隆里创办"龙标书院"，开展讲学活动。宋代开始，不仅有学宫、学馆、书院，还有社学、义学和私塾。明清两代，流域内各类教育进一步发展，其中尤以义学（以官办为主）和书院最为突出。有清一代，仅义学就有145所，名冠黔中的光绪戊戌状元夏同龢走出流域内的麻江，是流域私塾、义学、县学文教之风浓烈的折射。其他有如流域"改土归流"后中原文化与苗侗等族文化的交融并存、民族传统社会教育的制度性坚守、人与自然和谐相处的生态教育惯制、以木商文化为主体而被公认为我国第三大珍贵历史文献的"清水江文书"所体现的教育文化积淀和教育文化价值等内容,反映了清水江流域教育文化的多样性、特殊性和重要性。

清水江流域教育文化是流域内苗、侗等族人民图存求强意识觉醒、文化自觉和国家政权力量相互作用的结果,从中既体现出国家政权对流域治理的高度重视,又反映了苗、侗等族人民在坚守自有传统文化基础上对主流文化的接纳,以及经由这一过程奠定的流域内苗、侗等民族的国家观念与认同意识。无疑,在漫长的历史岁月中,流域教育文化不时经历着选择、挣扎、顺应、适应和思考的过程,也有着辉煌的喜悦和低落的阵痛。因此,从教育文化视角整理和归纳清水江流域教育文化的演化史迹、发展规律与特点,明晰其传承的机理、机制、脉络和走向,分析和总结其发展经验教训、路径、理念及其历史作用与局限,考量其当代际遇、价值所在和当代使命,尤其必要和紧迫。

要对清水江流域教育文化有一个较为全面的展示,需要在具体研究中跳出目前一些学者的研究仅限于流域内学校教育而不及其余以致成果单调难以反映历史全貌的限制,以宽广的、文化的视野,在厘清流域教育文化生存环境与支持系统基础上,注重流域学校文化、教师文化、课程文化、学生文化、家庭宗族教育文化、社会教育文化等的研究,同时以历史的、辩证的、发展的视野对流域教育文化的特征、贡献及其局限,流域传统文化现代化与教育变革历程、民族传统文化与现代教育的融合等进行综合的分析。

长期以来,教育学理论研究往往疏于对边远少数民族地区教育历程、规律、特征及其社会作用等方面的探究和抽象总结,而于教育总体层面的理论又往往难以解释民族地区的教育现象且在实践指导上又有着与实际状况和客观诉求相脱离的可能。基于上述视角对清水江流域少数民族教育文化的研究,无疑有助于补充和丰富教育理论之于民族地区的内容,促进民族教育学理论体系的完善。同时,通过对流域内灿烂的教育文化发展历程的梳理,内容的归纳,规律的总结,作用的评价,可增强流域内苗、侗等族人们对本民族文化的自豪感和自信心,从而进一步激发出对民族文化传承、保护和开发并重的信念与热情,推动民族教育发展战略、人才培养模式向着以人为本、人的全面发展方向奋进。

二、清水江流域教育文化发展历程简述

  大体来看，在唐代之前的历史长河中，清水江流域各民族大都采用家庭教育这种口传心授、言传身教的传统教育形式来教化子民，内容包括思想伦理、民间约规、道德品质、生产劳动、生活常识、语言、称谓、衣着、接人待物、音乐、舞蹈、戏曲、歌谣、谚语、格言、神话故事、传说等。唐代中后期，一些汉族文人、学者到清水江流域任职后，便开始了办学、讲学活动。唐天宝年间（742—755年），著名诗人王昌龄谪任流域龙标县尉期间，捐资创办了"龙标书院"；唐永贞十年（815年），杰出的文学家柳宗元任永州刺史时，传授汉文化，对这一地区的文化教育发展产生重大积极促进作用。

  宋、元时期，中央封建王朝的势力逐渐深入到黔南、黔东南地区，为巩固和加强对清水江流域的管控，将清水江流域的教育文化渐次纳入到封建王朝文化教育体系的轨道中。宋代，各种办学机构数量在流域内明显增多，不仅在县城建学宫、学馆、书院，在县城之外也开始创建了一些社学、义学和私塾。但这一时期，由于封建王朝对少数民族实行民族压迫政策，也由于受地理、交通等条件的限制，能接受学校文化教育者大都是有钱人家和官家子弟，广大偏远地区的少数民族，基本上仍采用社会民间传统教育的方式。有元一代，由于统治者统治之残酷和战乱的频仍，这时期清水江流域的学校教育基本上处于停滞不前的状态。

  明代强调"治国以教化为先，教化以学校为本"。明代清水江流域除在所属州、府、县等行政中心建立书院、学宫之外，还在人口比较集中的集镇、乡村建立了大批社学、义学和私塾。特别是私塾，小型灵活，基本上是一个老师负责一所私塾全部学生的教学，人们既承受得起塾师的报酬，又方便少年儿童就近入学，故备受欢迎，当时私塾几乎遍及流域的大小村寨。

  清朝统治者为了达到"国家设立学校，原以兴行教化，作育人才"的目的，曾多次颁发有关办学的谕示，放宽对边疆少数民族的受教育政策。康熙九年（1670年）朝廷对录取少数民族子弟入学政策进一步放宽：府学录取20名，县学录取151名，中县录取12名，小县录取7~8名。康熙二十五年（1686

年），朝廷下令："各土司子弟，愿读书者，准送府州县学，令教官训课。学业有成者，该府查明，具题奖励。"❶康熙四十四年（1705年），再批准在贵州民族地区设立义学，"将土司子弟送学肄业，以俟袭替。其族属人等及苗民子弟愿入学者也令送学"，"贵州仲家苗民子弟一体肄业，考试仕进"。❷再如，乾隆年间，在国家所办的各级学校，曾拨一定的钱粮资助学童。清水江流域办学之风于是更盛，各省、府、州、县建立邑学，大乡巨堡均设社学。❸清代清水江流域的文化教育较之过去有所发展：黔东南州有府学3所、厅学2所、州学2所、县学8所，各府、州、厅、县都建有书院、义学，其中书院有44所，义学有50余所。❹

清末废科举，兴新学。清水江流域的各级书院、社学、义学、学馆等均改为学堂。尤其值得重视的是，在清末民初流域还创建一批女子学校，如王开媛"黎平荷花塘女子学堂"、黄耀宗"镇远开化女子初级小学校"、彭承先"台江县立初等国民女子学校"、傅子寿"旧州女子高等小学校"、宋仁林"施秉坤仪女子小学校"，一批实业学校如八寨农林小学堂、施秉初等实业学堂、天柱蚕桑高等小学校、天柱乙种商业学校等，堪称清水江流域教育空前之壮举。

民国时期清水江流域教育大致经历了民国前期、抗日战争时期、抗日战争胜利到中华人民共和国成立前三个阶段。民国前期，贵州军阀混战，社会动荡，当时的政府无法顾及教育，但有志于教育的人士和广大知识界人士，仍积极努力发展地方教育文化，清水江流域的教育事业较清末有了一定的发展和进步。这一时期，流域各县的中心小学及各类学堂都比清末有所增加，如在民国二十四年（1935年），流域主要区域今黔东南州各县市就有小学450所，比宣统三年（1911年）各类学堂总数125所增长了2.6倍。抗日战争时期，随着国民政府"新县制"的推行、教育经费的增加、沦陷区许多知识分子的迁入，流域的教育事业取得了显著成就。到抗日战争胜利时，黔东南苗族侗族自治州（以下简称"黔东南州"）的中心学校就发展到235所，保国民学校发展到1166所。之后，随着内战爆发，社会动荡，各县财力支绌，大量裁减教育经费，不少学校停办，教师收入微薄，

---

❶ 素尔讷.钦定学政全书［M］.北京：中华书局，2015.
❷ 贵州省续修通志局.贵州通志·学校志［M］.铅印本.贵阳：贵州文通书局，1949.
❸ 龙连荣.中国侗族教育史略论［J］.黔东南民族师专学报，1997（2）.
❹ 黔东南苗族侗族自治州地方志编纂委员会.黔东南苗族侗族自治州志·教育志［M］.贵阳：贵州人民出版社，1994：2.

不少辞职谋生他去，小学发展陷入低谷。到1949年，流域贵定县裁去初等小学48所，裁比达65%。❶ 都匀的保国民学校由抗战胜利时的129所锐减到44所❷，黔东南州仅有小学597所，学龄儿童入学率仅21%。❸

而在普通中学教育上，清水江流域在民国时期也得到了缓慢发展。1946年6月《贵州省中等教育概况》统计，今流域黔东南州有普通中学18所93班，在校生4201人，教职员357人。但随着内战的爆发，流域中学教育与小学一样，处于艰难的发展境地。到1949年年底，也仅有普通中学22所。

中华人民共和国成立后，清水江流域在中国共产党的领导下，民族教育事业进入了一个崭新的发展时期。

三、清水江流域教育文化的载体——各类教育组织机构及其活动

清水江流域教育文化载体——各类教育组织机构包括私塾、各类官学（儒学）、社学、义学、书院、近现代学校（清末、民国时期）等。兹分别简述如下。

（一）私塾

私塾是私家学塾的简称，古人称私塾为学塾、教馆、乡塾、家塾等。私塾由塾发展而来。西周时期，塾是乡学中的一种形式。《学记》追述西周的学制说："古之教者，家有塾、党有庠、术有序、国有学。"当时，学在官府，官师合一。塾的主持人是年老告归的官员，负责在地方推行教化。人们一般都认为孔子在家乡曲阜开办的私学即是私塾，孔子是第一个有名的大塾师。私塾有蒙馆和经馆两类。蒙馆的学生由儿童组成，重在识字；经馆的学生以成年人为主，重于举业。根据私塾的设置情况，清末学部把私塾分为义塾、族塾、家塾和自设馆等类。义塾也称义馆，以出身清贫家庭的子弟作为免费施教对象。族塾依靠族产支撑，属于宗族内部办学，一般设在宗祠内，不招收外姓儿童。富家大户聘请名师宿儒在

---

❶ 贵州贵定县志编委会.贵定县志[M].贵阳：贵州人民出版社，1995：800.
❷ 都匀市志编委会.都匀市志（下）[M].贵阳：贵州人民出版社，1999：1051.
❸ 黔东南苗族侗族自治州地方志编纂委员会.黔东南苗族侗族自治州志·教育志[M].贵阳：贵州人民出版社，1994：121.

家专门教授自己子女的私塾称为家塾。自设馆是塾师自行设馆招生的私塾，不拘姓氏。私塾多为蒙学程度，以自设馆为最多。私塾实行个别教学，塾师根据不同人的学习基础、接受能力安排课业，体现了因材施教的原则。私塾以《三字经》《百家姓》《千字文》《千家诗》《增广贤文》《弟子规》《朱子格言》为常用教材，《论语》《孟子》属于经典读物，对学生背诵的要求特别高，读书是私塾学生的主要活动。私塾对于文化的传递、人才的培养，在古代曾经做出过贡献，是适应古代社会需要的教育形式。

据《贵州教育史》《黔东南苗族侗族自治州志·教育志》等资料，清水江流域私塾起于汉代黄平、岑巩等地的办学。唐代，流域中的珍州、思州、亮州、应州建有州学，受教育的影响，流域各地的私塾有所发展。元代，流域各县、长官司的治所均设有私塾课授蒙童。明代永乐年后，流域境内官学发展，私塾也遍及流域各地，汉文化通过私塾已传入苗乡侗寨，如明末崇祯赤溪浦洞长官司治所周围的葡寨、司头、漂寨、岑戈、小湳等寨都有私塾建立。其他的私塾发展状况从明代墓志和各类碑刻多为塾师所作即可窥其一斑。

清代而后，特别是"开辟苗疆"后，清水江流域各地土司、卫所及其宗族、富家多设立私塾教育子弟。较有名的私塾有：乾隆十五年（1750年）思州府总院坪富户朱正熙创办的私塾、嘉庆年间清江厅的圭从私塾、同治年间黄平州杨再先献家为馆而开办的私塾、光绪年间清江八十溪开办的私塾、黎平辞官不受的进士胡长新开设的束馆等。其中，再先私塾聘请四川汉族巴先生为塾师，包其生养死葬。巴氏教授杨家子弟考上生员、举人。其后杨氏子孙又数代为师，成为黄平远近闻名的著名私塾。清末民初清水江流域的村村寨寨已遍及私塾教育。民国四年（1915年），仅天柱县城乡就设有"私塾220所，学生4632人，塾师225人，私塾校数是该县两等小学数的4倍，私塾学生占小学生总数的60%"[1]。无疑，当时的私塾，承载着清水江流域民族地区基础教育的主要职责。

私塾与一定的经济社会发展相适应，到了清末后其发展便与时代的要求产生了距离。1903年，清廷"癸卯学制"颁布推行；1905年，废科举兴新学之后，其学部下发了《私塾改良会章程》，鼓励劝学所对私塾进行改良，调整私塾的课程、教材、教法，促使私塾向近代小学靠拢。民国四年（1915年），贵州省颁

---

[1] 黔东南苗族侗族自治州地方志编纂委员会.黔东南苗族侗族自治州志·教育志[M].贵阳：贵州人民出版社，1994：2.

行《贵州省修正改良私塾章程》，清水江流域各地据之成立"私塾改进会"，改办私塾为符合现代教育的单级小学或初等小学。1935年前，流域私塾半数被"改进"。之后，由于流域一带军阀混战，又进入抗日战争阶段，官学受到冲击，私塾反而得到发展，并一度填补了官学被破坏所造成的教育真空。1936年，流域岑巩县有私塾71所，1939年发展到84所，入馆学童1087人，其中女生21人。1941年后，流域地区推行新县制，"取缔私塾""保必建校"，多数私塾被改建为保国民学校，但因流域地区地形复杂，地势起伏，村寨分散，与保国民学校距离较远等，台江、剑河、丹寨、雷山等地的私塾仍"约占小学校数的50%"，但一些县份，如岑巩则基本上结束了私塾教育。中华人民共和国成立后，流域各地根据《共同纲领》的文教政策，把私塾视为一种私立学校当成了改造对象，各地私塾或并入小学，或主动闭馆，到了20世纪50年代后期基本绝迹。

（二）官学（儒学）与科举

明清两代，在对贵州少数民族地区渐次改土归流后，如何使"化外之地"尽早成为"王化之区"，其治理的重要手段便是通过设立官学进行教化以达此目的。这里的官学，是指清水江流域各级地方官府依朝廷的诏令而设立并管理的府、厅、州、县、卫、乡等学，也包括在雍正年间"开辟苗疆"后，在流域新设置的八寨、丹江、古州、清江、都江、台拱等"新疆六厅"开办的具官学性质的"苗学"，不包括官办的社学、义学，以及书院等。流域官学教育是明清王朝开发、经营"苗疆"的重要举措，同时也是地方社会融入王朝体系的主要渠道。

明清时期，学校是科举的必由之路，所谓"治国以教化为先，教化以学校为本"。明太祖朱元璋对学校非常重视，洪武二年，"令天下府州县卫所皆立学"。贵州建省之前，仅有永乐五年（1407年）的思州宣慰司学能够涵盖清水江流域部分地区，其余皆无学。此后，官学逐渐设立，整个明清时期，清水江流域的官学共有黎平府、镇远府、都匀府等府学3所，都匀卫、兴隆卫、清平卫、偏桥卫、铜鼓卫等卫学5所，永从、天柱、镇远、施秉等县学4所，古州厅厅学1所，黄平州学1所，锦屏乡学1所。

科举应有考棚。考棚是士子参加各府州县考试，获得更高一级考试的必备条件。贵州建省后，由于流域各地参加考试的士子人数较少，且限于财力，各府州县的考试基本上是根据地区远近实行合棚就考，清水江流域河道纵横，道路崎岖，行程极为艰难，一些因家贫或体弱的士子就不能参加更高一级的考试。随着学校教育的发展，清水江流域读书应试的人数不断增加，各府州县为使更多士子参加科举考试，积极奏请设立考棚。清水江流域最早的考棚是明嘉靖时设的镇远考棚。清雍正十年，巡抚张广泗据黎平府知府滕文炯详题"呈请建棚分考，永免长途跋涉守候之苦"❶。随后黎平府"奉旨给帑银八百两，并士民捐银，鸠工创建，雍正十一年告成"❷。清水江上游的都匀府也在乾隆年间"准其设立考棚，以乾隆二十八年岁考为始，令学政按临该府新棚考试"❸。麻哈州在同治十三年修复三台书院后，也建立了考棚。❹光绪二十六年，署天柱县林佩纶也倡修成了考棚。❺考棚的不断设置，显然也是官学教育不断加强的表现。

明清清水江流域的进士，从无到有，呈现出增加的趋势。具体而言，明清两朝，流域共考取文进士 83 名。其中，明朝考中进士共计 16 名，占总数的 19.3%；清朝考中进士共计 67 名，占总数的 80.7%。清水江流域最早的进士是明景泰五年（1454 年）甲戌科贵州都司兴隆卫（今黄平县重安镇）人周瑛，中二甲一百零四名；最后一名进士是光绪二十九年（1903 年）癸卯科清平人孙迥澜，中三甲一百三十五名。清朝最后一次科举是光绪三十年（1904 年）甲辰科，因慈禧太后七旬万寿，改正科为恩科。清朝乾隆年间考中进士达 26 人之多，占总数的 31.3%。甲第最高的是光绪二十四年（1898 年）麻哈州（今麻江县）人夏同龢高中戊戌科一甲一名，即状元，是贵州省仅有的二名文状元之一。

（三）社学与义学

社学，为元、明、清三代的地方小学，创立于元代至元二十三年（1286 年）。元制 50 家为一社，每社设学校一所，择通晓经书者为教师，施引教化，农闲时令子弟入学，读《孝经》《小学》《大学》《论语》《孟子》，并以教劝农桑

---

❶ 张广泗：《考试分棚疏》，（乾隆）《开泰县志》冬部《艺文志》，第 4 页。
❷ 黎平县县志编纂委员会.黎平府志（点校本）[M].北京：方志出版社，2014：327.
❸ 素尔讷.钦定学政全书（卷六十五：各省事例）[M].北京：中华书局，2015.
❹ 拓泽忠，等.麻江县志（卷八：学校）[M].铅印本.1938：4.
❺ 王复宗.天柱县志（卷八：艺文志·重修文昌棚叙）[M].影印本.[出版地不详]：天柱县书局，1903（光绪二十九年）.

为主要任务。社学是当时农村启蒙教育的一种形式,带有义学性质。

明太祖洪武八年(1375年)诏天下立社学,全国各地纷纷设立社学。到正统年间,朝廷还把社学与科举挂上钩,社学中有达到要求的佼佼者,还允许补当地的儒学生员,踏入科举仕宦之途。到了弘治年间孝宗时,令各府州县建立社学,民间幼童15岁以下者送入读书,讲习冠婚丧祭之礼,社学从乡村发展到府州县城,成为儒学之外另一宣扬封建伦理纲常的重要教育形式。

社学由于社会办学形式灵活,比较适合贵州山区开办启蒙与普及教育的要求,因而在明代,特别是贵州开省以后,贵州在创办府州县学与书院的同时,陆续兴办了许多社学,最多时达到200余所。明末清初,贵州政局动荡,社学大多毁于兵火。清军入关后,沿袭明代教育体制,诏令发展基础教育,恢复社学教学,于是贵州的社学又陆续得到发展,直至乾隆年间。

镇远府社学是清水江流域、也是贵州最早创办的社学之一,建于明嘉靖三十二年(1553年)。流域古州、八寨、小丹江(雷山)、清江(剑河)、施秉、凯里、丙妹(从江)、朗洞(榕江)、柳霁(天柱)、永从等地都设有社学。社学教育多按万历年间吕新吾《社学要略》执行,初入社学8岁以下者,先读《三字经》《百家姓》和《千字文》,这一阶段属发蒙阶段,由蒙师负责;8~15岁为第二阶段,学习内容包括御制大诰,本朝律令及冠婚、丧、祭等礼和"四书""五经"等文义典故。这一阶段由"通晓经书"的社师负责讲授,并要接受地方官的巡视督察。

与社学同具蒙学,或基础教育的又一学校形式,即为义学。义学又称义塾,一般指私人捐资设立,或利用祠堂、庙宇等公产创办,招收贫寒子弟入学的免费蒙学。义学的创办,最早始于北宋。据《宋史》记载,北宋参知政事范仲淹就曾捐资创办义学,教育同族贫寒子弟。清代义学,最初设在京师,后各省府、州、县纷纷设立,成为孤寒生童或少数民族子弟秀异者接受初等教育的机构。在贵州,义学主要设在少数民族聚居区,作为封建统治者推行"教化"、巩固封建统治的工具,清水江流域是贵州义学开办的重点区域。

清水江流域的义学,开始于康熙后期的贵州巡抚于准向康熙上的著名的《苗民久入版图请开上进之途疏》。该疏要求政府允许贵州在少数民族地区设立义学,借以教化苗民子弟,缓和矛盾,培养统治人才。其后的"康熙四十五年,议准黔省府州县卫俱设义学,准土司生童肄业。颁发御书,文教遐宣,匾额奉悬各学"❶。义学在流域逐渐铺开。与全省比较，流域义学显示了较为典型的特征：第一，与多为"官督民办"不同的是，流域少数民族义学作为官方的基础教育，被完全纳入官学体系中，由府、州、县各级官吏直接义学的发展。"朝廷为彝洞设立之学，及府、州、县为彝洞捐立之学，则曰：义学，盖取革旧之义，引于一道同风耳。"❷第二，流域义学在清代得到了充分的发展，空间分布上十分广泛。据不完全统计，先后共兴办义学176所，广泛分布在天柱、施秉、镇远、黄平、清江、锦屏、台拱、麻哈、八寨、丹江、都匀等地。第三，从时间分布看，流域义学的发展较为曲折，且每个阶段的义学发展都生动反映了当时当地的政治时局。例如，乾隆前期到道光年间流域兴办义学仅有5所，几乎处于停滞状态，其原因主要是雍正六年（1728年）至嘉庆元年（1796年），吴八月、石三保、石柳邓等人先后发起了声势浩大、波及西南四省的乾嘉苗民大起义。又如，光绪年间清水江流域形成了兴办义学的高潮，义学数量达到104所之多，主要原因是中央王朝调整了该地区的策略，采取安抚方式来维护地方稳定，以缓解当时民族之间的矛盾。

流域义学，对入义学读书的人，没有严格的年龄限制，一般是少年儿童。有的义学对学习用功的孩子还给以奖励，"月拨银一两，为义学学生背书奖赏"。学得好的，不管是汉童或少数民族学生，还可以经过考核，进入儒学。在客观上，清代义学的广泛设置，使居住在边远山区的少数民族子弟增加了读书机会。根据有关记载：黎平府的苗族"悉以耕凿诵读为事"而且"亦多读书应试"，黄平、清平一带苗族读书应试入科者颇多。台拱厅从没收起义者"死亡绝户"的田租九百石作为经费，"设义学二十三馆，督率苗民子弟入塾肄业"。这些史料，说明了义学对广大农村教育的历史作用。

（四）书院的发展

书院作为中国古代社会一种独特的教育组织，起于唐末五代，在北宋进一步确立和发展。南宋时期，随着中国经济重心的南移和书院教育的繁盛，书院开始进入今贵州省境内。据史载，南宋绍兴年间，在绍庆府治彭水县（今贵州省沿河县）境内，曾建有銮塘书院和竹溪书院。元朝皇庆年间，儒学教授何成禄在顺元

---

❶ 素尔讷等纂修，霍有明，郭海文点校.钦定学政全书校注［M］.武汉：武汉大学出版社，2009.
❷ 霍有明，郭海文点校.（民国）贵州通志·前事志［M］.贵阳：贵州人民出版社，1991.

路儒学旧址（今贵阳市境内）创办了文明书院。贵州建省后，中原经济文化进入贵州民族地区，书院随之在贵州蓬勃兴起。书院的兴起和发展，为贵州教育事业的发展注入了生机与活力，推动了贵州学术文化的进步。

在清水江流域，书院在明清时期建设较多。从资料看，流域明代共建书院16所，占明代贵州38所的42%。最早者为明洪武、永乐年间，新添卫（今贵定县）指挥叶凤邕捐资创办的魁山书院，次为弘治元年（1488年）兴隆卫人、太仆卿周瑛归里后创办的草庭书院，再次为正嘉年间何志清建办的黎平天香书院。之后相继有嘉靖七年（1528年）佥事朱佩建创办的平越石壁书院、嘉靖九年（1530年）知府黄希英建的镇远紫阳书院、嘉靖十三年（1534年）谪驿丞陈邦敷建的平越中峰书院、嘉靖十五年（1536年）王溥建的偏桥南山书院、嘉靖年间建的兴隆卫月潭书院、嘉靖后期建的都匀府鹤楼书院、隆庆年间孙应鳌建的清平卫学孔书院、万历二十三年（1595年）提学徐秉正建的都匀府南臬书院、万历二十四年（1596）知县张月建的施秉兴文书院、万历二十五年（1597年）知县朱梓建的天柱开化书院等。到了清代，流域书院增加较多，其中在乾隆、嘉庆时期，流域"苗疆六厅"各设有书院讲学。至清末光绪二十八年（1902年）天柱白云书院最后建立时，在清代共建有书院46所。其中，黎平府及其所属厅县建有书院20所，镇远府及其所属厅州县建书院12所，思州府及其所属县建书院3所、贵阳府属的流域地域2所、都匀府属流域书院7所、平越府属流域书院2所。

流域书院的主持人称院长、主讲或山长，一般都是学识渊博、品格过人的学者。书院师生关系融洽，感情深厚，弟子不惮路途艰难，负笈而往，不为功名，而求学问。书院的教学方法多采用问难论辩等启发思维的方法，注重自学，提高学习兴趣，培养能力。书院实行门户开放，允许不同学派进行讲学，遍求名师，如黎平的黎阳书院，曾延请浙湖名宿来主讲。书院的创办经费大致有三种来源：一由官府拨款修建，二由地方富室承办，三由地方官吏、士绅或某些大师的弟子们出面集资兴建。常年运转经费的来源途径有：一是来源于官府拨给或由士绅捐献的学田租谷，二是抽取地方厘金作书院经费。在流域的书院中，有以讲求理学为主的书院，如孙应鳌建的清平卫学孔书院；有以博习经史词章为主的书院，如都匀府南臬书院重视以"朴学"教授弟子；有以科举为重点的书院，如黎平天香书院以"黎郡人文，后贤继起，甲科乙榜，时获题名"而著名。

明清两代，清水江流域先后建立的60余所书院尽管教学内容有不少糟粕，但却在沟通中原文化、促进流域教育发展、活跃学术氛围、提高人的素质等方面具有一定的积极作用。特别要提出的是，在流域，保留有不少书院章程的碑刻，如清道光年间的《凤山书院条例章程》、光绪年间的《凤山书院新订章程》等，以及其他碑刻如乾隆年间的《创修凤城书院碑记》、嘉庆年间的《娄江翠文书院功德碑》、光绪年间的《印台书院重修功德碑记》等，这些前人留下的之于书院发展的"刻在石头上的史书"，文献价值十分突出。

（五）清末近代学堂与民国时期的教育发展

1. 清末近代新式学堂

鸦片战争后，中国渐入近代，改革成为时代的最强音。肇端于20世纪60年代的洋务运动以"师夷长技以制夷"为纲领，"采西学"成为时代的方向标，"特设一科，以待能者"成为时代的呼唤。❶相继京师同文馆的设立成为近代新式学校的肇端，改革学校和科举已成为当务之急。光绪二十二年（1896年）五月，工部侍郎贵阳人李端棻上《请推广学校折》，奏请"自京师以及各省府州县皆设学堂"，并建议变通章程改书院为学堂。光绪二十七年（1901年），"著将各省所有书院，于省城均设大学堂，各府厅直隶州均设中学堂，各州县均设小学堂"❷。清水江流域亦积极响应，如镇远府在光绪二十八年（1902年）就将秀山、文明两书院改设明德中西学堂。光绪二十九年（1903年）清政府颁布上谕："即著各该督抚赶紧督饬各府厅州县建设学堂，并善为劝导地方，逐渐推广。"❸光绪三十一年（1905年），袁世凯等人联名奏请《立停科举以广学校折》，八月清政府颁布上谕："著即自丙午科为始，所有乡试会试一律停止，各省岁科考试亦即停止。""官绅申明宗旨，闻风兴起，多建学堂，普及教育"，"并著责成各该督抚实力通筹，严饬府厅州县赶紧于城乡各处遍设蒙小学堂"。❹在这样的历史背景下，光绪三十二年（1906年），镇远知府李荫华委托邛水（今三穗）士绅鄢豫泰、屠汝荣等筹设，以屠案、米斗、猪牛捐3项作经费，在邛水设初等小学堂有4所，共计有教职员工8人，学生80余人❺，开启了流域开办新式学堂的先河。

---

❶ 冯桂芬.采西学议[M]//校邠庐抗议（卷下）.北京：朝华出版社，2017.
❷ 《清德宗实录》卷四八六，光绪二十七年八月乙未（初二日）下.
❶ 朱寿朋.光绪朝东华录（第五册）[M].北京：中华书局，1958：143.
❷ 沈桐生.光绪政要[M].石印本.[出版地不详]：上海崇羲堂刊本，1909（清宣统元年）.
❸ 镇远县方志办点校.镇远府志[M].郑州：中州古籍出版社，1996：390.

据《黔东南苗族侗族自治州志·教育志》不完全统计，到宣统末年，黔东南"官立高初两等小学堂10所，官立高等小学堂12所，官立初等小学堂81所，其他小学堂和简易学堂共8所"❶。可以说，在清末倡导建立新式学校的大背景下，清水江流域的官民也不甘落后，迅速加入教育改革的历史潮流中。

2. 民国时期的教育发展

辛亥革命成功后，流域各府、州、县、厅在利用考棚、祠堂、庙宇、会馆、民房等创办各类小学堂的基础上，按照国民政府《普通教育暂行办法》《小学校令》等政令进行小学堂整顿，将高等小学堂改名为高等小学校，将初等小学堂改名为国民学校，推动了学校教育近代化的进程。1917年，流域地今黔东南州就有高等小学校33所，国民学校365所，教职员工总计1157人，学生总计1854人。❷1935年，在国民政府教育部颁布《实施义务教育暂行大纲》后，流域各县开始分期普及义务教育。1941年后，流域各县实施"政教合一"，推行国民教育制度，乡镇设国民中心学校，保设国民学校，乡镇长、保长分别兼任国民中心学校、保国民学校校长，政府增拨教育经费，关心教育的有识之士也纷纷捐资助学。到抗日战争胜利时，今黔东南州地区的中心学校就发展到235所，保国民学校发展到1166所。❸之后，随着内战的爆发，社会动荡，各县财力支绌，大量裁减教育经费，不少学校停办，小学发展陷入低谷。

清水江流域的普通中学教育，在民国初年，除都匀建立八属中学外，相继创办了思州府官立中学堂、镇远府"镇远七属中学"。1912—1913年，中央临时政府制定并颁发"壬子癸丑学制"，中学堂改称中学校，规定修业期限为4年，流域进入"旧制中学"时期。1922年，北洋政府颁布"壬戌学制"（即"学校系统改革令"），规定中等教育6年，分初、高两级，初级和高级中学修业年限各为3年，是谓新学制，中学即为新制中学。自此而后，流域中学教育得到缓慢发展。据1946年6月《贵州省中等教育概况》统计，今流域黔东南州有普通中学18所93班，在校生4201人，教职员工357人。抗日战争胜利后，中学教育与小学一样，

---

❶ 黔东南苗族侗族自治州地方志编纂委员会.黔东南苗族侗族自治州志·教育志[M].贵阳：贵州人民出版社，1994：2.

❷ 黔东南苗族侗族自治州地方志编纂委员会.黔东南苗族侗族自治州志·教育志[M].贵阳：贵州人民出版社，1994：71.

❸ 黔东南苗族侗族自治州地方志编纂委员会.黔东南苗族侗族自治州志·教育志[M].贵阳：贵州人民出版社，1994：75.

处于艰难的发展境地。1949年年底，流域各县先后解放，相继接管普通中学22所，在校学生4000余人，教职工300余人。❶

民国时期流域中小学学制按政府不同时期的规定执行。1912年，初等教育的学制为7年，其中初等小学4年，高等小学3年。1922年11月，改小学学制为6年，其中，初等小学4年，高等小学2年。1935年推行义务教育，小学学制为"四二"制。1912—1913年，中学学制执行北京临时政府颁布的"壬子·癸丑学制"，学制4年。1922年11月，北洋政府教育部《壬戌学制》，改中学校修业4年为6年，分初中、高中两个阶段，各修业3年。1930年，教育部通令一律改行"三三"分段新学制。民国时期，清水江流域地区小学使用的教材不一，大体有以下几种情况：一是由教育部统一审编出版的教材；二是由贵阳文通书局按《课程标准》编辑出版的、专供乡镇中心学校、保国民学校使用的教材；三是贵州省教育厅编写的部分乡土教材，如《贵州明贤传》（中、小学文史科补充教材）、《贵州地理》（中、小学地理科补充教材）；四是流域学校教师自行编写的讲义，乡土历史、乡土人文、乡土地理教材，如《国学概论》《黄平乡土志》《天柱侗族历史沿革》《劝学歌》等；五是采用民众教育课本充作教材，如《贵州省民众学校课本》等。除上而外，尚有以下有关教材之特例。一是国民党贵州省政府的民族"同化"政策与教材的渗入，如杨森主政贵州期间亲自编写的《建设新贵州大同进化论》在清水江流域各县一半以上的学校用作边胞教育教材，同化教育在民族社会造成了严重的恶劣影响。二是自抗日战争开始后，清水江流域外知识分子的进入对教材使用的开拓与贡献，如毕业于南京金陵大学研究生院、曾在南宁任美军顾问团翻译的江苏人王希曾在1948年任中正中学教导主任期间，其教授英语课程弃用现成的规定教材，而用英文版的《辩证唯物主义和历史唯物主义》，又从英文报刊中把毛主席、朱总司令发布的《中国人民解放军布告》《约法三章》《三大纪律八项注意》翻译成中文，秘密刻印，在学生中传播并在旧州张贴散发等。三是红色教材在流域的传播有重要影响。1934年，中国工农红军六军团过启蒙侗寨时留下了一本《红军识字课本》（第一册），在启蒙侗寨学校及家庭中传习，对锦屏侗族地区教育有积极、深远的影响。❷

此外，民国时期，流域还建有两所师范和三个简师班，即国立贵州师范，在

---

❶ 杨蕴希.民国时期清水江流域中小学教育的学制、课程与教材[J].教育文化论坛，2017（1）.
❷ 杨蕴希.民国时期清水江流域中小学教育的学制、课程与教材[J].教育文化论坛，2017（1）.

榕江县城,招生范围涵盖清水江流域;贵州省立镇远师范,在镇远县城;黄平中学附设简易师范班一个班,剑河初级中学附设简易师范一个班,施秉办有一个简易师范班。上述二所师范和三个简师班的开办,对于流域学校教育师资的培养和流域地区教育水平的提高产生了重大影响。

在国民党统治时期,教育事业时兴时废,发展缓慢。流域教育改天换地局面的到来,则是1949年以后的事情。

四、清水江流域教育文化的历史影响

清水江流域的教育,作为一种区域文化,是各少数民族文化与汉族文化相互影响的结果,是"地方性知识"被主流意识形态逐渐消减的历程。清水江流域的教育形式丰富,没有固定模式,甚至难以用准确的语言概括其内涵。但是,清水江流域特殊的地理位置,形成了其特有的地域文化,而且正是这种特殊的教育文化对清水江流域后来各方面发展都产生了深远影响。

第一,对陶冶清水江流域民风,提高苗侗等民族人民的文化素养起到了积极的作用。流域的私塾、社学、义学,甚至书院植根于流域草根基层,直接面对广大少数民族。通过教育的洗礼和文化的作用,封建统治阶级意识到"即如苗性至诈,而可以信乎;苗性至贪,而可以廉感"❶。很多有识之士也意识到这一点,如张经田在《光兴义学文》一文中写道"化民成俗,教学为先"上述教育形式,一方面促进了汉文化及其统治阶级政令在清水江流域的施行,另一方面也促进了清水江流域少数民族文化与汉文化之间的交流和国家认同的强化,进而使原来悍勇的民风悄然发生了改变。"其俗勤俭,尚儒重信。务本信行,渐洗蛮陋","苗人言语服制与汉人同,杂处相安久矣。有人曰:'某某,苗也。'则争辩以为耻。今苗疆无不薙发者,已有变汉之机矣。诚令服汉服,读汉书,浸淫变化,畛域既消,教化亦易及矣"❷。教育,使得苗民视野得以开阔,与汉族移民的交往日益频繁、融洽。于此文献记曰:流域"地利肥美,物产丰亨,山土种木棉,苗妇勤

---

❶ 贵州省文史研究馆,点校.(民国)贵州通志·前事志[M]贵阳:贵州人民出版社,1988:44,61.

❷ 罗文彬,王秉恩.平黔纪略[M].贵阳:贵州人民出版社,1988:531.

于织纺，杉木、茶林到处皆有，于是客民之贸易者、手艺者，邻省临府接踵而来，此客民所以多也"❶。在汉民往来过程中，利用当地自然条件，开展了纺织贸易、林木贸易、茶树贸易等，从而振兴了清水江流域的经济，改变了当地相对落后的面貌。无疑，教育文化的熏陶洗礼，使清水江流域的社会风气有了长足的进步。

第二，清水江流域教育的发展对维护地方稳定有着深远的影响。清军入关后，统治势力进入贵州版图，这一过程并非一帆风顺，曾遭到流域各少数民族的抵抗。中央王朝控制清水江流域后，也意识到单纯的武力治理换不来长治久安，在流域等贵州少数民族地区发展教育、传播儒家文化、昭示朝廷声威、建构家国一体才是当务之急。因此，统治王朝在流域设置后便建立系列的官学以培养人才、昭"王化"，同时也注重民众的教育，开办社学、义学。以义学为例，雍正年间"开辟苗疆"后，张广泗在《设立苗疆义学疏》中，将义学定位为武力"新开苗疆"，永固"改土归流"之成果的第一要义。咸同苗民起义之后，义学作为驯化苗民、稳固苗疆的重要内容在流域被强化执行。光绪年间，时任巡抚林肇元的《下游苗疆新办苗弁义学疏》记载："贵州军兴多年，苗疆初定，应办善后各事，如苗弁、义学、屯卫三项为风俗，防御攸关，均属当时急务。"当时政府将少数民族教育与军事防御放在同等重要的地位上，说明兴办教育对清水江流域来说不单单是教育问题，它更具有稳定社会、巩固边疆的重大政治意义，关乎少数民族地区的长治久安。

第三，培养了不少之于国家、地方有用的人才，推动了流域重文崇儒风气的形成。一个地区的教育对人们文化素养的提高、各种人才的培养和重文崇儒风气的形成发挥着重要的作用。在封建社会，人才培养主渠道是官学，因此，读书、应试、入仕，耕读传家就成为整个社会的共同追求。一方面，清水江流域地方官学、书院、社学等的创设与管理，使大批侗、苗子弟得以接受儒家思想熏陶，潜心钻研儒家文化而成为地方人才。另一方面，在官办教育的推动和科举入仕的导向下，清水江流域一些"学问精纯"者，教授乡里，"颇得苗民欢心""子弟皆喜向学"，以致苗民子弟科甲题名，"渐有成名者"。如流域天柱县从康熙以隆，书院增多，私塾遍布城乡，读书之风昌盛，呈现"邑士颇知向学，户育家弦"的盛况。实际上，

---

❶ 杜文铎，点校.黔南识略·黔南职方纪略［M］.贵阳：贵州人民出版社，1992.

明代清水江流域学校教育的发展，使汉文化以更强劲的势头改变着这一地区各族人民的思想观念："读书—赶考—做官"逐渐成为各少数民族青年的价值取向和理想追求。由于科举制度是中原王朝运用全国统一的语言文字和统一的考试内容，公开招考政府官员，公平竞争、量才录用，使清水江流域各族人民真正感受到"学而优则仕"的儒家理念在实际生活中的体现。当清水江流域各族人民运用汉语言文字和考试内容去参加科举选拔时，中原文化就已经潜移默化于他们的社会生活和价值追求之中。据民国《贵州通志·学校志》资料，明清两朝，流域共考取文进士83名。流域的黎平府属各地考上贡生者就达1056人，考上进士者29人；黎平的竹坪侗村就出秀才7人，上龙侗村出秀才38人。从某种意义上讲，清水江流域人才辈出，得益于官办教育、儒家文化的传播及汉文化与侗族、苗族等少数民族文化的交流。同时，这些文人中，他们在本地或者异地为官，或设馆教学，或居家著书，或为教谕训导，或外仕告老返乡后从事教育，不仅对于改变该落后的风俗习惯起到了积极促进作用，而且更加促使流域地方办学、兴学，以及民众崇学、向学风气的形成。可见，学校教育既提高了清水江流域各族人民的文化素质，也为清水江流域的进一步开发提供了良好的人力资源。

第四，促进了清水江流域传统文化的发展和创新。我国是多民族国家，无论是主体民族还是少数民族，都有其独特的传统文化，也都有相互借鉴与吸收的文化内容，同时也都有接纳与吸收外来优秀文化的内在动力。清水江流域教育的发展对于提高当地各少数民族的文化素质无疑起到了积极的作用，使得当地一部分少数民族子弟在接受教育的过程中逐步了解中原儒家文化并最终接受中原儒家文化。例如，清平一带的苗族经过教育"读书应试，见之多不识为苗"，台拱厅一带的苗族"多有读书明理者"，而在锦屏一带的苗族"悉以耕凿诵读之事"而"亦多应事"。学校教育的普及，提高了清水江流域各族人民的整体文化素养，促进了"文治日兴，人知向学"的社会风气日渐形成。同时，汉文化通过学校教育与清水江流域的本土文化日渐交流、融合，并作用于清水江流域传统文化的各个层面。清江流域各族人民不仅正在"变其土俗""同于中国"，而且在全新的文化背景下，各民族的传统文化经过清水江流域各族人民的重新整合与积极推进，在更高层次上获得了发展和创新，逐步形成了清水江流域色彩斑斓、多元一体的民族文化新格局。这其中，不少清水江流域接受儒学教育的少数民族知识分子和原有从事儒学的教育者发挥了重要的作用。

第五，积淀了丰富的民族教育文化遗产，留下了丰富的民族教育宝贵财富。"教育文化遗产是一个民族文明史的重要承载物，凝集着一方学校教育、社会教育、环境教育和实现人的全面发展的时代印迹与智慧，是文化遗产宝库中的重要组成。"❶ 清水江流域的教育文化遗产包括物质文化遗产和非物质文化遗产两部分，是清水江流域民族教育特色、民族文化特色的重要标志。清水江流域教育物质文化遗产，是清水江流域先人在各种教育活动中创造或者与先人教育活动有关的、不能再重新创造的具有历史、艺术、科学价值的历史遗存，是流域教育史上有形的文化载体和苗、侗等民族文化教育的一种象征，是流域教育发展的历史见证，包括众多的古教育遗址、建筑、碑文、石刻，与重大教育事件或著名教育人物有关的具有教育意义或史料价值的教育遗迹、实物或代表性建筑，教育历史上各个时期珍贵的教育艺术品、教育工艺美术品，教育历史上各时期重要的教育文献资料如手稿、文献资料，反映各时代、各民族教育制度的代表性实物等。清水江流域教育非物质文化遗产特指以非物质形态存在的与教育过程密切相关、世代相承的关于建校兴学、教师学生、教学教法等传统教育文化表现形式，在流域体现为教育文学、教育艺术、体育竞技、教育礼仪、教育民俗、教师教学技能等，主要存在于私塾、宗祠、书院、义学、官学，以及生产生活等文化空间，是传统文化教育与民族文化教育多样性的体现。这些教育文化遗产，不仅具有教育历史寻根、经验做证、传承求据的价值，而且于当今教育的发展、乡村的振兴、人的全面发展等都具有重要的意义和价值，是清水江流域各族民众留下的关于民族教育的宝贵财富。

---

❶ 杨军昌，杨蕴希.清水江流域民族教育文化遗产与乡村旅游融合发展试论[J].西南民族大学学报：社会科学版，2017（5）.

※明代清水江流域的卫学教育*

明代清水江流域距离中央王朝的统治中心尚远，政治、经济、文化等存在的诸多不足，使该地区的教育传播也受到一定限制。封建中央王朝为加强对该地方的政治统治和军事管理，在流域地区设立卫所，在卫所管辖地区又建立学校，一是教育军卫弟子，二是传播汉文化，起到军事上震慑，文化上禁锢的作用，卫学由此应运而生。本章通过对明清时期清水江流域卫学教育的探析，了解当地文化教育的现状，为今后流域教育的发展提供借鉴，进而更好地为当前该地区的文化教育建设服务。

一、卫学教育的背景探析

（一）地方统治机构和贵州行省的建立

1368年，朱元璋依靠农民起义的力量，推翻了元朝的统治，建立了明王朝，定都南京。洪武十五年（1382年），明政府为了加强贵州的军事防务，设立了贵州都指挥使司（简称都司）。永乐十一年（1413年），明朝借解决田氏二土司攻杀纠纷之机，建立了贵州布政使司，标志着贵州省正式成立，成为明朝13个行省之一。有资料记载："贵州布政使司的建立，使贵州地区结束了长期分隔于邻省，政治经济发展缓慢，文化教育徘徊不前的历史状况。"❶永乐十四年（1416年），贵州按察使司成立，标志着明王朝在贵州的"三司机构"已全部建成。其中，贵州都司多在交通要道和军事重镇设卫所驻防和屯田，即所谓的"三分屯

---

* 本文以"明代黔东南民族地区的卫学教育"为题发表于《教育文化论坛》2017年第1期，作者为项目组成员、凯里学院教授李斌和其指导的硕士研究生骆原。本书收录时有增删。

❶ 张羽琼. 中国古代教育史［M］. 贵阳：贵州人民出版社，2005：67.

种，七分守城"。贵州布政使司下设府、州、县等以管理民政事务，贵州按察使司设提刑按察使、副使、佥事督查学政。地方统治机构和贵州行省的建立，使贵州政治经济趋于稳定并随之发展，为贵州文化教育的蓬勃发展和学校的开办创造了良好的社会条件。

（二）统治者重视推行和发展地方教育

自明太祖朱元璋建立明朝以来，深刻认识到推行学校教育培养人才对于治国安邦、巩固中央政权有着极其重要的作用。他曾说："治国之要，教化为先；教化之道，学校为本。"❶洪武二年（1369年），他诏令天下各府、州、县、卫皆设立学校。后嗣子孙建文、永乐、洪熙和宣德皆仿效明太祖的教化方针积极推行教育政策，如明宣宗在宣德三年（1428年）制成的帝训中指出："学校者，教化之本，贤才之所自出，学校兴，而后风俗可厚；风俗厚，而后人才不乏。"❷明宣宗此项训示，显然是继承了明太祖的教育宗旨。学校在各地的相继建立，最终形成了较完备的中央到地方的教育体系。

（三）育才养士，教育军卫弟子的需求

卫学所处之地是卫所，卫所作为军事重地，在偏远的贵州地区多设置在军事要冲之处，目的是加强对西南边防的管理和镇压少数民族的叛乱。而卫学的建立体现了明朝重视对驻军官兵及子弟文化素质的培养，起初目的则是教育军卫弟子。明代教育家陈敬宗写的《铜鼓卫学碑记》记载："洪武三年，勒楚王统军平定苗乱，特设此卫……足供军事屯种。时卒伍知习弓马以挽强，越绮为勇，朝廷虑其无谋，乃勒建卫学，选军士之俊秀者充弟子员……于是选出吾侄陈湛为教授，往莅兹任。"❸再有，明湖广巡抚秦金写的《创修偏桥卫学碑记》记述他在平定香炉山叛乱后班师回到偏桥（今贵州施秉）。诸父老环而进曰："大人武功即振，独不可从事于文德乎？今偏处万山之中，土瘠民贫……然军卫子弟多美秀而文津津乎，向学靡倦。"❹父老乡亲请求秦金为新修成的卫学所写碑记，诚然可见当时建卫学的目的。后来，卫学除招军生外，也招收当地少数民族子弟，成为军

---

❶ 参见《明实录·太祖洪武实录》，洪武二年十月辛巳。
❷ 参见《明实录·宣宗实录》，宣德三年二月戊申。
❸ 孔令中.贵州教育史［M］.贵阳：贵州教育出版社，2004：34.
❹ 贵州省施秉县地方志编纂委员会.施秉县志［M］.北京：方志出版社，1997：1057.

民共有的学校。

（四）地方官员积极推行教育和创办学校

贵州建立卫学最多者即为清水江流域。而对卫学建立贡献最大的官员要数贵州提学按察司副使李睿。据史料记载，"睿，济南人，以国子生教授起家，授官。宣德八年，累迁贵州佥事。先是，贵州府卫强半无学，睿疏于朝，乞遍建学舍，选学官，聚生徒，上许之。睿乃按诸府卫，相变地宜，兴庙学，各备殿庭门庑，讲堂斋舍，择俊秀子弟而教之，文教大行"❶。在贵州23所卫学中，李睿建的就有10所，其中涉及清水江流域的有4所，分别是新添卫学（贵定）、清平卫学、兴隆卫学和五开卫学。此外，有些官员积极配合李睿修建学校。如清平卫学，"宣德壬子，今宪副李睿来参贵藩时，肇举学校之政，而指挥使石侯宣慨然以为己任，辟其园圃为基，草创斋室以居学者"❷。再者就是左迁官员的帮扶。据（万历）《贵州通志》记载：修建兴隆卫学时，弘治年间兵部主事李文祥贬谪于此，当时提督学政威昂因李文祥进士出身，有文名，请他负责卫学之事，得到都御史邓廷瓒及当地著名人士曾任广西布政使周瑛的支持，将卫学改建于城南。❸由此可见，中央政府在大力推行文化教育政策的同时，地方官员积极响应中央的号召，大力发展地方教育。

二、卫学的建制沿革

新添卫学：《贵州嘉靖图经新志》曰，"新添卫，古荒服之外夷裔之区也。"卫学，在卫城内西。宣德八年（1433年）贵州提学按察司副使李睿建。中为明伦堂，左右为两斋。嘉靖三十一年（1552年）副史赵之屏重修，后毁。清顺治十七年（1660年）推官张俊重建。康熙二十六年（1687年）革卫而徙贵定县于卫城，以卫学为县学。

---

❶ 黄加服，段志供.中国地方志集成·贵州府县志辑：第8册[M].影印本.成都：巴蜀书社，2006：518.
❷ 黄加服，段志供.中国地方志集成·贵州府县志辑：第1册[M].影印本.成都：巴蜀书社，2006：347.
❸ 王耒贤，许一德，纂修.（万历）贵州通志·卷十三：兴隆卫[M].影印本.北京：书目文献出版社，1991.

兴隆卫学："儒学，卫治东。宣德九年（1434年），副使李睿、指挥使常智建。弘治二年（1489年），指挥使狄俊、经历李文祥改建于城南。嘉靖七年（1528年），巡按御史陈讲迁于城西。二十六年（1547年），巡按御史萧瑞改复初建旧址。万历六年（1578年），巡按御史马呈图、提学副使李学一改建与卫右。""清康熙二十六年（1687年），徙州治于卫，以卫学为州学。"❶

清平卫学："儒学，卫治西北。明正统八年（1443年），指挥使石宣建。正德十三年（1518年），参议蔡潮拓地改建。"❷"嘉靖十三年（1535年），巡按御史王杏重修。嘉靖三十二年（1553年），副使赵之屏整修。""清康熙十一年（1672年），改县学，后尽毁。"

铜鼓卫学："在本卫城内，正统十一年（1446年）建，天顺元年（1457年），知事姚斌奏闻，命教授陈堪钦印开置，设庙学。弘治庚申（1500年），兵备副使顾源委镇抚余韬、千户杨鹏重修。正德间，参将黄寿、守备段辅相继修茸。"❸"清雍正五年（1727年），改县隶黔，遂为县学（锦屏县学）。"❹

偏桥卫学："儒学在卫治中，洪武初，尚未设学，尚寄镇远府。成化十八年（1482年），监生萧僖、义官陈洪、指挥陶玉奏建。嘉靖二十二年（1543年），指挥许迁、经历郑万乾、教官耿光议呈两省当道行，允鼎新之。"❺"清康熙二十六年（1687年），省偏桥卫入县，因改卫学为县学（施秉县学）。"❻

五开卫学："学校原未设，其生员与黎平府，民生共居一学。正德十一年（1516年），李睿修茸。成化初，知府杨伟拓地增修。"❼"雍正五年（1727年），改县隶黔，遂为县学（开泰县学）。"❽

清浪卫学："始建嘉靖四十年（1561年），寄思州府学，校址设于清浪卫城

---

❶ 卫既齐，薛载德，等纂修，阎兴邦补纂.（康熙）贵州通志·卷十五：学校[M].清康熙三十六年序刊本：15.
❷ 王耒贤，许一德，纂修.（万历）贵州通志·卷十三：清平卫[M].北京：书目文献出版社，1991：273.
❸ 薛刚，等.（嘉靖）湖广图经志书（下）.卷十九：靖州[M].北京：书目文献出版社，1991：1571.
❹ 鄂尔泰，等纂修.（乾隆）贵州通志·卷九：学校[M]//黄加服，段志供.中国地方志集成·贵州府县志辑：第4册.成都：巴蜀书社，2006.
❺ 谢东山修，张道纂.贵州通志·卷六：偏桥卫[M]//黄加服，段志供.中国地方志集成.贵州府县志辑：第1册.成都：巴蜀书社，2006，351.
❻ 同❶：16.
❼ 同❸：1571.
❽ 鄂尔泰，等纂修.（乾隆）贵州通志·卷九：学校[M]//黄加服，段志供.中国地方志集成·贵州行县志辑：第4册.成都：巴蜀书社，2006：155.

(今镇远青溪镇)。"❶ "清雍正五年(1727年),改卫为县,隶黔。遂为县学(清溪县学)。"❷

镇远卫学:生员初寄镇远府学,后建学于嘉靖四十年(1561年)。"清康熙三十八年(1699年),在县南旧县治基建镇远县学。"❸

三、卫学的基本规制

卫学的规制,意指卫学的教学空间(学)与祭祀空间(庙)的建筑物、各项软硬体设施,以及执事人员等规模制度。卫学与其他地方儒学,在规制上大体相同。但由于各个卫学的实际状况并不相同,因而在此仅论述明代黔东南卫学大体的基本规制(见表1)。

表1 明代黔东南卫学建筑设施

类别	建筑设施
学校	泮池、儒学门、礼门、明伦堂、齐、书舍、敬一亭、号房、公廨、射圃
文庙	泮池、先师庙、东西庑、棂星门、戟门、启圣祠、乡贤祠、名宦祠

资料来源:(嘉靖)《贵州通志》、(万历)《贵州通志》、(康熙)《贵州通志》《湖广图经志书》。

卫学的建筑设施,先从学校开始逐一说明。泮池,多半建与大门之前,池面呈半圆形,也有筑桥跨与其上的。泮池或建于学校门前,或建于文庙门前,甚或学校、文庙各建一池。儒学门,即为儒学的大门。礼门,儒学的第二道门。明伦堂,也有讲堂一说,即老师给学生授课讲习的地方。齐,则为训导教诲生员的齐舍,每名训导各有一所齐舍,大多数卫学建有两所齐舍,并以名冠之。如清平卫学,"儒学,卫治西北正统八年指挥使石宣建,正德十三年参议蔡潮拓地改建。明伦堂,文庙后。博文、约礼二齐,堂前左右"❹。书舍,顾名思义,藏书的地方。敬

---

❶ 贵州省岑巩县志编纂委员会.岑巩县志[M].贵阳:贵州人民出版社,1993:717.
❷ 鄂尔泰,等纂修.(乾隆)贵州通志·卷九:学校志[M]//黄加服,段志供.中国地方志集成·贵州府县志辑:第4册.成都:巴蜀书社,2006:155.
❸ 鄂尔泰,等纂修.(乾隆)贵州通志·卷九:学校志[M]//黄加服,段志供.中国地方志集成·贵州府县志辑:第4册.成都:巴蜀书社,2006:155.
❹ 王耒贤,许一德,纂修.(万历)贵州通志·卷十三:清平卫[M].北京:书目文献出版社,1991:273.

一亭，又作敬一箴亭。"嘉靖十二年，知府夏玉麟建敬一亭于堂东南，勒御制敬一箴，及宋程范视听言动箴、心箴。"❶号房，生员的住宿与肄业之地。公廨，有教授廨和训导廨，分别为教授、训导的宅地。射圃，为生员练习射箭之地。

文庙的建筑设施，先师庙，文庙的中心建筑，殿内祀奉孔子与从祀的四配、十哲。东西庑，供奉从祀的历代先贤、先儒。棂星门，即文庙的大门。戟门，为文庙的第二道门。启圣祠，嘉靖九年，"今天下学校建启圣祠，中祀孔子之父叔梁纥，题称启圣公孔子之位，并有从祀"。名宦祠、乡贤祠，则分别祀奉当地功勋卓著的名宦和出身于本地而大有公德之士。

四、卫学的教官

对于儒学教官的配额，明代贵州地方的儒学教官名额遵循"府设教授，州设学正，县设教谕，各一。俱设训导，府四，州三，县二。生员之数，府学四十，州、县以次减十"❷的原则。卫学的教官名额与府学同，都设教授一人，而训导名额不定，具体情况见表2。

表2 明代黔东南卫学教官配备情况

名称	设置时间	教官名额	资料来源
新添卫学	宣德八年（1434年）	教授一员 训导一员	万历《贵州通志》
兴隆卫学	宣德九年（1434年）	教授一员 训导一员	万历《贵州通志》
清平卫学 始寄都匀府学	正统八年（1443年）	教授一员 训导一员	万历《贵州通志》
铜鼓卫学❸	正统十一年（1446年）	教授一员 训导一员	《湖广图经志书》
偏桥卫学 始寄镇远府学	成化十八年（1482年）	教授一员	万历《贵州通志》

---

❶ 卫既齐，薛载德，等纂修，阎兴邦补纂.（康熙）贵州通志·卷十五：学校志［M］.清康熙三十六年序刊本：18–19.
❷ 张廷玉，等撰.明史·卷六九：选举志一［M］.北京：中华书局，1974：1686.
❸ 关于铜鼓卫学的设置时间存有争议，据《明实录·英宗实录》卷一四八，记载正统十一年（1446年）建，天顺元年（1457年）始设庙学于卫城内。（万历）《贵州通志》记载时间始于庙学的建置天顺元年（1457年），笔者尚依照后者建置时间为准。

续表

名称	设置时间	教官名额	资料来源
五开卫学 始寄黎平府学	正德十一年（1516年）	教授一员 训导一员	《湖广图经志书》
镇远卫学 始寄镇远府学	嘉靖四十年（1561年）	教授一员 训导一员	万历《贵州通志》
清浪卫学 始寄思州府学	嘉靖四十年（1561年）	教授一员 训导一员	万历《贵州通志》

作为教育军卫子弟、传播儒学文化的儒学教官，政府对其也有一定的职责要求，这样才能为国家所用，进而发挥安边化民，移风善俗的作用。如湖广铜鼓卫学教授陈堪，因其能"通知七书、韬略、经史大义"。天顺元年（1457年）受命任铜鼓卫学教授。严格来说，儒学教官的设置，是由朝廷委派，但是黔东南处于西南边陲，距离京畿之地尚远，卫学已设，卫学的教官却未定，地方官员只得暂定教官教导生员。如兴隆卫学，建于宣德九年（1443年），"初设弟子，未有博士，择通教诲者领之，正统癸亥，首除训导江津、余师珍来教于兹"❶。对于教官的缺失，亦有地方官员兼职教学。如兴隆卫学，"弘治庚戌，麻城李文祥以兵部主事谪本卫经历，时兵备副使戚昂提督学政，以文祥由进士，有文名，随委署学事"❷。由此可知，在当时卫学的教官比较稀缺的情况下，除朝廷任命之外，地方政府不得已从当地学识渊博的士人和官僚中选拔教官，以此来督导生员。

五、卫学生员的定额和所在地区的乡试

卫学生员的额数，之前尚未形成定数，直至"成化中，定卫学之例：四卫以上军生八十人，三卫以上军生六十人，二卫、一卫军生四十人，有司儒学军生二十人；土官子弟，许入附近儒学，无定额"❸。所谓军生，就是驻守卫所军士中的俊秀者。生员入卫学学习也需参加考试，成绩优异者，才能有机会参加科举，

---

❶ 谢东山修，张道纂.（嘉靖）贵州通志·卷十二：布政周瑛建儒学碑记[M]//黄加服，段志供.中国地方志集成·贵州府县志辑：第1册.成都：巴蜀书社，2006：496.
❷ 谢东山修，张道纂.（嘉靖）贵州通志·卷六：学校志[M]//黄加服，段志供.中国地方志集成·贵州府县志辑.成都：巴蜀书社，2006：348.
❸ 张廷玉，等撰.明史·卷六九：选举志一[M].北京：中华书局，1974：1687.

进入仕途。

卫学生员经科举考试进入仕途，必须先经过该卫学所在地区的乡试，乡试中举后再进京参加会试、廷试，中进士者，才能真正踏上仕途之路。因此，乡试在生员考取功名进入仕途中显得尤为重要。

明代永乐十一年（1413年）之前，黔东南地区的卫学生员科举，清平卫、兴隆卫隶四川，其余府县属湖广（铜鼓卫学，镇远卫学寄镇远府学，清浪卫寄思州府学，五开卫寄思州府学）。贵州建省后，清平、兴隆随版图划入贵州，科举改隶湖广。据（万历）《贵州通志》记载："贵州自宣德二年（1427年）附搭云南乡试至嘉靖十四年（1535年）独自开科取士，解额增至25名。嘉靖二十五年（1546年），湖广五边卫学（五开卫学、清浪卫学、平溪卫学、镇远卫学、偏桥卫学）题准就试贵州，又加额5名，共30名。"❶由上可推断出，卫学的建立，大量生员人数的增加，中央政府对人才的重视，使解额有所渐增。

六、卫学的经费来源及用途

上文提及卫学的基本设施及教官的配备情况，都需大量的经费来维持卫学教育机制的正常运转。除此之外，拨给生员的廪粮、其他编制人员的费用，祭祀、卫学的日常维修及添置新物等，也需求经费的支撑。那么费用从何而来呢？笔者把卫学的经费分为三类：第一，官银，卫学属于官学的一种，固然有官府拨银供给卫学的日常开销；第二，学产，卫学自身的产业，包括学田（祭田）、塘等；第三，官员的捐奉与筹募款。

官银，主要包括两个部分，一是置本取息，如兴隆卫学，"成化乙巳，分廷金事淳安吴公倬，克绍其美，乃以区书白金九十两……置本取息，虽名师生灯油之资，考试科举之费……"❷此外还有宾兴银，如清平卫学，"宾兴银六十一两，每岁照例征息。遇自科贡生员，每名给十两，应试生儒每名给一两。今止存本银

---

❶ 王耒贤，许一德，纂修．（万历）贵州通志·卷十九：广解额疏［M］．北京：书目文献出版社，1991：441-443．

❷ 谢东山修，张道纂．（嘉靖）贵州通志·卷十二：布政周瑛建儒学碑记［M］//黄加服，段志供．中国地方志集成·贵州府县志辑：第1册．成都：巴蜀书社，2006：496．

一十八两收息,贡生给四两,应试生各给四钱矣"❶。"嘉靖二十二年(1543年),偏桥、镇远、清浪、平溪、五开五卫,军生俱听贵州提学考核,科举应试其宾与银亦听查照岁贡旧例,皆应办余各卫焉。"❷二是赎金和罚俸。赎金,就是官银用于买田置地再加以出租以此来收取租金,赎金多半用于修建庙学,有时也作为生员廪粮之费。如清平卫学,"嘉靖十三年(1534年),巡按御史王杏重修,乃以赎金二百两置田收租,以供每年春秋二祭……三十二年(1553年),副使赵之屏修,议支赎金七十四两"❸。至于罚俸,就是对办事不力官员的俸禄进行扣除,充当卫学经费。如"清平卫学,该学因指挥、千、百户生员拖欠祭祀费用,学校呈明上司,遂扣陈大伦等人俸禄以买学田"❹。由此可知,前者官银多用于生员考试之费,后者多用于卫学扩建修葺之举。

卫学的学田(祭田),大多由地方的官员或者乡绅置办,学田(祭田)的收入主要分为租银和实物,除用于儒学日常的开销和祭祀外,还外租以获息。如清平卫学,"祭田:一分,窑日寨租米六十五秤四十斤,嘉靖十三年乡官孙瀚置。一分,上五堡租米五十斤,嘉靖年间本卫百户所宋晟置……一分,落平堡租米五十斤,以上三分俱乡官孙应鳌置"。学田又供给生员的修业之费,有"学田以养士,月供子弟讲道程业"一说。除"供给修业考试之费"的学田之外,还有塘,也多为当地的官员置办,塘即为水塘,塘中养鱼,以供祭祀之用。如清平卫学,"塘二口,俱在洛邦铺前,纳藁鱼五十斤,供祭,本卫舍人郑禄置"❺。

官员的捐奉与筹募款,官员的捐奉主要指官员捐出自己的一部分田圃或俸禄,田圃用于修建庙学的基地,俸禄多用于庙学修缮。如清平卫学,"卫学在卫城内西北隅,正统八年(1443年),指挥使石宣以其园圃建"❻。明代黔东南的第一位进士周瑛,也为卫学的发展贡献了自己的力量。"周瑛,兴隆卫人,性疏,多才学……引年优游林泉,清饬益励,常出资修建卫学,所著有兴隆卫志二

---

❶ 谢东山修,张道纂.(嘉靖)贵州通志.卷六:学校[M]//黄加服,段志供.中国地方志集成·贵州府县志辑:第1册.成都:巴蜀书社,2006:352.
❷ 谢东山修,张道纂.(嘉靖)贵州通志.卷六:学校[M]//黄加服,段志供.中国地方志集成·贵州府县志辑:第1册.成都:巴蜀书社,2006:351.
❸ 谢东山修,张道纂.(嘉靖)贵州通志.卷六:学校[M]//黄加服,段志供.中国地方志集成·贵州府县志辑:第1册.成都:巴蜀书社,2006:347.
❹ 谭佛佑.明代贵州捐资办学考评[J].贵阳高等专科学校学报:社会科学版,1984(2).
❺ 王耒贤,许一德,纂修.(万历)贵州通志.卷十三:清平卫[M].北京:书目文献出版社,1991:273.
❻ 沈庠修,赵瓒纂.(弘治)贵州图经新志.卷十二:清平卫[M]//黄加服,段志供.中国地方志集成·贵州府县志辑:第1册.成都:巴蜀书社,2006:134.

卷。"❶ 筹募款，大多是号召富豪乡绅绢纳钱物以修建庙学或祭祀。如兴隆卫学，"钱塘钱公、嘉兴陈公欲为修理之举，二公皆远于学校者，莫不忻然乐从，行令所司，逐各给与，文凭数纸令其顾受者各照数上纳，以为修学之费"❷。"成化戊子，巡按御史许州王公涢，谒庙知祀礼薄，乃劝富家，得白金一十两，具案发学。"❸

七、卫学教育的历史意义

由于中央政府的重视，以及地方官员的积极拥护，促使卫学在清水江流域相继建立和发展，并产生了积极的影响，主要体现为以下几点。

首先，加强了中央对地方的管理，维护了地方稳定。清水江流域是少数民族聚集之地，中央王朝的势力欲深入到整个贵州，清水江流域是必经之地，势必会遭到当地少数民族的反抗，而卫所的设立正是为了监视和镇压当地少数民族。在卫所的基础上建立卫学，即在军事管制的基础上又加强了文化的禁锢。卫学的建立除了教育军卫弟子外，也间接地在少数民族地区传播了儒家文化，有助于剔除当地腐朽、落后的文化，使当地的汉族统治力量得以提高，中央对该地区的管理随之加强，地方秩序趋于稳定。

其次，促进民族间文化交流，传播优良的社会风气。卫所之设，军屯之始。明代在黔东南地区设置的卫所，驻守官军皆中央委派，大多从外地迁徙于此。如清平卫，"本卫人皆江南迁谪"；兴隆卫，"卫之士卒来自湖湘"❹。外来的中原人士，在很大程度上促进了汉族与少数民族的文化交流。在汉文化尚未传播于此之时，黔东南地区的少数民族被冠以"至诈、至贪"之嫌，多为不懂礼法，生性狡诈之徒。卫学的建立，汉文化的传播及与少数民族间的文化交流，使原来彪悍

---

❶ 沈庠修，赵瓒纂.（弘治）贵州图经新志·卷十三：兴隆卫[M]//黄加服，段志供.中国地方志集成·贵州府县志辑：第1册.成都：巴蜀书社，2006：142.

❷ 沈庠修，赵瓒纂.（弘治）贵州图经新志·卷十三：兴隆卫[M]//黄加服，段志供.中国地方志集成·贵州府县志辑：第1册.成都：巴蜀书社，2006：140.

❸ 谢东山修，张道纂.（嘉靖）贵州通志·卷十二：布政周瑛建儒学碑记[M]//黄加服，段志供.中国地方志集成·贵州府县志辑：第1册.成都：巴蜀书社，2006：496.

❹ 谢东山修，张道纂.（嘉靖）贵州通志·卷三：风俗[M]//黄加服，段志供.中国地方志集成·贵州府县志辑：第1册.成都：巴蜀书社，2006：272.

不良的民风有所改观。据（弘治）《贵州图经新志》兴隆卫风俗篇记载："礼义渐兴，成化间，经历李文祥左迁于此，革去淫杞，遏绝浮屠，近得致仕布政周瑛，崇用朱氏家礼冠婚祭悉行之，乡间观感，间有一二效行之。"❶ 由此可见，经过卫学教育的熏陶洗礼，黔东南地区少数民族的社会风气有了很大的改变。

最后，为中央政府培养了人才。卫学作为地方性的官学教育，为国家培养人才和生员科考入仕提供了平台。无论是军卫弟子还是当地民生，进入卫学读书，考取功名，既能为中央王朝所用，又能光耀门楣。可见，卫学在当时的作用是非常重要的。在卫学考取功名的生员中，最具影响力和代表性的当属周瑛和孙应鳌。据《黄平县志》记载："周瑛，字廷润，号洞松，黄平兴隆卫（今新州镇）人。明景泰元年（1450年）试中举，景泰五年（1454年）入北京会试，中甲戌科进士，为黔东南地方中进士的第一人，后出任广东左参政，续任广西右布政使。弘治年间，辞归故里，创办草庭书院，又修建学宫，协办兴隆卫学。著有《兴隆卫志》二卷，其书目藏入《明史·艺文》。"❷ 孙应鳌，明代贵州杰出的教育家。据《凯里市志》记载："孙应鳌，字山甫，号淮海，贵州清平（今凯里市炉山镇）人，嘉靖三十二年（1553年）入京会试，中癸丑科进士。历任户部给事中、刑部给事中、江西按察佥事、陕西提学副使等职。年轻时学习徐樾的阳明心斋之学，是王阳明的再传弟子。万历五年（1577年），辞官归乡，著述讲学。"❸ 孙应鳌在明代流域地区为教育所做的贡献是巨大的。他积极推动教育事业的发展，大力宣扬王门心学，培养了一批好学之士，使当时读书向学之气蔚然成风，清水江流域的文化焕然一新。

综上所述，卫学作为历史上出现的一种重要的地方官学，值得我们继续研究和探索。从卫学的背景可以探析其建置的原因；从卫学的建制沿革可以看到其发展的脉络；从卫学的基本规制和教官作用可以了解其教学的基本设施和师资的配备；从生员的定额和乡试可以窥探其生员数量的局限和科举之途的不易；从卫学的经费可以追溯其来源，知晓其用途。卫学在当时特定背景下加强了中央对地方的管理，维护了地方稳定，促进了民族间文化交流，传播了优良的社会风气，为中央政府培养了人才。

---

❶ 沈庠修，赵瓒纂.（弘治）贵州图经新志·卷十三：风俗[M]//黄加服，段志供.中国地方志集成·贵州府县志辑：第1册.成都：巴蜀书社，2006：138.
❷ 黄平县地方志编纂委员会.黄平县志[M].贵阳：贵州人民出版社，1993：749.
❸ 贵州省凯里市地方志编纂委员会.凯里市志（下）[M].北京：方志出版社，1998：1122.

※清代贵州义学开办的时空分布与清水江流域义学的地域特征

义学又称义塾,一般指私人捐资设立,或利用祠堂、庙宇等公产创办,招收贫寒子弟入学的免费蒙学。义学的创办,最早始于北宋。据《宋史》记载,北宋参知政事范仲淹就曾捐资创办义学教育同族贫寒子弟。清代义学,最初设在京师,后各省府、州、县纷纷设立,成为孤寒生童,或少数民族子弟秀异者接受初等教育的机构。在贵州,义学主要设在少数民族聚居区,作为封建统治者推行教化、巩固封建统治的工具。据有关资料的不完全统计,贵州自康熙二年(1663年)到清末学制改革以前,地方政府及民间创办的义学有600余所。❶

一、贵州义学的发展历程及其时空分布

(一)义学开办的历程

贵州义学,起步于康熙年间。康熙初年,随着清王朝贵州地方政权的建立,

---

❶ 关于贵州义学数量主要有三种说法:(1)孔令忠主编的《贵州教育史》(贵州教育出版社2004年12月版)认为,贵州共先后办有义学570所,具体为:贵阳府63所、安顺府86所、兴义府31所、大定府73所、遵义府56所、黎平府60所、都匀府77所、石阡府5所、镇远府37所、平越直隶州18所、思南府31所、铜仁府15所、思州府4所、松桃直隶厅3所、普安直隶厅5所、仁怀直隶厅6所。(2)张羽琼《论清代贵州义学的发展》(载《贵州文史丛刊》2002年第1期)研究认为,贵州义学有659所,其分布情况为:黎平府127所、都匀府121所、安顺府86所、遵义府69所、贵阳府67所、兴义府51年、大定府37所、思南府31所、平越(今福泉)直隶州18所、铜仁府15所、镇远府14所、石阡府5所、普安(今盘县)直隶厅5所、仁怀直隶厅7所、思州府4所、松桃直隶厅2所。(3)许庆如《清代贵州义学的时空分布研究》(2009年学位论文)认为有清一代,贵州境内共设立义学685所,分布为贵阳府68所、安顺府102所、兴义府36所、大定府42所、遵义府72所、黎平府55所、都匀府136所、石阡府5所、镇远府40所、平越直隶州28所、思南府31所、铜仁府13所、思州府6所、松桃直隶厅3所、普安直隶厅40所、仁怀直隶厅8所。

义学也开始在贵州境内创办。据（同治）《毕节县志稿》记载："康熙二年（1663年）毕节守备，侯官人林必达尝建义学，为儒学所重。"又据（乾隆）《石阡府志》记载："府义学，学宫内，康熙三年（1664年）知府刘启建。"可见，毕节、石阡开贵州义学创办的先河。"三藩之乱"，贵州政局动荡，经济发展缓慢，义学并未全面铺开。康熙后期，贵州政局日趋稳定。巡抚于准在处理地方事务中，深刻认识到要巩固清王朝在贵州的统治，在对少数民族实施军事镇压的同时，还要大力推行封建教化，即采取"剿""抚"并用、政（治）教（化）合一的手段来维护封建统治秩序。于准向康熙上了著名的《苗民久入版图请开上进之途疏》，认为"教化无不可施之地，风俗无不可移之乡。今贵州苗民，输粮南赋，与汉民连井而居，彼此交易，原非不通声教之野苗可比……臣愚以为应收土司族属人等并选苗民之俊秀者，使之入学肄业，一体科举，一体廪贡，以观上国威仪。稗其渐摩礼教……变化其丑类，彰明一统车书之盛……将见汉民因有苗民之进取益加奋励，苗民以有一体科举之优渥，莫不鼓舞，行之既久苗民渐可变而为汉，苗俗渐可化而淳，边末遐荒之地，尽变为中原文物之邦矣"❶，要求政府允许贵州在少数民族地区设立义学，以教化苗民子弟，培养统治人才。"康熙四十五年（1706年），议准黔省府州县卫俱设义学，准土司生童肄业。颁发御书，文教遐宣，匾额奉悬各学。"❷义学在贵州逐渐铺开，并深入到民族地区。康熙四十四年（1705年）以后，贵州的思州府、麻哈州、施秉县等少数民族聚居区都陆续兴办了义学。朝廷对贵州特别强调要将土司族属及苗民俊秀子弟愿读书者，送入义学肄业，贵州义学与外省义学的最大差别，可见贵州的义学一开始便更多地具有民族教育成分和意义，即义学自开办后的较长时间里承担了普及民族地区初等教育的职责。

对于在民族地区设立义学，雍正元年（1723年），朝廷"又议准黔省苗人皆有秀良子弟令各府州县设立义学，嗣后，苗人子弟情愿读书者，许各赴该管府州县报名，送入义学，令教官严加督察"。雍正三年（1726年），又议准"黔省苗人子弟，各该管府州县义学诵习，文理通顺者，准于各府州县岁科两试，加额进取"❸，为义学学生参加科举考试提供方便。

---

❶ 鄂尔泰，等纂修.（乾隆）贵州通志·卷九：学校志［M］//黄家服，段志洪.中国地方志集成·贵州府县志辑.成都：巴蜀书社，2006.
❷ 素尔讷.钦定学政全书校注［M］.武汉：武汉大学出版社，2009.
❸ 素尔讷.钦定学政全书校注［M］.武汉：武汉大学出版社，2009.

改土归流以后，鄂尔泰、张广泗等极力主张在广大"新开苗疆"设立义学，以教化苗民子弟。其中张广泗特向清廷呈送的《设立苗疆义学疏》中，对设立义学对巩固统治的重要意义，设立义学的计划、经费、教学内容及管理方法进行了详细的说明，认为要使少数民族服从统治，"则教养训迪之方不可少"。设立义学，可以"于训导绥戢之余，必当诱植彼之秀异者，教以服习礼义，庶几循次陶庶而后可臻一道同风之效"❶，兴办义学"实为振励苗疆之要务"。张广泗认为，开办义学应由地方政府提供办学经费，首先于已安置营汛的地方设立，"分别苗附多寡，各为设立义学"。同时，义学要严格选择义学教师，地方文武官员要严密监督。在教学上，"训课此等苗人，非同内地俊秀，要在开其知识，使渐晓礼法"❷，要求每处义学，都必须熟读牢记《圣谕广训》。如果苗民子弟中，勤勉学习，日有领悟，则令各地方官随时检查，及时嘉赏，以示鼓励。俟数年以后，苗民子弟中有学习进步者，即由地方官申送学政考试。并酌取 1~2 名，以风苗众，达到陶以文教，消其悍顽之目的。并指出通过义学来安抚苗民，既能强化统治又能培养人是治理苗疆的最有效之途。

张广泗的奏折得到清政府的采纳，旨令贵州各地广泛创办义学。"其课读塾师，准于附近州县选择老成谨慎，文品兼优之生员，前往教导。俟六年之后，如果训迪有方，文学日盛，该生准作贡生。苗人子弟果能通晓文义，督抚具题，遵学政衙门考试，酌取人学。名数及修脯之费，该地方官赴布政司请领转给。"❸在张广泗等人的推动下，贵州义学开始在民族地区兴办。由于义学一有政策保障，二有政府承担办学经费，较之私学更具有生存空间。因此，随着改土归流的不断深入，义学也不断向苗疆中心地区延伸。据资料记载，"雍正一朝十三年，建立的义学有 110 所"❹。

但义学发展的这一境况在乾隆十六年（1751 年）由于贵州任布政使温福在贵州推行民族歧视政策，借口贵州民族矛盾尖锐，少数民族不堪教化，要求清廷查禁贵州社学而获清廷议准。在裁革贵州社学中，义学也深受影响，发展跌入低

---

❶ 鄂尔泰，等纂修.（乾隆）贵州通志·卷九：学校志［M］// 黄家服，段志洪.中国地方志集成·贵州府县志辑.成都：巴蜀书社，2006.

❷ 鄂尔泰，等纂修.（乾隆）贵州通志·卷九：学校志［M］// 黄家服，段志洪.中国地方志集成·贵州府县志辑.成都：巴蜀书社，2006.

❸ 鄂尔泰，等纂修.（乾隆）贵州通志·卷九：学校志［M］// 黄家服，段志洪.中国地方志集成·贵州府县志辑.成都：巴蜀书社，2006.

❹ 张羽琼.论清代贵州义学的发展［J］.贵州文史丛刊，2002（1）.

谷。据各种地方志书的不完全统计，乾隆一朝，贵州民族地区创办义学不到20所，大大低于雍正时期。乾隆末年，各种社会矛盾开始暴露，社会危机日益严重，贵州各地相继爆发了反剥削和压迫的大起义。乾隆六十年（1795年），黔东南地区爆发了石柳邓、吴八月领导的湘黔苗民大起义；嘉庆二年（1797年）黔西南爆发了王囊仙领导的布依族人民大起义；嘉庆五年（1800年），广顺爆发了青苗杨文泰起义等。这些起义波及西南地区，绵延数十年，清政府调动数省兵力才得以扑灭。在镇压各族人民起义的过程中，清朝统治集团的一些有识之士认识到要巩固清王朝在贵州的统治，不能单靠军事镇压，还必须辅之以安抚政策。只有调整统治政策，改变统治手法，才能缓和日益尖锐的民族矛盾。而安抚的重要手段之一就是广设义学，发展教育，驯化和笼络各族人民，通过宣传封建纲常礼教来束缚人民的思想，消弭反抗情绪。因此，嘉庆、道光年间，贵州出现了大办义学的热潮。尤其是道光十六年（1836年），贺长龄担任贵州巡抚后，贵州创办了一大批义学，数量和规模都达到了历史最高水平。贺长龄初任巡抚民情考察时，认为贵州长期落后的原因在于"黔地苦文教未兴，或数厅县无一义塾"❶，于是一面整饬吏治、刷新政治，一面积极发展学校教育。贺长龄告谕贵州各地方长官，"自三代以来，士失其教，惟书院之制，令生徒讲习，为近于古。而崇教化，厉人才，故有司之责"，檄文贵州各府州县守令立即筹集经费，创办学校，培养人才，并率先捐出廉俸，在省城创办义学，又为边远的民族地区如铜仁、石阡增设考棚，增加学额等。在贺长龄的倡率下，贵州义学蓬勃发展，"黔士历发兴起、欢声雷动，岩陬僻壤，群砥于学"。据不完全统计，道光年间，贵州创办义学157所，达到历史最高纪录，"黔土蒸蒸向学，风气丕变，贤才茂起，其效在百数十年之后"❷。

1840年的鸦片战争后，中国国势日衰，人民生活水深火热。在太平天国革命运动的影响下，贵州爆发了咸同大起义。由于战争的影响，义学或废或毁，学校教育处于停滞状态，贵州的义学发展又一次跌入低谷。在镇压咸同起义后，清统治者把兴办苗疆义学作为战后重建工作的重要内容。光绪八年（1882年），贵州巡抚林肇元向清廷上的《下游苗疆新办苗弁义学疏》中，认为"贵州军兴多年，苗疆初定，应办善后各事，如苗弁、义学、屯卫三项为风俗、防御攸关，均

---

❶ 贺长龄.贺长龄集[M]//罗汝怀.湖湘文库：湖南文征.长沙：岳麓书社，2010.
❷ 贺长龄.贺长龄集[M]//罗汝怀.湖湘文库：湖南文征.长沙：岳麓书社，2010.

属当时急务"❶，把兴办义学放到与军事镇压同等重要的地位。相继贵州义学发展较快，"至义学一项……通计府、厅、县十处，共一百三十九馆，分别布置，以资训迪"❷。贵州地方文献也有兴办义学的记载，如都匀府的都江厅通判周启江办理善后局，将没收起义者的财产约谷子 4 万斤，作为办学经费，创办了"训苗义学"12 堂；还用没收的起义者财产在城内增修书院，延师讲学；普安厅同知钱熏用镇压起义者的死亡绝产设立义学 2 所；平越府在镇压人民起义后，用"善后清查入公田产"创办了杨义司义学；兴义府用没收的起义者财产创办 6 所义学；丹江"以绝逆租谷"兴办城乡义学 32 所。由于起义者的财产收缴后，多数被辟为教育经费，创办义学的资金来源有了保障，无须个人捐款和官府筹集，贵州又一次掀起了大办义学的热潮。❸ 但这一热潮，随着光绪二十八年（1902 年）清政府改革传统教育、推行新学制，以及光绪三十年（1904 年）公布并实施《奏定学堂章程》，各地义学逐渐转为新式小学堂后急剧退热。

（二）贵州义学的时空分布及其发展的特殊性

前已有述，有清一代贵州义学的发展伴随着清朝统治者不同时期对于贵州民族教育政策变动及其贵州政治、经济的不稳定性和不平衡性而呈现出起伏曲折的过程。各种典籍因之对于义学的记载也就不免挂一漏万，而且由于行政区划的变更、成书历程的坎坷、资料的残缺等因，对于义学的数量及其开办历程、规模、发展等一些记载大多语焉不详。同时，又由于典籍资料的占有不同，对于相关的结论可能也不免有异。这些权且可作文前交代的各种研究成果关于贵州义学清代总数不尽一致，甚至差距较大的诠释。其中，由于张羽琼教授多年从事贵州教育史研究，是资深的教育史专家，本文较为赞同其对于贵州义学总数为 659 所的看法。具体情形如表 1 所示。

---

❶ 鄂尔泰，等纂修. (乾隆) 贵州通志·卷九：学校志 [M] // 黄家服，段志洪. 中国地方志集成·贵州府县志辑. 成都：巴蜀书社，2006.
❷ 鄂尔泰，等纂修. (乾隆) 贵州通志·卷九：学校志 [M] // 黄家服，段志洪. 中国地方志集成·贵州府县志辑. 成都：巴蜀书社，2006.
❸ 贺长龄. 贺长龄集 [M] // 罗汝怀. 湖湘文库：湖南文征. 长沙：岳麓书社，2010.

表1 清代贵州义学创办时间、分布地区简况表（1661—1902年）　　单位：所

府别	康熙	雍正	乾隆	嘉庆	道光	咸丰	同治	光绪	无准确年代	合计
贵阳府	8	4	1	2	34	—	—	11	7	67
安顺府	6	4	1	1	57	—	22	15	2	86
遵义府	4	1	15	—	14	—	—	3	10	69
黎平府	6	58	9	1	14	—	11	24	4	127
都匀府	4	23	5	7	11	—	23	55	5	121
兴义府	5	3	—	—	22	—	—	9	—	51
大定府	5	4	1	—	17	—	—	8	2	37
镇远府	4	9	—	—	—	1	—	—	—	14
思南府	2	1	—	—	10	—	—	10	8	31
思州府	1	1	—	—	1	—	—	—	1	4
铜仁府	1	—	—	—	—	—	5	4	—	15
石阡府	1	—	—	—	—	—	—	3	1	5
平越直隶州	6	2	—	—	—	—	1	5	4	18
普安直隶州	—	—	—	—	3	2	—	—	—	5
仁怀直隶厅	—	—	1	—	2	—	1	3	—	7
松桃直隶厅	—	—	—	—	1	—	—	1	—	2
合计	53	110	33	11	186	1	65	151	49	659

资料来源：张羽琼.论清代贵州义学的发展[J].贵州文史丛刊，2002（1）.

从表1可见，在时间上，贵州的义学发展经历了8个朝代，除"无准确年代"数据忽略不计外，康熙朝义学数量占总数的8%，雍正朝义学数量占总数的16.69%，乾隆朝义学数量占总数的5%，嘉庆朝义学数量占总数的1.67%，道光朝义学数量占总数的28.23%，咸丰朝义学数量占总数的0.15%，同治朝义学数量占总数的9.9%，光绪朝义学数量占总数的22.91%。这一占比差异反映了清代贵州的义学在康熙时"三藩之乱"，以及民族压迫和阶级压迫下的民族起义背景下，发展缓慢的状况。康熙前期尽管部分地区义学的开办有较好的起步但并未全面铺开。雍正年间，清政府为巩固"改土归流"成果，把兴办义学、传播儒家文化、

"教化"少数民族人民作为"振励苗疆之要务",贵州义学发展进入了第一个高峰期。但在乾、嘉时期,清统治集团由于推行民族歧视和民族压迫政策取缔贵州社学、官场吏治腐败、阶级矛盾尖锐而至民族起义不断爆发,义学发展进入低谷;道光年间,因统治的需要,朝廷大力提倡义学使其再次升温并进入黄金时期,咸丰朝又因贵州时局极度动荡而跌入谷底,同治朝后因"战后重建"而重视教育义学逐渐恢复并在光绪年间蓬勃发展进入最后的辉煌,随后因新学的倡办而渐成历史。

在地域分布上,在清代贵州的12府2直隶州2直隶厅行政区划中,义学的占比无疑客观直接。具体为贵阳府义学数量占总数的10.17%,安顺府义学数量占总数的13.05%,遵义府义学数量占总数的10.47%,黎平府义学数量占总数的19.27%,都匀府义学数量占总数的18.36%,兴义府义学数量占总数的7.74%,大定府义学数量占总数的4.10%,镇远府义学数量占总数的2.14%,思南府义学数量占总数的4.70%,思州府义学数量占总数的0.61%,铜仁府义学数量占总数的2.28%,石阡府义学数量占总数的0.76%,平越直隶州义学数量占总数的2.73%,普安直隶州义学数量占总数的0.76%,仁怀直隶厅义学数量占总数的1.06%,仁怀直隶厅义学数量占总数的0.30%。其中排在最前面的是黎平府、都匀府,两府数量近占全省总数的40%。不难看出,朝廷在贵州开办义学是以"教化"少数民族为主,重要区域是贵州"改土归流"的重要地区都匀府和黎平府等少数民族聚居的"新开苗疆"。贵州的义学是清政府为"教化"各族人民而设立的教育组织,具有民族教育成分,这是贵州省义学与外省义学的最大差别。在这一方面,可从如下方面再加以证实。

其一,贵州是较早得到官方下诏在少数民族中推广义学的地区。有关清代西南少数民族地区义学的记载始于康熙四十二年(1703年),"定红苗归化,就近教导及立义学之例"❶。此后不久,即于康熙四十四年(1705年),"议准贵州各府州县设立义学"。由此可以说,贵州是较早得到官方下诏推广义学的地区。不仅如此,贵州亦是清廷重点推广义学之区。较为详尽的记载清代义学办学诏令的《皇朝政典类纂》卷二百三十一:学校(十九),把清代义学分为直省义学、八旗义学、苗瑶番等处义学3类,在顺治至光绪年间各地义学(包括社学)的办

---

❶ 刘锦藻.清朝文献通考[M].杭州:浙江古籍出版社,1988:5492.

学诏令中有关直省义学的办学诏令共28条，其中，针对南方民族地区的诏令有9条，分别是云南3条，贵州4条，广西1条，广东1条。有关苗瑶番义学的诏令共有11条，在各省分布情况是：广东3条，湖南1条，贵州4条，四川1条，湖广1条。总体而言，针对贵州义学的诏令条数是南方民族地区各省份中最多的，从这个角度可以说贵州是清政府的重点关注之区。

其二，封疆大吏的奏请中，特别强调在少数民族地区设立义学对于化导苗民、稳定统治的重要性。雍正年间开辟苗疆后，西南等地的封疆大吏对于义学的开设意义多有深刻的认识而多次奏请设立义学。雍正八年（1731年），通过总督鄂尔泰、巡抚张广泗、学政晏斯盛等题请"设威远、摆顶及古州、八寨、永丰、册亨、罗斛等处义学，化导苗民子弟"的奏折而使贵州义学开始深入到苗疆腹地。而要办好义学，关键之一就是延聘义学教师，"训课此等苗人，非同内地俊秀。要在开其知识，使渐晓礼法，应于每处义学，俱先将圣谕广训逐条讲解，俾令熟读，然后课以经书"。同时，在塾师选择上，为了沟通苗汉语言，更好地教育少数民族生童，应注重招募"能道汉苗语音而知诗书者为教习"。在日常教学中，应制定明确的奖励制度来激发苗民子弟的学习热情，"如苗民弟子中，能勉力趋学，日就领悟，则令各该管官不时稽查，随于嘉赏，并将其父兄一体奖赉，以示鼓励"❶。

其三，采取了一些有利于苗疆义学发展的特殊政策。如鼓励苗疆义学中的生童积极参加科举考试，"俟数年之间，有稍识文义者，即送该管官申送学政衙门考试"，并"准令学臣不必入在向定苗籍之内，只就此新附苗人子弟中，酌取一二名，以风苗众"。在义学的推广上，鉴于近乎没有任何教育基础的苗疆各地设立义学，并非一蹴而就即可实现目标之实际，采取逐步推广的方式，即"拟应先就安营汛之处，分别苗户多寡，各为设立义学，使之课读。俟其逐渐观感，依向愈殷，然后随地分设……"的办法。注重在无学官的新辟六厅发展，"今议六厅酌改州县，应请附设学官。如谓人文未起，廪饩徒糜，暂请于原设各处义学逐取修复，切实整顿。量收绝产为膏火，慎选士人为塾师。养之教之，渐之摩之，当不难化狉獉为文物也"❷。这些特殊政策，无疑有助于民族地区基础教育的发展。

---

❶ 鄂尔泰，等纂修.（乾隆）贵州通志·卷九：学校志［M］//黄家服，段志洪.中国地方志集成·贵州府县志辑.成都：巴蜀书社，2006.
❷ 鄂尔泰，等纂修.（乾隆）贵州通志·卷九：学校志［M］//黄家服，段志洪.中国地方志集成·贵州府县志辑.成都：巴蜀书社，2006.

二、清水江流域义学地域特征

(一)流域义学的开办及其数量

清水江流域是多民族聚集地区,居住着以苗、侗为主,包括彝、布依、土家、仡佬等少数民族。其地理位置又处于全省之冲要,具有一定的战略意义。四川巡抚李国英奏章云:"盖从古取滇、黔者,未有不由于取蜀也。至于内外文武,必同力一心,事乃底绩。"❶尽管贵州建省后,在清水江流域设立了都匀、镇远、黎平等府,以及若干的卫县州厅,但流域长期以来"不隶不奉"的状态依然存在。清政府决意开疆拓土之后,最初主要运用武力开疆的方式。然而在武力镇压下,少数民族对中央王朝的反抗却持续不断,"苗人聚处苗疆,产业有限,耕种所人仅只此多,岁久齿繁,谋生日拙,则相率而萌狡启之心,故有'六十年一乱,百年一大乱'之谣"❷。雍正年间,黔东南八妹、高标等地苗民发动了规模盛大的农民起义,持续了5年多,使清王朝消耗和损失了大量的物力。之后,伴随着武力"改土归流""开辟苗疆",以及建立"苗疆六厅"、强化对清水江流域的统治的过程,流域一带的民族矛盾不但未走向缓和,反而更加尖锐,反抗斗争连续不断,以致在流域爆发了时达20余年的以张秀眉(苗族)为首的"咸同大起义"。在此背景下,一些地方大员理性地反思、总结着王朝治理少数民族的政策,意识到学校教育对于安抚当地少数民族、巩固统治的重要性,同时也看到了仅在少数民族上层兴办学校,教育范围仅仅局限在少数民族贵族之中并未使广大少数民族子弟接受教育的局限性,认为仅仅将教育局限在上层少数民族无法改变当地落后的面貌,更无法维持该地区的长治久安。而稳固统治的根本就是要提高少数民族的文化素质,要从"教化"入手,"教化无不可施之地,风俗无不可移之乡"。因此,必须在少数民族地区设立义学,以教化少数民族,缓和矛盾,培

---

❶ 鄂尔泰,等纂修.(乾隆)贵州通志·卷九:学校志[M]//黄家服,段志洪.中国地方志集成·贵州府县志辑.成都:巴蜀书社,2006.

❷ 徐家干.苗疆闻见录[M].贵阳:贵州人民出版社,1997:213.

养统治人才。其中,参与武力"开辟苗疆"的巡抚张广泗即在所上的《设立苗疆学疏》中,极力奏请在清水江流域全面开设苗疆义学,"于抚绥之余,必当诱植彼之秀异者,教以服习礼义,庶可渐臻一道同风之效",并认定兴办义学"实为振励苗疆之要务"❶。由此可见,义学教育在清水江流域不单单是少数民族教育问题,兴办义学这一举措对于当时的边疆稳定具有深远的意义。清水江流域义学的兴办就是在这样一个历史大背景和特殊的环境下,在中央到地方各层官员的积极推动下逐步发展起来的。

清水江流域义学开办的时空特点与贵州全省的走势基本一致,这里不再赘述。

在数量上,目前学术界对于清水江流域的义学数量未有较为权威的统计。本书结合相关文献,认为有清一代,整个清水江流域开办的义学数量大致为176所,其中镇远府46所,都匀府98所,黎平府18所,平越府8所,贵阳府属的清水江流域贵定县6所(因流域相关行政区划所辖县州厅不属流域范围,未计其义学数量;或属此范围而文献难征者所办义学也有部分缺如)。具体情形如表2所示。

表2 清代清水江流域部分义学建制沿革表

序号	府别	属别	义学名称	创办时间	资料来源
1	镇远	天柱	柳霁义学	雍正八年建,五十二年停办	新编《天柱县志》
2	镇远	天柱	柳霁义学	道光十八年复建	新编《天柱县志》
3	镇远	天柱	县义学	无考(因见乾隆《贵州通志》记载,推断不晚于乾隆年间)	乾隆《贵州通志》
4	镇远	天柱	地岔义学	乾隆二十八年建	新编《天柱县志》
5	镇远	天柱	高酿三圣宫义塾	嘉庆年间建,咸同年间毁	新编《天柱县志》
6	镇远	天柱	高酿三圣宫义塾	光绪二十年重修,民国时期改为"万菊草堂"	新编《天柱县志》
7	镇远	天柱	远口义学	光绪三十二年创办	新编《天柱县志》
8	镇远	天柱	三门塘义学	清初年,具体时间无考	新编《天柱县志》

---

❶ 鄂尔泰,等纂修.(乾隆)贵州通志·卷九:学校志[M]//黄家服,段志洪.中国地方志集成·贵州府县志辑.成都:巴蜀书社,2006.

续表

序号	府别	属别	义学名称	创办时间	资料来源
9	镇远	施秉	县义学	康熙四十四年建	乾隆《贵州通志》
10	镇远	施秉	苗民义学	雍正八年建	乾隆《贵州通志》
11	镇远	施秉	三馆义学	无考	民国《贵州通志》
12	镇远	施秉	三秉义学	无考	民国《贵州通志》
13	镇远	施秉	三洞义学	无考	民国《贵州通志》
15	镇远	镇远	府义学二所	始建不详，至乾隆四十年划归书院，乾隆四十九年复设	乾隆《贵州通志》
16	镇远	镇远	县义学	无考（因见乾隆《贵州通志》记载，推断不晚于乾隆年间）	乾隆《贵州通志》
18	镇远	黄平	州义学二所	雍正六年建	民国《黄平县志》
19	镇远	黄平	石头堡义塾	乾隆年间建	嘉庆《黄平州志》
20	镇远	黄平	重安江义塾	乾隆年间建	嘉庆《黄平州志》
22	镇远	清江	城乡义学二所	雍正八年建	乾隆《贵州通志》
23	镇远	台拱	厅城义学	雍正八年建	乾隆《贵州通志》
46	镇远	台拱	城乡义学二十三馆	光绪十六年建	《黔东南苗族侗族自治州志·教育志》
47	都匀	麻哈	州城义学	康熙四十四年建	乾隆《贵州通志》
48	都匀	八寨	八寨义学	雍正八年建	乾隆《贵州通志》
59	都匀	八寨	城乡义学十一所	同治十二年建	民国《八寨县志稿》
60	都匀	丹江	大丹江义学	雍正八年建	乾隆《贵州通志》
61	都匀	丹江	小丹江义学	雍正八年建	乾隆《贵州通志》
94	都匀	丹江	城乡义学三十三所	光绪年间建	民国《贵州通志》
97	都匀	都匀	府义学三所	雍正十年建	乾隆《贵州通志》
98	都匀	都匀	县义学	无考（因见乾隆《贵州通志》记载，推断不晚于乾隆年间）	乾隆《贵州通志》

续表

序号	府别	属别	义学名称	创办时间	资料来源
144	都匀	都匀	城乡义学四十六所	光绪初年建，始建四十六所，后并为十二所	民国《都匀县志稿》
145	平越直隶州	州属	平越府义学	无考，不晚于乾隆年间	乾隆《贵州通志》、光绪《平越直隶州志》
146	平越直隶州	州属	平越县义学	无考，不晚于乾隆年间	乾隆《贵州通志》、光绪《平越直隶州志》
147	平越直隶州	州属	杨义司义学	同治十三年，善后清查入公田产禀官设立	光绪《平越直隶州志》
148	平越直隶州	州属	芦坪义学	光绪二十六年东乡团首甘浩义筹资禀官设立	光绪《平越直隶州志》
149	平越直隶州	州属	保户义学	光绪四年北乡高坪三牌保户寨团首胡克修	光绪《平越直隶州志》
150	平越直隶州	州属	平仓义学	光绪二十八年，北乡平仓寨团首社运乾等请将吴姓绝产设立	光绪《平越直隶州志》
151	平越直隶州	州属	文明义学	光绪十八年瘰生贾学煊等禀请修置	光绪《平越直隶州志》
152	平越直隶州	州属	州义学	无考	光绪《平越直隶州志》
153	贵阳府	贵定	养正义学	雍正十一年建	道光《贵阳府志》
154	贵阳府	贵定	养正义学	道光初按察使文耕捐银重修	道光《贵阳府志》
155	贵阳府	贵定	秀山义学	道光二年武举茂官捐产倡建	道光《贵阳府志》
156	贵阳府	贵定	仰莪义学	道光十八年建	道光《贵阳府志》
157	贵阳府	贵定	云山义学	道光年间建	道光《贵阳府志》
158	贵阳府	贵定	谷新义学	道光十四年里人共建	道光《贵阳府志》
159	黎平府	府属	府义学	无考，不晚于乾隆年间	乾隆《贵州通志》
160	黎平府	府属	文星义学	乾隆十二年建	光绪《黎平府志》

续表

序号	府别	属别	义学名称	创办时间	资料来源
161	黎平府	锦屏	县义学	无考	乾隆《贵州通志》
162	黎平府	锦屏	县义学	无考，不晚于乾隆年间	乾隆《贵州通志》
163	黎平府	永从	县文义	无考，不晚于乾隆年间	乾隆《贵州通志》
164	黎平府	开泰	县义学	无考，不晚于乾隆年间	乾隆《贵州通志》
165	黎平府	府属	养正义学	道光二十二年建	光绪《黎平府志》
166	黎平府	府属	培基义学	道光二十二年建	光绪《黎平府志》
167	黎平府	府属	兴文义学	倡于道光年间，咸丰五年苗乱废	光绪《黎平府志》
168	黎平府	永从	顿硐义学八处	同治十三年建，善后清查入公田产禀官设立	光绪《黎平府志》
169	黎平府	府属	黎平营义学	光绪七年公建	光绪《黎平府志》
170	黎平府	府属	振文义学	光绪七年公建	光绪《黎平府志》
171	黎平府	府属	振德义学	光绪九年建	光绪《黎平府志》
172	黎平府	府属	时敏义学	光绪三年建	光绪《黎平府志》
173	黎平府	府属	潭溪义学二所（同文、同兴）	光绪九年创设	光绪《黎平府志》
174	黎平府	府属	沈团义学	光绪九年建	光绪《黎平府志》
175	黎平府	府属	江边寨义学，魁团附	光绪九年建	光绪《黎平府志》
176	黎平府	永从	丙山义学	道光二年绅耆捐设	光绪《黎平府志》

（二）流域义学的地域特征

清代清水江流域一带义学教育的发展呈现以下特征。

第一，与其他地区的义学多为"官督民办"的办学性质所不同的是，清代贵州清水江流域义学的办学性质属于官方教育，当地少数民族义学作为官方的基础教育被完全纳入官学体系中，由府、州、县各级官吏直接推动少数民族义学的发展。"朝廷为彝洞设立之学,及府、州、县为彝洞捐立之学,则曰:义学,盖取革旧之义,引于一道同风耳。"清水江流域义学的这一办学特征,与清水江流域经济社会发展滞后、民众普遍较为贫苦有关,义学经费主要来自官方,"拟裁通省教职,腾出的款,以为兴学之需","所需设立义学馆舍及每年修脯等费,俱系臣等酌捐应用,毋许籍端派累苗人"❶。事实上,在贫穷落后的清水江流域,如果不由政府出资推行义学,即使开办了也很难维持下去。无可否认,贵州义学的经费来源有多种渠道,但其中最主要的办学经费来源仍然是官方,官方资助在贵州义学兴办过程中起到了决定性作用。官方既是义学办学的主要倡导者,又是办学经费的主要承担者,显而易见其办学性质也就属于官方,是被纳入到官学体系之中的。

第二,因外部因素的制约,发展起伏较大。从时间分布上来看,清代贵州清水江流域义学的发展较为曲折,呈现阶段性,且每个阶段的义学发展都生动反映了当时当地的政治时局。从表2可以看出,清代清水江流域先后设立的176所义学中,有10余所义学设立的时间无从考证,其余义学的兴废有时间记载。康熙年间是清水江流域义学初步发展的时期,兴办义学10余所。这一时期中央王朝尚未对此处进行大面积的开发,汉文化也尚未全面进入该区域。到雍正年间,区域兴办义学达到一个办学的小高潮,有50所左右。之后的乾隆至嘉庆年间,义学的发展又出现了停滞。原因在于流域苗民起义不断,雍正六年(1729年)至嘉庆元年(1796年),吴八月、石三保、石柳邓等人先后发起了声势浩大、波及西南四省的乾嘉苗民大起义。连绵不断的大小起义使得该地区社会不稳定,少数民族义学教育也就失去了一个平稳发展的客观环境,受到了最直接的影响。道光年间"战后重建",政府重视教育,流域义学获得复苏,在经历太平天国、苗族大起义而致的低迷后,在同治年间又得到重新发展,并到光绪年间义学在清水江流域空前兴盛,达到100余所之多,形成了清代此地兴办义学的高潮。其主要原因是中央王朝调整了该地区的策略,采取安抚方式来维护地方稳定,以缓解当时民族之间的矛盾。同时,这一时期清水江流域社会发展较为稳定,在乾嘉苗民大起义后并无影响极大的起义发生,这也为义学发展提供了较为稳定的客观环境,使贵州清水江流域少数民族义学数量在此时有了空前的

---

❶ 鄂尔泰,等纂修.(乾隆)贵州通志·卷九:学校志[M]//黄家服,段志洪.中国地方志集成·贵州府县志辑.成都:巴蜀书社,2006.

增加。

第三，空间分布上十分广泛，且多集中在少数民族地区。清水江流域义学在清代得到了充分的发展，据不完全统计先后共兴办义学的 176 所，广泛分布在天柱、施秉、镇远、黄平、清江、锦屏、台拱、麻哈、八寨、丹江、都匀、平越、贵定等地。其中又以都匀、镇远、黎平 3 府分布较多。同时城里、乡下均有分布。例如，天柱县义学 1 所设在城中，其他 7 所义学均设于乡下；施秉除一所县义学在城中，其余也均设在乡下。台拱厅设厅义学于城中，在乡间设义学 23 所。在都匀八寨设八寨义学于城中，其余 11 所义学均建在乡下。丹江设立大小丹江于城中，其余 33 所义学也都设立在乡下。以上数据说明清水江流域义学设立不单集中在府城、县城，大多数义学已经深入到乡村地区；对于流域农村地区少数民族子弟的启蒙教育、农村基础教育产生了重要的影响。

第四，教学目的与教学内容与中原地区有所不同。在教学目的上，清水江流域义学教育不同于中原地区学校多令学子以科举中功名取仕。少数民族义学多以陶冶情操、教化礼仪为主要目的。因此，教学内容必然有别于中原地区。中原地区教育多局限在四书五经的内容里，作为八股文，注重章法和格调。而清代清水江流域的少数民族义学必须要研习《圣谕广训》，教师给少数民族子弟逐条讲解，令其诵读牢记。如康熙三十九年（1700 年）颁布的《圣谕十六条》："敦孝弟以重人伦，笃宗族以昭雍穆，和乡党以息争讼，重农桑以足衣食，尚节俭以惜财用，隆学校以端士习，黜异端以崇正学，讲法律以儆愚顽，明礼让以厚风俗，务本业以定民志，训子弟以禁非为，息诬告以全善良，诫匿逃以免株连，完钱粮以省催科，联保甲以弭盗贼，解雠忿以重身命。"圣谕广训的内容涉及面十分广泛，有兴校爱校、尊师重道方面的内容，而更多内容还涉及乡里之间和谐、安宁及劝苛农桑以维护地方治安等。《圣谕广训》是清水江流域义学的通识课。除此而外的教学内容是，入学的学生学习《三字经》《百家姓》《千字文》《增广贤文》《声律启蒙》等句子较短的韵文。教师只领读，不讲解，要求学生能唱读、识字、背诵，否则施以体罚。对年龄较长、程度较高的学生，则教以《幼学琼林》《古文观止》《东莱博议》等书。教师领读、讲解，学生除要求读写背诵外，还有作文和作古诗、对联等内容。

三、清水江流域义学教育的影响

综观清代清水江流域义学,其不但设立数量多,覆盖面广,而且其设学政策亦体现出对当地教育环境的灵活适应性。义学教育的发展对于教化少数民族,陶冶当地民风、培养优秀人才、维护地方稳定等方面都产生了积极的影响。

第一,促进了清水江流域少数民族启蒙教育的普及和边地风俗的改变。尽管清代以前清水江流域的采辑地方官学教育体系已经建立,府州县学、书院、社学在流域各地纷纷设立,但各类学校的设学地点大都集中于府、州、县、卫,以及土司统治的中心地区,受教育者多为军卫子弟和土司上层子弟。广大居住于穷乡僻壤的少数民族子弟很难有接受教育的机会。流域义学的设立,"使汉夷一般子弟,悉有就近向学之机会,藉教育以戕其顽梗之气"[1]。从民族教育发展史的角度看,义学在流域地区的推广打破了长期以来仅针对部落首领后裔和土司继承人进行儒学教育的传统,真正跳出了长期以来传统教育"以科举之法厉教育之意"的巢穴,直接转向少数民族地区输入教育,使苗疆地区广大少数民族平民子弟皆得到入学之机会。尽管苗疆义学在发展过程中经历了多次起伏,但"咸同起义"后最终出现了平稳发展的态势,在推进少数民族地区启蒙教育、移风易俗方面发挥了重要作用。如民国《都匀县志稿》载,光绪年间知府罗应毓清厘绝产,兴办义学后,"二三年来丹都、八寨及府县之苗民子弟颇有读书数部,作字端楷者,而彬彬礼让。汉民俊秀无异焉,此其为化夷为汉之基欤"。可以说,无论从设学地点、设置数量,还是从影响层次等方面来看,贵州义学都践行着在穷乡僻壤普及教育的理想,促进了少数民族地区基础教育的发展。

第二,培养了国家和民族地区需要的人才。义学作为启蒙教育是清代边疆教化体系中的一个环节,与书院、太学等高层次的教育是相接轨的。对于学有所成者,则可以升入书院进一步深造成为国家的栋梁之材。从这个意义上说,义学补充了府州县学和书院在启蒙教育方面的不足,正所谓"义学长,所以辅学校之所

---

[1] 解幼保.(民国)开阳县志稿·卷三:名宦[M]//黄家服,段志洪.中国地方志集成·贵州府县志辑.成都:巴蜀书社,2006.

不及而既其实者也"。对于一般生童而言，则是通过义学的教化，使其"习闻入孝出悌之训而不至犯上作乱"，同时也可通过层层递进的求学路径通过科举而为国家之人才。何思贵在《书邑侯刘仲矩先生捐置书院义学田册后》一文中写道："窃尝论之，义学之教子弟，犹沙中之金也，非淘汰之则其金不出……此义学之设所以为学校之先基，而公乡大夫之所由出也。"❶清代在清水江流域地区建立政权的同时，封建教育文化也随之输入。开办的义学，使贫苦家庭子弟受到了启蒙教育，因而有不少的少数民族子弟考取秀才、廪生、贡生。清水江流域在清代高中进士的139人中，不少是在义学获得启蒙、接受基础教育的，这些人接受和传播封建文化，甚至成了统治阶层的重要人物，如1898年麻哈州的夏同龢考中进士第一名，是贵州置省后仅有的两个文状元之一，后历任翰林院修撰、湖南主考官、江西省实业厅厅长，平生工文善书，有名于当世。

第三，清水江流域义学发展对维护地方稳定有着深远的影响。清廷入关后，统治势力进入贵州版图，这一过程并不是一帆风顺的，曾遭到当地各少数民族的抵抗。中央王朝控制清水江流域后，也意识到单纯的武力治理该地区，是换不回长治久安的，如何使当地少数民族区域迅速稳定下来，是当务之急。雍正后，统治阶级均将义学定位为武力"新开苗疆"、永固"改土归流"之成果的第一要义，是"振励苗疆之要务"。"欲永绝苗患，必先化苗为汉，除令薙发缴械外，欲令其习礼教、知正朔，先自知读书，能汉语始。拟以绝逆田产所入官租，募能通汉苗语音而知书者数十百人为教习，或一大寨数小寨各置一人，设义学，使苗子弟入学读书，习汉语。"❷由此可见，在教育基础比较薄弱的苗疆地区，通过义学教化的实施而发挥的稳定边疆社会其作用则更为无疑是十分突出的。如咸丰末年，李同梅以岁贡生就部选天柱县教谕，"天柱为苗疆，学半苗生，同梅值课程，每揭忠义，讲授津津，敦崇纲常名教，苗生感化，且转劝其同族，以故天柱苗之守义者最多"❸，不仅通过义学教化少数民族生童，亦通过生童转劝其同族，层层推进，从而起到维护边疆社会稳定的作用。

第四，清水江流域义学的发展对当地的文化发展产生了重大的影响。清水江

---

❶ 常恩，邹汉勋.(清)安顺府志·卷五十二：名宦艺文[M]//黄家服，段志洪.中国地方志集成·贵州府县志辑.成都：巴蜀书社，2006.
❷ 罗文彬，王秉恩.平黔纪略·卷十九[M].贵阳：贵州人民出版社，1988.
❸ 张俊颖.(民国)兴仁县志·卷十五：人物[M]//黄家服，段志洪.中国地方志集成·贵州府县志辑.成都：巴蜀书社，2006.

流域广泛设立的义学向少数民族子弟开放，对于提高当地各少数民族的文化素质提高起到了一定作用，使当地一部分少数民族子弟在接受义学教育的过程中逐步了解中原文化并最终接受中原文化。例如，清平一带的苗族经过义学的教育"读书应试，见之多不识为苗；台拱厅一带的苗族也是'多有读书明理者'；而在锦屏一带的苗族'悉以耕凿诵读之事'而'亦多应事'"❶。同时，在严格控制考试制度和选拔人才上，中央王朝也并未松懈，为底层少数民族子弟进入统治阶层打开了渠道。"设义学以正蒙养。一向来考试，苗学多因人数不敷取额，遂为汉人篡籍获售，苗人百不得一。今宜严定冒籍之例，而令苗人应试，能取一人则一人，能取两人则两人，俟数年后，文风日盛，然后限以学额，并定新进苗生，见教官原廪保赘仪逾数者罪之，其能上进者，请学院于按试后送省书院肄业，仿广西边课之例，以徐收变苗为汉之功。"❷ 在清代清水江流域，这些接受义学教育的少数民族知识分子和原有从事义学教育老师为促进少数民族地区文化发展发挥了不可替代的作用。此外，义学在其发展过程中，产生一些流变，个别义学声名鹊起，逐渐发展为书院，如史料载"龙渊书院在城东，旧学基向为义学，而祀魁神于内，因从学者众，朱中丞遂以龙渊书院名"❸。另外有一些义学因自身发展不济，被划归书院，如"府义学在城内原设经蒙两馆，以教贫寒子弟，学租田翁种、河五里牌二处，馆师各收一处，至乾隆四十年知县李常吉详规书院，义学逐废"❹。类似义学的流变为充实其他教育体系做出了贡献。

综上所述，清代清水江流域义学教育发展极为曲折与复杂。在漫长的历史岁月中，中央王朝对贵州清水江流域进一步的开发，尤其是在开发过程中，中央王朝不断调整政策，从武力拓疆到文化兴教的转变，使清水江流域义学得到广泛的推广。清水江少数民族义学作为官学的一种形式在当时贵州这个特殊的区域出现了一些新特点，并且对于维护当地社会稳定产生了不可替代的重大作用。当然，也必须看到，在君主制统治的年代，封建教育具有很强的阶级性和政策性，清统

---

❶ （民国）贵州通志·卷四：学校志［M］//黄家服，段志洪.中国地方志集成·贵州府县志辑.成都：巴蜀书社，2006.
❷ 常恩，邹汉勋.安顺府志·卷五十二：名宦艺文［M］//黄家服，段志洪.中国地方志集成·贵州府县志辑.成都：巴蜀书社，2006.
❸ （嘉庆）黄平州志·卷五：书院［M］//黄家服，段志洪.中国地方志集成·贵州府县志辑.成都：巴蜀书社，2006.
❹ （乾隆）镇远府志·卷八：学校［M］//黄家服，段志洪.中国地方志集成·贵州府县志辑.成都：巴蜀书社，2006.

治阶级在发展贵州及其清水江流域义学的问题上，又往往带有民族歧视和民族压迫的色彩。有清一代，义学几起几落，发展十分艰难。这就使作为初级官学教育组织的义学在提高贵州各族人民整体文化素质方面所起的作用是极其有限的。这既是清代社会政治、经济发展不平衡和不稳定的反映，同时也是近代贵州及其清水江流域社会经济落后的历史根源。

※明清时期清水江流域黎平地区的书院教育*

书院教育,是我国古代一种独特的教育形式,肇始于唐代。其在推广文化教育、造就人才及促进社会进步方面起了重要的作用,诚如葛其仁所言,"书院者,辅学校之不足而范之以仁义伦理之归,申之以诗书礼乐教,将俾天下之人才陶冶而成就之,处为醇儒,出为名臣,由此其选也"❶。明清时期,书院教育在清水江流域得到了蓬勃的发展,"从书院在贵州的分布情况来看,黎平府位居全省之冠,共创办书院27所"❷。本书拟考察明清时期清水江流域黎平地区的书院教育情况。

一、黎平地区书院的建置与分布

据《贵州通志·学校志》,明清时期的黎平府及所属古州厅、锦屏县、永从县书院发展迅速,有20余所,吴大旬在《清朝治理侗族地区政策研究》❸一书中有介绍,笔者在参考其研究成果的基础上谨制表1,以作书院名称、创建人、时间地点等补充说明。

表1中列举了黎平地区19所书院,但可能还有遗漏,如《锦屏县志》里还记载有萃文、文岳、文澜、文育、培元、化成等书院❹,大多创办于乾隆、嘉庆、道光年间。因此可知,明清时期黎平地区的书院有27所,除天香书院及西岩精

---

* 本研究发表于《教育文化论坛》2013年第3期,作者为项目组成员、凯里学院副教授王雨容。
❶ 陈谷嘉,邓洪波.中国书院史资料[M].杭州:浙江教育出版社,1998:1950.
❷ 张羽琼.贵州古代教育史[M].贵阳:贵州教育出版社,2003:244.
❸ 吴大旬.清朝治理侗族地区政策研究[M].北京:民族出版社,2008:95-96.
❹ 贵州省锦屏县志编纂委员会.锦屏县志[M].贵阳:贵州人民出版社,1995:70.

舍等少数书院建于明代，多数建于清代，而尤以乾隆、嘉庆两朝为最盛，特别是陈熙在任黎平府知府时，一年之内由他兴建和创建的书院就有龙溪书院、双江书院、清泉书院、双樟书院、上林书院、福江书院，共6所之多，成为清代一年内创办书院最多的官吏。

书院能在黎平府得到如此迅速的发展，其原因大概有二：其一是清政府非常重视书院的建设，雍正皇帝强调各级地方官吏"并有化导士子之职，各宜殚心奉行，黜浮崇实，以广国家菁莪棫朴之化。则书院之设，于士习文风有裨益而无流弊"❶。乾隆皇帝曾对书院"明诏奖励，比于古者侯国之学"❷，鼓励地方官吏积极推进书院的发展。清政府在西南地区推行"改土归流"政策，努力倡导文化教育事业，贵州各地的书院随之大量兴建，黎平府的书院就是在这种历史背景下兴建起来的。

表1 清水江流域黎平地区书院一览表❸

书院名	创建人	时间	地点	补充说明
天香书院	何志清	明正嘉间（1506—1566年）	南泉山天香阁	—
印台书院	民众捐资	顺治时期	钟灵官舟	顺治时建，嘉庆十三年（1808年）重建，光绪七年（1881年）重修
南屏精舍	知府李大章	康熙二十八年（1689年）	府城南泉山麓	—
秦山书院	民众捐资	乾隆三十年（1765年）	秦溪	乾隆三十年（1765年）始建，道光十二年（1832年）重修。同治七年（1868年）重建
黎阳书院	知府吴光廷倡建	乾隆三十八年（1733年）	府城南	始建于乾隆三十八年（1733年），竣工于乾隆四十年（1735年）

---

❶ 刘锦藻，编纂.清朝文献通考：卷七十［M］.杭州：浙江古籍出版社，1988.
❷ 赵尔巽，等撰.清史稿：卷106［M］.北京：中华书局，1998.
❸ 贵州省黎平县地方编纂委员会.黎平县志［M］.成都：巴蜀书社，1989：776–777.

续表

书院名	创建人	时间	地点	补充说明
龙标书院	张应诏	雍正三年（1725年）	隆里所光绪二十五年（1899年）重修兴文书院乡绅集体建嘉庆十四年（1809年）城西门	光绪二十四年（1898年），迁建于城东街
龙溪书院	知府陈熙兴	建嘉庆二十五年（1820年）	龙里司	双江书院知府陈熙倡建嘉庆二十五年（1820年）潘老寨
清泉书院	知府陈熙兴建	嘉庆二十五年（1820年）	湖耳司	—
双樟书院	知府陈熙倡建	嘉庆二十五年（1820年）	敦寨亮司	—
上林书院	知府陈熙兴建	嘉庆二十五年（1820年）	钟灵司	—
福江书院	知府陈熙建	嘉庆年间	永从守备府前	咸丰五年（1855年）城陷毁。光绪十年（1884年）知县白建鋆倡建
文峰书院	同知某倡建	嘉庆年间	古州厅城内田垅街	道光年间（1821—1850年）重修
养正书院	吴师贤	道光年间	钟灵司	—
榕城书院	于克襄	道光十一年（1831年）	古州城北内道署南	—
龙岗书院	兵备道易佩绅、同知余泽春营建	光绪三年（1877年）	古州城西内卧龙岗上	—
西岩精舍	何东风倡建	—	城西	—
太平书舍	胡一中等	—	太平山中	—
小蓬莱馆	高继恺	—	开泰县境	—
小段书岩	倪天和	—	平茶所	—

其二则与黎平的经济富庶有关，黎平素有"杉木之乡"之称，明清两代木材贸易相当发达，是贵州省最大的木材出口地。黎平也因为林业经济和遵义一起成为清代贵州的两大富郡。经济的繁荣自然也就推动了文化教育事业的发展，那些富商和社会各界纷纷捐建书院，使黎平地区的书院数量跃居贵州省之最。

二、黎平府书院的组织管理

通过对相关史籍的分析，可以看出，黎平府书院的组织管理有机构精干、经费来源多渠道的特点。

1. 精干的管理机构

书院的机构相当精干，领导阶层只有四个人，一名山长，其职责是负责管理全院工作，下设斋长、课长和儒师。斋长专管教育，课长和儒师传授理学和儒学。另还设课士协助山长处理院务和办理课考考务，设主讲主持讲学。书院山长、主讲皆由黎平府委派，由贡生、举人甚至进士担任，同时还延请浙江、山西、四川的宿儒来院任山长。例如，黎阳书院的第一任山长吴浩是浙江归安人，嘉庆年间的蒋维光是山西人，同治年间的沈文藻是四川郫县人。从乾隆四十年（1775年）至光绪十七年（1891年），有26人任黎阳书院山长、主讲。具体任山长的详细情况见表2。

表2 黎阳书院历任山长、主讲

姓名	字号	籍贯	科举等级	任职时间
吴浩	勿齐	浙江归安	—	乾隆四十年（1775年）
陈炳	文旭	黎平府	拔贡	乾隆年间
钟怀智	次三	黎平府	进士	乾隆年间
王师泰	春山	黎平府开泰县	举人	乾隆年间
王政信	阳山	贵州贵定	—	乾隆五十九年至六十年（1794—1795年）
周奎	照域	贵州贵筑	举人	嘉庆年间
胡秉钧	理轩	黎平府	进士	嘉庆十一年至二十年（1806—1815年）
周澍	沛原	贵州贵阳	解元	嘉庆二十一年（1816年）
王铨	宾门	黎平府	举人	嘉庆二十二年至二十三（1817—1818年）道光十五年至道光十八年（1835—1838年）
蒋维光	镜堂	山西	副贡	嘉庆二十四年（1819年）

续表

姓名	字号	籍贯	科举等级	任职时间
赵文鸿	云川	黎平府	举人	道光元年至三年（1821—1823年）
张廷彤	姬侯	黎平府	举人	道光四年（1824年）
陈大忠	心斋	黎平府	进士	道光五年至七年（1825—1827年）
胡长新	子何	黎平府	进士	咸丰元年至五年（1851—1855年）同治十二年（1873年） 光绪元年（1875年）、三年（1877年） 光绪十年（1884年）
陈大谟	化南	黎平府	拔贡	咸丰三年（1853年）
沈文藻	擒斋	四川郫县	举人	同治五年（1866年）
张熙龄	镜江	黎平府	举人	同治六年（1867年）
梅兰	香谷	黎平府古州厅	拔贡	同治十年（1871年）
丁元士	次卿	黎平府	拔贡	光绪元年至二年（1875—1876年）
彭应珠	真崖	黎平府	举人	光绪十一年至十六年（1885—1890年）
龙尚灵	雨田	黎平府	举人	光绪十七年（1891年）
彭汝畴	畴田	黎平府	举人	光绪
赵本晋	—	黎平府	留日生	光绪

山长和主讲的任命权都属于官府。同时，官府依据一定的奖惩和升降的规章制度，对这些山长和主讲进行考核。雍正十一年（1733年）之后，清廷一再下谕，要求延聘书院主持人须经省督抚学臣或府、州、县地方官"慎选"。乾隆元年（1736年）谕令："凡书院之长，必选经明行修、足为多士模范者，以礼聘请。"❶道光十一年（1831年），清政府又谕云："各府州县院长，由地方官会同教官绅耆公同举报，务择经明行修之人，认真训课，概不得由上司挟荐。"道光十五年（1835年）再次明令："著直省各督抚严饬地方官，其书院……延请院长，必须精择品学兼优之士，不得徇情滥荐。"❷山长都必须由地方府县任命。

2. 多渠道的经费来源

黎平府的书院与全国其他书院一样，到清代时，已完全走向官学化道路。清

---

❶ 清史档案．清高宗实录：卷二十［M］．台北：华文书局，1964．
❷ 中华书局．清会典事例［M］．影印本．北京：中华书局，1991．

政府由对书院的抑制转为提倡兴办。书院的经费,主要来源有二:一靠官府拨给,少数比较重要的书院,如黎阳书院,由政府拨给经费以维持运转,另对其他的书院政府也会有赏银或赐田;二靠私人筹措,包括官吏和民众一起出资,西岩精舍、太平书舍、小段书舍、小蓬书馆、养正书院等都是府中举人、进士、乡绅等联合创办。官吏中有名的就是上文提到的嘉庆时的知府陈熙。书院靠田租以供师生教学、生活及各项活动费用。黎阳书院每年得官、绅捐学田年收租谷4500斤,银250余两以供费用。同时,他依据《改拨育婴堂田谷示》,朱知府还制定了黎阳书院的条规。正是地方官吏的大力支持,黎阳书院得以历时百年而不衰。

三、黎平书院的教学特色

教学是书院的主要内容,黎平书院有着完备的学规学约,对生徒及主讲都有着严格的规定。教学内容主要是围绕科举考试,教学方式比较灵活,对生徒有一定的奖惩措施。

1. 高标准的入院条件

黎平书院在师生入院条件上都严格把关。首先是对主讲,一定是具有进士、举人、拔贡之人方能选任。黎阳书院从乾隆四十年(1775年)建成到光绪末年的百余年时间,在此担任主讲的即有26人。属进士、举人出身的就有16人,另10人虽不是进士或举人,但也是一方有名的学者。对有些学术可观之人,书院进行多次聘请,如胡长新曾于咸丰、同治、光绪时三次受聘于黎阳书院主讲,嘉庆时举人王铨、道光时举人张熙龄等亦各两次受聘于黎阳书院。

其次是对书院生徒也严格限制,进入书院学习的生徒,必须是由官方选择录取和考核。乾隆以后,清政府一再颁布谕旨,要求书院"负笈生徒,必择乡里秀异深潜学问者,肄业其中",并命"直省各督抚严饬地方官,其书院……肄业生童,必须严加甄别,不得瞻徇情面,滥行去取"❶。书院生徒中"材器尤异者,准令荐举一二,以示鼓励"。对品学兼优的学生,酌量向上举荐,鼓励人才进步。书院是供生员(秀才)、童生学习的地方。生员上文生课,凡考中秀才的为了参

---

❶ 刘锦藻.清朝文献通志[M].杭州:浙江古籍出版社,1988.

加乡试，每月定期到书院听讲，送文章请主讲批改。书院对入学童生要求很严，必须是居府城的官宦士绅和"书香门第"出身，年龄在十五周岁以下，并且入学之前要读过"四书"的子弟才能入学。对童生的教学内容以讲读"四书""五经"和习作"八股文"、律诗为主，间或议论时政。

2. 灵活的教学方法

书院教学内容以讲读"四书""五经"和习作"八股文"、诗、词、序、论为主，间亦议论时政。教学方式上注重师传，采取个人研读、集中开讲、应对答辩等三种方式。一般以学生个人读书钻研为主，允许学生有所侧重，发挥个人特长；重视对学生读书的指导，采取自学、共同研讨与教师指导相结合的办法。黎阳书院在光绪末年聘请曾廉先生来院讲授教学新法。即将两年读经、三年开讲、五年作诗应对的老法，改为"读、讲、用"并举，问难答辩，启迪思维，重在自学，发展兴趣的新方法。

每年农历二月初二日至十一月十六日为教学时间。课十个月，其中定三月为城乡远近生员、童生祭祀扫墓的时间，定八月为生员、童生回各乡村收割的时间，可以免课外，其余八个月规定每月初二、十六两日举行月课，每年十六课，是为"官课"，由府、县公布告示后，书院便呈请黎平府书写封条封门考试，并安排供给考生早饭，各考生一定要在当日黎明时齐集书院，听候点名入堂课试。每次课考一般作文一篇，诗一首，限酉时（即下午七时）完卷出场，戌时（即下午九时）送卷到府衙。封门后过时交卷的一律不收。要求考生在整整十二小时内精心完卷。山长课定期在每月初八日及二十三日出题考试，每年亦为十六次，是为"堂课"。课考按名次评定高下。平日功课安排，上午清晨背诵书文，接着讲"四书""五经"精义，下午讲解诗法等。

3. 优厚的奖励措施

为勉励各生上进，光绪九年（1883年），黎平知府表开第制，定书院条规规定，每次课考，生童各取前数名优秀者，奖给伙食、灯油费，以资鼓励，统称"膏火"。初时，官课生员正副课各取前五名；童生正课取前五名，副课取前十名；山长堂课生童正课取前三名，副课取前五名；童生正课取前五名，副课取前七名。光绪十四年（1888年），黎平知府俞谓批准乡绅首士张志宾等人增加"膏火"谷的请求，规定生员正课前五名，每名由原来的四十斤增加为八十斤；副课前五名，每名由二十斤增加为六十斤，上等童生前五名，每名由三十斤增加为六十斤；中等童生前十名、每名由二十斤增加为四十斤。并将"膏火"规定出示刊碑，永示遵行。书院自创建以来，培育人才参加科举考试有了基础。攀登科第的人接踵而来，生童人数逐年增多，开支越来越大，经费逐年不敷，"膏火"费增加亦感困难。书院采取募捐办法筹集奖资。向各界募捐，得银二百五二十四两四钱，又将地里乡吴应凤捐入书院的杉山出卖取得银两置买田亩。另有培基、养正两义馆亦增谷一千六百斤。书院每年可收租谷九万余斤、经费较为宽裕以后，经商定，正副课生员每课每名再加"膏火"谷二十斤，各等童生每课每名再加十斤。因此，书院文风习盛，各课生员、童生倍加奋勉，参加科举考试中举的日益增加。

4. 严格的学规学约

书院的教学条规，是书院用于规范生徒学习、生活行为的规矩章法。其内容包括书院的教育方针、培养目标、修身治学的准则等。黎平书院的条规主要体现在读书治学和修品立业两个方面，既强调学生读书治学的重要性，又重视学生思想品德的修养。依据《改拨育婴堂田谷示》，道光二十二年（1842年）知府朱德璲定黎阳书院的条规。引录四条说明问题。

——议每年二月初二日开课起至十一月十六日封课。十月之中除三月为远近祀墓之时，八月为各乡收获之日，生童各有其事，相沿免课外，其余共计八个月准于初二、十六日定行月课。即府甚公出，省事亦必清题，封门考试、供给早饭。诸生务于黎明时齐集书院，听候点名课试，毋得耽居家中，须人传唤，以致迟误。

——议生员正课五名、副课五名，童生正课五名，副课十名。膏火先往谷后钱：生员正课领谷四十斤，副课领谷三十斤；童生正课领谷三十斤，副课领谷二十斤。至远处田谷难于搬运，只可变钱给发：生员正课领钱三百二十文，副课领钱二百四十文；童生正课领钱二百四十文，副课领钱一百六十文。内以二、九、十、冬月入课领谷；四、五、六、七月入课领钱。定于初一、十五日开仓，照依课榜次序按名给发。如有不依日期混向首事争闹者，罚其钱谷不给。

——每课文一篇、诗一首。务在讲堂面试，定限酉时扫场，戌时送卷进署；如封门后至者不收，带考卷出场者不录送。诸生务尽一日之长，各出心裁，以期精进。

——山长堂课定期于每月初八及二十三日出题考试，听候评定高下。其平日功课：清晨背诵书文，上午讲论四子书及五经精义，下午讲解文法诗法则。务各虚心领受，期获实功。

以上数条，添膏火以广栽成，严课程而宏造就。诸生其仰体栽培至意，育才定胜于育婴；勿惮琢磨深心，树人更殷乎树谷。薰香摘艳，勤修黄绢之词；含英咀华，勉奋青云之志。转瞬三秋荐爽，同为药笼参苓；即看百里联翩，共作公门桃李。多士各宜自励，本府实切厚期。❶

由此可见，黎阳书院的条规严格有序，它对开课封课的日期、对学生的奖惩、学习时间与内容的安排、考试及日常行为规则都做出了明确的规定。据《袁开第示文》，光绪三年（1877年）知府袁开第又详定章程，举几条如下。

——原定每年官课十六次。堂课十六次，其课试日期及生课、正副课额数，膏火钱谷数目，俱经勒碑明示，允宜照旧遵行。又后加三月一课即定为三月初二日府课一次，一同照章办理。

——官堂课俱照额取录，倘佳卷不敷，即照考试之例，宁缺毋滥。生童等不得以人数在课额内妄冀分润膏火，如敢混向首事争闹者，严究不贷，亦兴礼让养廉肚之一端也。

——抄袭成文者不录，故违程式者不录，生童其各禀遵以上各条。增资斧以归实济，严衡鉴以励真才尔。

这里，主要对官课、堂课及其取录做了明文规定，十分严格。以上的条规虽则是对黎阳书院而定，但其他书院基本上通行。

书院到清代时，已经完全官学化了，承担了科举应试的任务，成为政府培养科举人才的主要场所。单就科举考试而言，黎平地区的书院办得相当成功，何腾蛟就曾在天香书院读书，吴光廷于乾隆四十年（1775年）在重修天香书院时撰《捐修书院详文》一文中称"黎郡人文，后先继起，甲科乙榜，时获题名"❷；黎阳书院"自吴前府创建以来，乐育有基，人文蔚起，掇科登第，接踵步尘"❸。书院于明清时期在黎平地区的创建和发展，显示了其独特的管理机制和教学特色，书院教育促进了黎平地区文化教育事业的发展，中原文化从此进入"千里苗疆"。雍正五年（1727年），张广泗请设黎平考棚后，科举制度在黎平地区推行，科甲之士联袂而起。

---

❶ 邓洪波.中国书院章程［M］.长沙：湖南大学出版社，2000：254-255.
❷ 陈谷嘉，邓洪波.中国书院史资料［M］.杭州：浙江教育出版社，1998：1231.
❸ 陈谷嘉，邓洪波.中国书院史资料［M］.杭州：浙江教育出版社，1998：1828.

※明清时期清水江流域苗侗地区官学教育及其社会影响*

这里所指的官学,是清水江流域各级地方官府依朝廷的诏令而设立并管理的府、厅、州、县、卫、乡等学,不包括官办的社学、义学,以及书院等。清水江流域的官学教育是明清王朝开发、经营"苗疆"的重要举措,同时也是地方社会融入王朝体系的主要渠道。本书探讨明清时期清水江流域官学教育的历史变迁过程,进而分析由此产生的社会影响,以期能丰富和完善贵州少数民族地区学校教育的研究,弥补此前研究之不足。❶

一、府厅州县学之设

明清时期,学校是科举的必由之路,所谓"治国以教化为先,教化以学校为本"。明太祖朱元璋对学校非常重视,洪武二年,"令天下府州县卫所皆立学"。贵州建省之前,仅有永乐五年(1407年)的思州宣慰司学能够涵盖清水江流域部分地区,其余皆无学。据《明太宗实录》记载:"永乐五年五月丁巳,设湖广思南、思州二宣慰司儒学。"此后,官学逐渐设立,整个明清时期,清水江流域的官学共有府学3所,卫学5所,县学4所,厅学1所,州学1所,乡学1所,

---

* 本文作者为项目组成员、凯里学院教授李斌。

❶ 与清水江流域相关的教育研究,可参见姚炽昌.明清时期锦屏的办学情况[J].贵州文史丛刊,1988(4):67-70;贾永坤.论清代黔东南地区私学教育发展的特点及其影响[J].濮阳职业技术学院学报,2010(6):104-105;李斌,吴才茂,龙泽江.明清时期清水江天柱下游地区教育变迁——以碑刻史料为中心[J].教育文化论坛,2011(2):100-106;范连生.清代黔东南民族地区的苗疆义学[J].教育评论,2013(3):141-143;姜明.清水江下游地区的官学教育[J].教育文化论坛,2013(3):103-109.

兹分述如下。

黎平府学。在府治东毓贤街。府学建于何时，有永乐十一年、宣德十年和正统十四年三种不同的记载，何时设学？事实上，根据"设学即设廪出贡，应以十年为率。黎平岁贡自成化始，去正统仅十余年，则设学"❶的说法，其学设置应在正统十四年。天顺七年，知府杨纬重建。

镇远府学。在府治东，永乐十一年（1413年）知府颜泽建。明成化十五年（1479年）知府沈熊迁于治西。崇祯十六年（1643年）毁于苗乱。顺治十六年（1659年），知府宋应星建明伦堂。康熙二十三年（1684年），"水溢漂没"，总督范承勋、巡抚卫既齐、知府李予之"各率属捐资"，康熙三十一年（1692年）重建。康熙五十八年（1719年），又被水冲决，学院张大受、知府李梦昺"率属捐资重建"，雍正元年（1723年）告成。

都匀府学。都匀卫学于弘治六年（1493年）改为府学，弘治十年（1497年）副使阴子淑重修。

都匀卫学。宣德八年（1433年），副使李睿、都指挥陈原建卫学。成化六年（1470年），副使吴立修。弘治六年（1493年）改为府学。

兴隆卫学。在卫治（今黄平县新州镇）东，宣德九年（1434年），副使李睿、指挥常智建卫学。弘治二年（1489年），指挥狄俊、经历李文祥改建于城南。嘉靖七年（1528年），巡按御史陈讲迁于城西。万历六年（1578年），巡按御史马呈图、提学副使李学一改建于卫右。

清平卫学。位于卫城（今凯里市炉山镇）西北隅，正统八年（1443年），指挥使石宜建。正德十三年（1518年），参议蔡潮改建。

偏桥卫学。明成化十八年（1482年），卫指挥陶玉等遣百户朱俊请建。原隶湖广都司，嘉靖二十五年（1546年）改附贵州，至隆庆庚午（1750年）"始开科"，嘉靖三十年（1551年）"鼎新"。❷

铜鼓卫学。明天顺元年，卫知事姚斌呈请建学，照准卫学额数，赴湖广靖州

---

❶ 据（嘉靖）《贵州通志》卷一《黎平府条》记载："洪武五年，仍置蛮夷长官司十四，属思州宣慰使司。"另据罗康智等（《明史·贵州地理志考释》，贵州人民出版社2008年版，第69页）考证，思州宣慰司在明朝永乐元年（1403年），复设古州、龙里、欧阳、湖耳、中林验洞、八舟、曹滴洞、潭溪、福禄永从、洪州泊里、亮寨、新化、赤溪滴洞、西山阳洞十四蛮夷长官司，俱隶思州。永乐十一年（1413年）贵州建省，以思州宣慰司地置思州、黎平、新化、石阡四府，上述十四长官司归黎平府、新化府管辖。宣德九年（1434年），将新化府并入黎平府。

❷ 贵州省镇远县地方志编纂委员会. 镇远府志·卷八：学校［M］. 郑州：中州古籍出版社，1996.

考试。清雍正五年（1727年），改卫设县隶黔，归黎平府考试。

永从县学。未知始于何时。有宣德年间之说，"请颁学校，始设训导"。也有弘治八年之说，"惟设学之初，土著、汉民应试寥寥，半系五开卫人充考。故隆庆、万历间，有卫人胡志相、蒋镇楚、张文光皆由永从县学中试。嗣后，歧考冒考者多而学废"❶。

天柱县学。天柱原隶湖广靖州。明万历二十六年（1598年），知县朱梓建县学于城东。康熙二十三年（1684年），知县王复宗捐资改建。雍正五年（1727年）天柱拨归贵州黎平府，十二年（1734年）改隶镇远府，"学仍其旧"。❷

古州厅学。雍正九年（1731年）开辟古州，并无学校。雍正十二年（1734年），学政晏斯盛题请赴黎平府学考试，"凭文取进，向无定额。"道光十三年（1833年），古州厅徐铉"详请建学"，同时将永从县训导"移驻古州厅，专司考课"。❸

镇远县学。康熙三十八年（1699年）巡抚王燕题设。次年，发帑金九百一十七两创建，知县纪人龙经修。乾隆五年（1740年），知县诸徐孙捐俸四百两，又支公项二百余两重修后殿及两庑；四十六年（1781年），大成殿及棂星门倾圮，教谕犹法贤、训导薛士礼率学中醵金二百余两重修。

黄平州学。原为兴隆卫学，康熙二十六年（1687年），移州治于卫，遂改为州学，四十六年（1707年）重修。

施秉县学。原为偏桥卫学，康熙二十六年（1687年）省偏桥卫入县，即以卫学为县学。

锦屏乡学。原系铜鼓卫，隶湖广。明天顺元年（1457年），卫知事姚斌呈请建学，照准卫学额数，赴湖广靖州考试。清雍正五年（1727年），改卫设县隶黔，归黎平府考试。道光十二年（1832年），锦屏县改为锦屏乡。

---

❶ 黎平县县志编纂委员会办公室.（道光）黎平府志·卷十六：学校志[M].点校本.北京：方志出版社，2014：517.
❷ 李斌，吴才茂，龙泽江.明清时期清水江下游天柱地区教育变迁——以碑刻史料为中心[J].教育文化论坛，2011（2）：100-106.
❸ 余泽春修，余嵩庆，陆渐鸿，纂.（光绪）古州厅志·卷五：学校志[M].刻本.1888（清光绪十四年）.

二、科举取士范围的扩大

参加科举考试,是士子求取功名、走向仕途、通往社会的主要途径,同时也是官府发现人才、选拔人才的重要方式。学额的多寡、能否参加考试成为地方社会最为关注和关心的问题。

(一)学额

学额是指府州县各级官学录取学生的有关定额,是衡量一个地区儒学发展和普及程度的重要标志。永乐十一年(1413年)贵州建省之前,清水江流域的科举,清平(今凯里)、黄平隶四川,其余府县隶湖广。贵州建省不久,科举改隶湖广。自明宣德四年(1429年)改试云南,解额由4名增加到21名。嘉靖十六年(1537年)始分贵州乡试,解额25名。嘉靖二十五年(1547年)和万历二十二年(1594年),解额各增加5名,共35名。

清代儒学学额,按进取生童数称呼。进取生在15名以上的称为大学,清水江流域有镇远、黎平和都匀三所府学;进取生在8名以上、不足15名的称为中学,有黄平和麻哈州学,施秉、天柱、开泰、永从四所县学;进取生不足8人的称为小学,如锦屏县学、古州厅学、八寨厅学。"广学额以鼓励之。由是列胶庠登科第,几与中土汉人无异。"❶为进一步了解清代清水江流域的学额数量,特将各府州县厅乡等学额统计如表1所示。

据表1统计,文生学额为163名,武生学额为153名,武生比文生少10名。廪生、增生额相同,均为334名。很明显,与明代相比,清代的儒学学额比明代有了明显增加。

---

❶ 黎平县县志编纂委员会办公室.(道光)黎平府志·卷五:地理志[M].点校本.北京:方志出版社,2014:309.

表 1 清代清水江流域学额统计表 ❶

单位：人

府别	属别	学额❷		廪增生额		岁贡生额
		文生	武生	廪生	增生	
黎平	黎平府学	23	19	40	40	一年一贡
	开泰县学	13	12	22	22	二年一贡
	永从县学❸	8	5	20	20	三年一贡
	古州厅学	6	2	8	8	四年一贡
	锦屏乡学	6	8	16	16	二年一贡
镇远	镇远府学❹	20	20	40	40	一年一贡
	黄平州学	15	15	30	30	三年一贡
	镇远县学	8	8	20	20	二年一贡
	施秉学	12	12	20	20	二年一贡
	天柱县学	12	12	20	20	二年一贡
都匀	都匀府学	18	18	40	40	一年一贡
	八寨厅学❺	6	6	8	8	三年一贡
	麻哈州学	8	8	30	30	三年一贡
	清平县学	6	8	20	20	二年一贡
合计		163	153	334	334	

资料来源：根据（道光）《黎平府志》卷十六《学校志三》、（乾隆）《镇远府志》卷八《学校》、（民国）《都匀县志稿》卷十《学校》、（民国）《八寨县志稿》卷十一《学校》、（民国）《麻江县志》卷八《学校志》、《钦定学政全书校注》卷六十一《贵州学额》统计制作。

❶ 雍正年间，中央王朝在生苗地区实行改土归流，开辟"新疆六厅"中的五厅在今黔东南。其中八寨（今丹寨县）、古州（今榕江县）设厅学，效法州县之制开科。清江（今剑河县）、台拱（今台江县）就试镇远，丹江（今雷山县）就试都匀，生员籍贯列入府籍。

❷ 文生学额指岁试和科试各自的学额，武生则指岁试学额。

❸ 永从县学额时有变化，嘉庆十二年岁课试各减二名，道光七年仍复原额。

❹ 据《学政全书》记载，"雍正二年遵旨题准：镇远府学向止取十六名，今准各府学额，各取进童生二十名。"

❺ 雍正八年设八寨厅治时，"未设学，仍附府学（指都匀府学——笔者注）百余年"。道光十八年始建八寨厅学。详见（民国）《八寨县志稿》卷十一《学校》，第1页。

（二）考棚设置的渐次增加

士子参加各府州县的考试，是获得更高一级考试的必备条件。清初，由于各地参加考试的士子人数较少，且限于财力，各府州县的考试基本上是根据地区远近实行合棚就考，清水江流域河道纵横，道路崎岖，行程极为艰难，一些因家贫或体弱的士子就不能参加更高一级的考试。随着学校教育的发展，清水江流域读书应试的人数不断增加，各府州县为使更多士子参加科举考试，积极奏请设立考棚。永乐十一年（1413年）贵州建省之前，清水江流域的科举，清平（今凯里）、黄平隶四川，其余府县隶湖广，故未有考棚。清水江流域最早的考棚设在镇远，从明嘉靖起，镇远设考棚，黎平府的士子赴镇远府。

从清朝雍正年间开始，黎平等地就奏请设立考棚。按照清政府规定，"凡僻小郡治不能俱设考棚，所以定有前赴别府合棚就考之例"。"以黎平向只辖永从一县，仅府学两学生童无几，皆赴镇远府合棚应试，计程途五六百里不等。"时黎平已添辖开泰、锦屏、天柱三县，合计共五学，"生童不下二三千人"，"迥非从前规模可比，在黎平合属生童较前既多，若令仍赴镇远候考，甚属苦累"。雍正十年（1732年），巡抚张广泗据黎平府知府滕文炯详题，"呈请建棚分考，永免长途跋涉守候之苦"，"奉旨给帑银八百两，并士民捐银，鸠工创建，雍正十一年告成。"❶于此，道光《黎平府志》亦有记载："知府滕文炯详请，发帑银八百两创建，士子跋涉之劳从此永免"❷。考棚规模也有记载：大堂五间，左角一间（稿房），右角一间（内官厅）。二堂五间，川堂一间，东书房三间，门楼一座。内厨房三间，内署五间，左厢房三间，右厢房三间，川堂三间。仪门内，卯亭一间，东号房九间（号房桌凳俱用石条，上加木板），西号房九间，东新号房七间。箭厅一间，仪门五间，中川堂三间，外厨房左右各二间。头门五间，左右听事房各一间，头门外差房四间。石狮一对，照墙一座。外官厅三间，龙门三间，左右鼓炮房各一间，东西辕门各一间，照墙一座。道光十七年（1837年），黎平府刘绍琯、开泰县刘嗣矩倡捐重修。❸雍正十二年（1734年）二月，钦命提督学政晏斯盛到黎平府科试，并题试院诗

---

❶ （道光）黎平府志·卷六：营建志［M］.点校本.北京：方志出版社，2014：327.
❷ （道光）黎平府志·卷二：地理志［M］.点校本.北京：方志出版社，2014：256.
❸ （道光）黎平府志·卷六：营建志［M］.点校本.北京：方志出版社，2014：327-328.

二首。❶

　　清水江上游的都匀府也在乾隆年间获得设立考棚的资格,贵州都匀府"准其设立考棚,以乾隆二十八年(1763年)岁考为始,令学政按临该府新棚考试"❷。麻哈州在同治十三年(1874年)修复三台书院后,也建立了考棚。光绪二十六年(1900年),署天柱县林佩纶为修考棚,"捐廉为尔倡,尔就地劝捐",当地士绅也就"欣然领册而去","持册会同十一里(天柱县有十一里,笔者注),士民捐输","未半载,集千金","文昌宫告竣之期当可拭目以待"❸。考棚的不断设置,是官学教育不断加强的表现。

三、鼎故革新:创办新式学堂

　　科举制诞生以来,为各朝各代官府培养了大批有用之才。但是,随着岁月流逝,对科举制度的诟病代不乏人,尤其是到了明清两朝。

　　鸦片战争后,改革成为时代的最强音。肇端于1860年代的洋务运动以"师夷长技以制夷"为纲领,"采西学"成为时代的方向标,"特设一科,以待能者"成为时代的呼唤。1862年,建京师同文馆成为新式学校的肇端。斯时,改革学校和科举成为当务之急,新式学校不断设立。除专门学校外,尚有许多普通学校。光绪二十四年(1898年),李端棻上请推广学校一折,又奏请"自京师以及各省府州县皆设学堂",并建议改书院一所,变通章程,以为学堂。光绪二十七年(1901年),改组书院,并在全国普设官立学堂,"著将各省所有书院,于省城均设大学堂,各府厅直隶州均设中学堂,各州县均设小学堂"❹。清水江流域亦积极响应,如镇远府在光绪二十八年(1902年)就由秀山、文明两书院改设明德中西学堂。至1904年1月,上谕:"即著各该督抚赶紧督饬各府厅州县建设学

---

❶ 晏斯盛,号一斋,江西临江人,辛丑进士,雍正八年至黔。
❷ 素尔讷.钦定学政全书校注·卷六十五:各省事例[M].武汉:武汉大学出版社,2009.
❸ (清)天柱县志·卷八:艺文志·重修文昌考棚叙[M].[出版社不详]:天柱县志书局印刷,1903(光绪二十九年).
❹ 《清德宗实录》卷四八六,光绪二十七年八月乙未(初二日)下.

堂，并善为劝导地方，逐渐推广。"❶光绪三十一年（1905年），袁世凯等人联名奏请《立停科举以广学校折》，八月清政府颁布上谕："著即自丙午科为始，所有乡会试一律停止，各省岁科考试亦即停止。""官绅申明宗旨，闻风兴起，多建学堂，普及教育"，"并著责成各该督抚实力通筹，严饬府厅州县赶紧于城乡各处遍设蒙小学堂"。❷

据《黔东南苗族侗族自治州志·教育志》统计，到宣统末年（1912年），黔东南"官立高初两等小学堂10所，官立高等小学堂12所，官立初等小学堂81所，其他小学堂和简易学堂共8所"❸。当然，这一统计有很大的缺漏，如镇远府、镇远县、清溪县及思州府无一所新式学堂，天柱县、永从县仅有1所学堂。据笔者不完全统计，天柱在清末尚有育英初等小学堂、公立存养初等小学堂、上花初等小学堂、渡马初等小学堂、楞寨初等小学堂等。❹到清末，黎平府共有新式学堂32所，学生总数1070人，其中有高等小学堂4所、学生有202人，女子高等小学堂1所、学生12人，初等小学堂27所、学生857人。❺

清末三穗县新式学堂情况见表2，以见其端。

另据《镇远府志》记载：清末，在苗疆腹地的台拱厅（今台江县）也有5所新式学堂，分别是官立高等小学堂，由台拱莲花书院旧址改设，宣统元年（1909年）同知胡瀛涛创办，陈嘉霖任堂长，廪生徐培荫、杨名胜任教员，学生52人。官立第一初等小学堂，在昭忠祠，1909年同知胡瀛涛创办，陈嘉霖兼任堂长，彭廷魁任教员，学生35人。

---

❶ 朱寿朋.光绪朝东华录（第五册）[M].北京：中华书局，1958：143.
❷ 舒新城.中国近代教育史教学参考资料（上册）[M].北京：人民教育出版社，1964：66.
❸ 黔东南苗族侗族自治州地方志编纂委员会.黔东南苗族侗族自治州志·教育志[M].贵阳：贵州人民出版社，1994：71.
❹ 李斌，吴才茂，龙泽江.明清时期清水江下游天柱地区教育变迁——以碑刻史料为中心[J].教育文化论坛，2011（2）.
❺ 黔东南苗族侗族自治州地方志编纂委员会.黔东南苗族侗族自治州志·教育志[M].贵阳：贵州人民出版社，1994：113-114.

表 2　清末三穗县新式学堂统计表

序号	学校名称	学校地址	创办时间	开办者	教职人员	学生数
1	邛水初等小学	邛水城外江西	1906年	知府李荫华、委士绅鄢豫泰、屠汝荣等	8人	80余人
2	邛水初等小学	邛水关帝庙	1906年			
3	邛水初等小学	邛水湖南馆	1906年			
4	邛水初等小学	邛水天后宫	1906年			
5	高寨初等小学	邛水四姓馆	1906年	—	3人	30余人
6	向水初等小学	邛水观音寺	1906年	知府李荫华、委士谢超云、龙文献	3人	30余人
7	上明德初等小学	上明德寨	1906年	知府李荫华、委士杨赞清、吴肇周	3人	30余人
8	长吉初等小学	长吉忠烈宫	1907年	知府李荫华、委士邹位涛、陆志鹏	3人	20余人
9	圳洞初等小学	圳洞团务公所	1906年	知府李荫华、委士王惠顺、陈通经	3人	20余人
10	雪洞初等小学	雪洞团务局	1906年	知府李荫华、委士许日章、杨树楷	3人	30余人
11	款场初等小学	款场团务局	1906年	知府李荫华、委士谢超云、龙文献	3人	35余人

资料来源：据《镇远府志》卷八《学校志》（贵州人民出版社 2014 年版）第 511-512 页统计制作。

官立第二初等小学堂，在原台阳书院，1909 年同知胡瀛涛创办，王平章任主任，学生 40 人。施洞高初两等小学堂，在楚军忠义祠，1906 年同知施熙恩创设初等小学堂，张仕任充任堂长，张正南任教员，甲乙两班学生 65 人；1907 年，添设高等一班，学生 28 人。

革东初等小学堂，1906 年同知施熙恩设，委王在邦为承办员，刘耀黎任教员。可以说，在清末倡导建立新式学校的大背景下，清水江流域的官民也不甘落后，迅速加入到教育改革的历史潮流中。

四、官学教育的社会影响

由于明清时期各级政府在清水江流域地区大力推行官学教育，参加科举考试的士子代不乏人，扩大了中央王朝在清水江流域的统治基础。

（一）培养了大批知识精英

一般认为，进士是衡量一个地方文化发展水平最重要的指标，进士的数量直接反映地方文化发展水平的高低。兹就明清时期清水江流域的进士制表3。

表3　清水江流域历科文进士姓名一览表

序号	时间	科名	姓名	籍贯	甲第
1	正统十三年（1448年）	戊辰	黄绂	贵州都司平越卫	三甲七十二名
2	景泰五年（1454年）	甲戌	周瑛	贵州都司兴隆卫	二甲一百四名
3	成化五年（1469年）	己丑	杨遵	平越卫	二甲三十七名
4	成化二十三年（1487年）	丁未	熊祥	施秉县	二甲六十三名
5	嘉靖二十九年（1550年）	庚戌	姚世熙	新添卫	三甲一百二十七名
6	嘉靖十七年（1538年）	戊戌	王炯	清平卫	三甲六十一名
7	嘉靖二十三（1544年）	甲辰	钱嘉猷	湖广镇远卫	二甲五十名
8	嘉靖二十六年（1547年）	丁未	李佑	清平卫	三甲一百十名
9			孙衷	清平卫	三甲二百五名
10	嘉靖三十二年（1553年）	癸丑	孙应鳌	清平卫	二甲六十五名
11	隆庆五年（1571年）	辛未	李大晋	清平卫	三甲一百十八名
12			宋儒	贵州麻哈州	三甲二百一十二名
13	万历五年（1577年）	丁丑	孙世祯	清平卫	三甲九十九名
14	万历八年（1580年）	庚辰	陈尚象	都匀卫	三甲二百三十五名
15			郑国柱	镇远县	二甲四十二名
16	万历十七年（1589年）	己丑	龙起雷	湖三甲广都司五开卫	三甲一百五十九名
17	万历二十六年（1598年）	戊戌	丘禾实	新添卫	三甲九十四名
18	万历二十九年（1601年）	辛丑	梅友月	五开卫	三甲十六名
19	万历三十五年（1607年）	丁未	张应吾	镇远府	三甲一百二十八名
20	崇祯七年（1634年）	甲戌	扶纲	都匀卫	三甲一百五十一名
21	崇祯七年（1634年）	甲戌	姚咨俊	新添卫	三甲二百十名
22	崇祯十年（1637年）	丁丑	李觉先	镇远县	三甲二十八名
23	崇祯十五年（1642年）	壬午	刘宪模	黎平府永从县	—

续表

序号	时间	科名	姓名	籍贯	甲第
24	崇祯十六年（1643年）	癸未	涂宏猷	都匀	—
25	康熙三十三年（1694年）	甲戌	陈珣	施秉县	三甲一百十七名
26	康熙三十六年（1967年）	丁丑	王枟	黄平州	三甲二十五名
27	康熙四十八年（1709年）	己丑	曹抡彬	黄平县	三甲二百六名
28	康熙五十一年（1712年）	壬辰	王梦旭	平越县	三甲八十名
29			刘蛟	都匀县	三甲九十九名
30	康熙五十二年（1713年）	癸巳恩科	唐璇	贵定县	三甲一百二十三名
31	康熙五十七年（1718年）	戊戌	王梦尧	平越县	三甲四十五名
32	康熙六十年（1721年）	辛丑	王士俊	平越县	三甲五十五名
33	雍正元年（1723年）	癸卯恩科	万里	贵定县	三甲九十九名
34			顾海	黎平府	三甲八名
35	雍正二年（1724年）	甲辰	张素	清平县	三甲八十五名
36			刘世熹	黄平州	三甲一百三十五名
37	雍正五年（1727年）	丁未	毛邑	平越县	三甲九十三名
38			李运昇	黄平州	三甲八十八名
39	雍正八年（1730年）	庚戌	李运正	黄平州	三甲一百五十七名
40			陈嗣谌	开泰县	三甲一百九十四名
41			王政恒	平越县	三甲一百四十二名
42	雍正十一年（1733年）	癸丑	杨枝华	都匀府	三甲七十八名
43			白子男	平越府	三甲一百五十一名
44	乾隆元年（1736年）	丙辰	龚生达	天柱县	三甲二百二十六名
45	乾隆二年（1737年）	丁巳恩科	胡之楚	开泰县	三甲一百七十七名
46			胡洭	开泰县	三甲二百十八名
47	乾隆四年（1739年）	己未	杨培	清平县	三甲二百十八名
48			李斯昇	施秉县	三甲二百三十五名

续表

序号	时间	科名	姓名	籍贯	甲第
49	乾隆七年（1742年）	壬戌	王楚士	黄平州	三甲一百二十八名
50			冯子式	镇远府	三甲一百九十八名
51	乾隆七年（1742年）	壬戌	王彬士	黄平州	—
52			王焕士	黄平	—
53			李楚	清平县	三甲二百十七名
54	乾隆十年（1745年）	乙丑	孟侯富	黄平州	二甲一百三十八名
55			戴琪	黄平州	三甲一百九十七名
56	乾隆十三年（1748年）	戊辰	陈组	都匀县	三甲一百八十八名
57	乾隆十六年（1751年）	辛未	邬昇	黄平州	三甲十七名
58			王伟士	黄平州	三甲八十七名
59			艾茂	麻哈州	三甲八十二名
60	乾隆十七年（1752年）	壬申恩科	王政义	贵定县	三甲六十四名
61	乾隆二十二年（1757年）	丁丑	杨瑄	施秉县	三甲七十名
62			尹涟	贵定县	三甲七十六名
63	乾隆二十五年（1760年）	庚辰	李臺	黄平州	三甲四十名
64			孙录	清平县	三甲九十六名
65	乾隆二十六年（1761年）	辛巳恩科	萧附凤	都匀府	三甲三十五名
66			萧聿焘	都匀府	三甲四十八名
67	乾隆二十八年（1763年）	癸未	倪云迈	开泰县	三甲一百二十三名
68			刘启秀	都匀府	三甲三十四名
69	乾隆三十一年（1766年）	丙戌	卢嘉会	黄平州	二甲六十九名
70			王孚镛	黄平州	三甲六名
71			宋仁溥	天柱县	三甲一百十七名
72			江有本	开泰县	三甲一百二十三名
73			王炳	黄平州	三甲一百四名
74			萧馥春	都匀府	三甲一百八名

续表

序号	时间	科名	姓名	籍贯	甲第
75	乾隆三十四年（1769年）	己丑	丁映奎	开泰县	三甲七十四名
76	乾隆三十五年（1771年）	辛卯	陈尧光	都匀县	三甲八十四名
77	乾隆四十年（1775年）	乙未	欧阳士椿	天柱县	三甲八十六名
78	乾隆四十五年（1780年）	庚子恩	包致和	清平县	三甲九十名
79	乾隆四十六年（1781年）	辛丑	钟怀智	黎平府	三甲三十四名
80			陈尧华	都匀府	三甲九十一名
81	乾隆五十二年（1787年）	丁未	陈大受	都匀县	—
82			尹世德	都匀县	—
83	嘉庆元年（1796年）	丙辰	王嶙	平越县	三甲八十九名
84	嘉庆四年（1799年）	己未	杨涛	黎平府	—
85	嘉庆六年（1801年）	辛酉恩科	刘溥	平越州	三甲八十七名
86			陶廷飚	都匀县	三甲一百十七名
87	嘉庆七年（1802年）	壬戌	安佩莲	贵定县	三甲五十八名
88	嘉庆十年（1805年）	乙丑	胡秉均	开泰县	三甲一百四十四名
89	嘉庆十三年（1808年）	戊辰	刘超远	开泰县	三甲二名
90			徐时英	都匀县	三甲八十二名
91	嘉庆十四年（1809年）	己巳恩科	王之翰	开泰县	三甲一百三名
92			陶廷皋	都匀县	三甲四十四名
93			徐景	平越县	二甲四十八名
94	嘉庆十六年（1811年）	辛未	周锡龄	贵定县	三甲五十名
95	嘉庆十九年（1814年）	甲戌	杨沂秀	镇远县	三甲七十名
96			陶廷杰	都匀县	二甲二十五名
97	嘉庆二十二年（1817年）	丁丑	卢超宗	黄平州	三甲七十七名
98	嘉庆二十四年（1819年）	己卯恩科	卢履谦	黄平州	三甲八十八名
99			陈玗	黄平州	三甲一百六名
100	嘉庆二十五年（1820年）	庚辰	曾统一	开泰县	三甲九十八名
101			刘荫棠	清平县	三甲二十四名
102			毛有猷	平越州	三甲二十一名

续表

序号	时间	科名	姓名	籍贯	甲第
103	道光三年（1823年）	癸未	马文波	黎平府	三甲五十七名
104			苑秘桂	镇远县	三甲七十五名
105			周良卿	都匀县	二甲九十九名
106	道光九年（1829年）	己丑	靳浔	镇远县	二甲七十五名
107			陈大忠	黎平府	二甲九十二名
108			金崇城	黄平州	三甲八十八名
109			杨遇升	平越州	三甲七名
110			王德建	都匀县	三甲九十六名
111	道光十二年（1832年）	壬辰恩科	王立中	平越州	二甲二名
112	道光十五年（1835年）	乙未	孙翘江	黄平州	三甲一百十名
113	道光十六年（1836年）	丙申恩科	徐之铭	开泰县	二甲五十名
114	道光十八年（1838年）	戊戌	萧尚钦	平越州	三甲三十四名
115	道光二十四年（1844年）	甲辰	俞辅廷	古州厅	三甲三十九名
116	道光二十七年（1847年）	丁未	胡长新	黎平府	三甲二十五名
117			周振璘	都匀府	二甲四十九名
118	道光三十年（1850年）	庚戌	李文森	镇远府	三甲七十一名
119			李渐鸿	镇远县	三甲七十七名
120	咸丰六年（1856年）	丙辰	杨昌江	天柱县	三甲八十九名
121	咸丰十年（1860年）	庚申恩科	彭葆初	镇远县	三甲四十四名
122	同治元年（1862年）	壬戌	顾衷	清平县	三甲一百二名
123			周侪亮	麻哈州	—
124			谭钧培	镇远县	二甲六十八名
125	同治七年（1868年）	戊辰	彭润章	黄平州	三甲一百名
126	同治十年（1871年）	辛未	赵择雅	平越州	三甲一百四十八名
127	同治十三年（1874年）	甲戌	朱毓崧	都匀县	三百四十四名

续表

序号	时间	科名	姓名	籍贯	甲第
128	光绪二年（1876年）	丙子	赵宜琛	平越州	三甲二十五名
129	光绪三年（1877年）	丁丑	杨炳勋	平越州	二甲六十三名
130	光绪六年（1880年）	庚辰	胡政举	八寨厅	三甲一百六十七名
131	光绪十五年（1889年）	己丑	张景旭	镇远府	二甲乙六十一名
132	光绪十八年（1892年）	壬辰	谭启瑞	镇远县	二甲三十名
133	光绪二十年（1894年）	甲午恩	潭文鸿	镇远县	二甲八十一名
134	光绪二十四年（1898年）	戊戌	夏同龢	麻哈州	一甲一名
135	光绪二十四年（1898年）	戊戌	孙光祖	黄平州	二甲一百五十名
136	光绪二十九年（1903年）	癸卯	孙廻澜	清平县	三甲一百三十五名
137	光绪二十九年（1903年）	癸卯	刘思明	平越州	三甲九十八名
138	年代无考	未详科分	马世麟	清平县	—
139	年代无考	未详科分	陈辅世	施秉县	未殿试

资料来源：根据朱保炯、谢沛霖编：《明清进士题名碑录索引》（上海古籍出版社1979年版），江庆柏编著：《清朝进士题名录》（中华书局2007年版）整理。

为了能更清晰地讨论进士的时间与地域分布，根据表3再分别制作朝代分布表（见表4）和地域分布表（见表5）。

表4 明清时期清水江流域文进士朝代分布

朝代	明朝							清朝						
	正统	景泰	成化	嘉靖	隆庆	万历	崇祯	康熙	雍正	乾隆	嘉庆	道光	咸丰	同治	光绪
数额（人）	1	1	2	6	2	7	5	8	11	39	20	17	2	6	10
占比（%）	0.7	0.7	1.4	4.3	1.4	5.0	3.6	5.8	8.0	28.1	14.4	12.2	1.4	4.3	7.2

从表4可以看出，明清清水江流域的进士，从无到有，并呈现增加的趋势。具体而言，明朝有7个朝代考中进士，共计24名，占明清时期总数的17.3%；清朝有8个朝代考中进士，共计115名，占明清时期总数的82.7%。清水江流域最早的进士是明正统十三年（1448年）戊辰科贵州都司平越卫人黄绂；最后一名进士是光绪二十九年（1903年）癸卯科清平人孙迴澜，中三甲一百三十五名。清朝最后一次科举是光绪三十年（1904年）甲辰科，因慈禧太后七旬万寿，改正科为恩科。清朝乾隆年间考中进士达39人之多，占明清时期总数的28.1%。甲第最高的是光绪二十四年（1898年）麻哈州（今麻江县）人夏同龢高中戊戌科一甲一名，即状元，是贵州省仅有的两名文状元之一。❶

表5 明清时期清水江流域文进士地域分布

地名	黎平	镇远	黄平	天柱	施秉	清平	麻哈	古州
明朝	3	4	1	—	1	6	1	—
清朝	17	11	23	4	4	9	3	1
合计（人）	20	15	24	4	5	15	4	1
占比（%）	14.4	10.8	17.3	2.9	3.6	16.2	2.9	0.7

地名	八寨	贵定	平越	新添	都匀	小计	所占比例（%）
明朝	—	—	2	3	3	24	17.3
清朝	1	6	17	—	19	115	82.7
合计（人）	1	6	19	3	22	139	
占比（%）	0.7	4.3	13.7	2.2	15.8		

从表5可以看出，明朝中进士最多的是清平（今凯里市），有6人，镇远以4人位居次席，黎平、新添、都匀并列第三；清朝中进士最多的是黄平，有23人之多，都匀有19人居第二，黎平、平越17人并列第三，镇远11人排第四。明清两朝黄平、都匀、平越、黎平、镇远、清平6个地方共有115人，占两朝时期总数的82.7%。

---

❶ 另一名为赵以炯（1857—1906年），贵州贵阳青岩人，光绪十二年（1886年）丙戌科中进士，殿试一甲一名，成为贵州历史上第一个文状元。贵州在康熙四十二年（1703年）还有一名武状元，即贵阳人曹维城。

（二）重文崇儒风气逐渐形成

诚如王德昭所言，在明清科举制度之下，士子一朝进学为生员，国家便复其身，免差徭，地方官以礼相待，非黜革，不受刑责。廪生并得食廪；贫寒者给学租养赡。生员经出贡或中举，即可以正途入仕。如再会试中式，成进士，入翰林，则梯步青云，尤为士子的荣显之阶。因为科举考试的公平性，不论是官宦富室还是贫寒之家，凡子弟有读书应试者，皆可一试。所以，才有了中国历史常见的"十年寒窗无人问，一举成名天下知"的记载，于是，读书、应试、入仕，耕读传家就成为整个社会的共同追求。

科举制度以其巨大的社会导向功能，深刻影响了清水江流域社会风气的形成，特别是清雍正年间"改土归流"后，在新开苗疆兴办教育、推广科举，打破了原来封闭落后的状态，大大促进了本地区文化教育事业的发展。例如，清水江上游的八寨（今丹寨县），改土归流前"所属皆苗人，不知读书为何事"，苗疆开辟之初，竟"无一人入场应试"。雍正八年（1730年）建立义学，聘请贵阳人刘朝弼任教，苗民子弟"渐有成名者"，出现了莫嘉泽、张德音、莫让三等"学问精纯"学者，教授乡里"颇得苗民欢心"。到了雍正十二年（1734年），黎平府所属之古州，"虽未设学，然地方辽阔，田土殷饶，苗民藩庶，子弟皆喜向学"[1]。因此，明清两朝清水江流域的官学教育，努力地实践着王化策略，而清水江流域民众亦在这种教化的策略下，逐渐形成了崇文重儒的风气。

---

[1] 王德昭.清代科举制度研究[M].北京：中华书局，1984：127.

※清代清水江流域苗疆学校教育类型及其影响*

清代清水江流域苗疆腹地大致在黎平府以西,都匀府以东,镇远府以南,庆远府以北等广大地区,范围包括今榕江、从江、三都、丹寨、雷山、台江、剑河及其毗邻地带,面积达2万平方千米。清雍正以前,这一地区为接触汉文化不多的"生苗"地。后鉴于西南局势变化,雍正帝在此推行了开辟苗疆的军事行动,并置"苗疆六厅"❶,为巩固统治,避免冲突,朝廷在此推行教化为先,学校为本之内地传统教育机制,对推动当地的经济文化发展及社会稳定发挥了积极作用。

为了深入研究这一问题,本文拟从黔东南苗疆学校教育类型与特点,学校教育对其影响诸方面加以说明之,以求教学界方家。

一、清水江流域苗疆学校教育类型、特点

雍正朝开辟黔东南苗疆后,为巩固其成果,避免雍乾苗民大起义等类似事件的发生,贵州地方官吏拟建构一文化对话机制,以缓和民族之间的矛盾,这就是在苗疆建立内地学校教育机制,拟通过推行儒学教化之策,增强文化认同。鄂尔泰、张广泗上《设立苗疆义学疏》云,贵州"上下两游新疆绵延二三千里,人户不下数十万","于抚导绥戢之余,必当诱植彼之秀异者,教以服习礼义,庶几循次淘淑,而后可渐臻一道同风之效"。又云,"训诲新附苗人子弟,实为振励

---

* 本文以《清代黔东南苗疆学校教育类型及其影响研究》为题发表于《教育文化论坛》2015年第2期,作者为课题组成员、贵州大学文化书院讲师李红香、副教授王凤梅。

❶ 清水江流域"苗疆六厅",即雍正朝开辟苗疆进程中设置的古州厅(今榕江)、都江厅(今三都)、八寨厅(今丹寨)、丹江厅(今剑河)、清江厅(今雷山)、台拱厅(今台江)。

苗疆之要务"。杨名时在《绥定苗疆方略》中亦云,"驭夷之道,贵在羁縻,服贰之方,务彰诚信,止戈所以为武,惟德足以感人"等❶。材料中"上下两游新疆""苗疆"等,即指雍正朝新开辟的黔东南苗疆。"德",即"德化",但要推行德化就需推行学校教育。康熙初年,贵州巡抚田雯上疏云,贵州苗疆"穷荒固陋,必崇文治而后可以正人心,变风俗"等。故有清一代,朝廷在黔东南苗疆建立了各类地方官学教育,类型主要有书院、厅学、义学、社学、私塾等,现即以此为序,展开述之。

(一)书院

书院起于唐代,盛于宋代,是古代中国的内地传统教育模式之一。雍正朝黔东南"苗疆六厅"设置后,书院在此也随之建立。乾隆五十六年(1791年),朝廷就在清江厅建有柳川书院,该书院位处清江厅厅治所在地,为清江通判胡章建所建。古州厅建有榕城书院、龙岗书院、文峰书院等,其中榕城书院位于古州厅城,为贵东道于克襄重建。龙岗书院于光绪三年(1877年)系贵东兵备道易佩绅等建❷。此外,台拱厅有台阳书院、拱辰书院、莲花书院等。八寨厅有龙泉书院,丹江厅有鸡窗书院(后改为义学)、丹阳书院❸等。光绪三十三年(1907年),三都厅还创办了合江书院❹(一年后停办)等。

书院是中国古代官学的重要机构,"苗疆六厅"书院全系官办,设有山长,山长由学识渊博、品行端正、具有礼教的人担任。下设斋长、课长和儒师。斋长负责学规制度的制定和管教。课长、儒师传授"四书五经"要义,习作八股文及诗词歌赋,并谈论时政❺。"苗疆六厅"书院的建立,有利于传播内地儒家文化,对于推动当地的文化发展、培养苗疆官学人才发挥了积极作用。

(二)厅学

清代在新开辟苗疆、置"六厅"后,还办有厅学。查阅文献后发现,"苗疆

---

❶ 贵州省文史研究馆校勘.(民国)贵州通志·前事志(第三册)[M].贵阳:贵州人民出版社,1991:30.
❷ 孔令中.贵州教育史[M].贵阳:贵州教育出版社,2004:105.
❸ 黔东南苗族侗族自治州地方志编纂委员会.黔东南苗族侗族自治州志·教育志[M].贵阳:贵州人民出版社,1994:4.
❹ 张羽琼,等.贵州:教育发展的轨迹[M].贵阳:贵州人民出版社,2009:143.
❺ 贵州省台江县志编纂委员会.台江县志[M].贵阳:贵州人民出版社,1194:585.

六厅"的厅学教育不甚发达，而且厅学建立的时间都较晚。如道光十三年（1833年），朝廷置古州厅学（位处今榕江县）；道光十八年（1838年），置八寨厅学（位处今八寨县）。其他四厅目前还没有发现相关厅学教育的记载，有待学界进一步发掘。厅学教育是"苗疆六厅"学校教育的类型之一，但与义学、书院诸类学校教育相较，发展甚为薄弱，影响也小。

（三）义学

从历史资料来看，"苗疆六厅"的主要教育类型是义学。义学一般指私人捐资，或用祠堂、庙宇等公产创办，吸收贫民子弟入学的学校。如前文言，由于清廷治理不善，引发了多次黔东南苗民起义，最终使统治者改变了以往单一的军事统治政策，提出了设立苗疆义学的策略，以达教化，以变苗俗之目的。鄂尔泰、张广泗等言，在"新开苗疆"设立义学，以教化苗民子弟，进而以"振励苗疆之要务"。鄂尔泰、张广泗与贵州学政晏斯盛等联名，奏请在古州等地广设义学，以化导苗族。这样苗疆义学在苗疆开辟之初就得以迅速发展。雍正七年（1729年），朝廷在古州厅设义学2所。在大小丹江、八寨等地各设义学1所[1]，在车江章鲁办义学1所，在柳霁设义学1所；次年，于古州置日月、章鲁、车寨三处各设义学1所。雍正九年，在都江厅设义学1所[2]。据统计，雍正七年（1729年）开辟苗疆后，清政府为了加强统治，在台拱、丹江、八寨、古州、清江等厅，兴办义学50余所[3]。

同治十一年（1872年），在都江厅之厅城上江、来牛、坝辉、甲找等地建义学12所[4]。十二年，在八寨城乡置义学11所。光绪初年，苗疆义学发展较快，"至义学一项，除台拱、丹江、都江、八寨、下江五厅原设六十九馆。此外，如古州、松桃、清江三厅，新旧共设六十六馆"[5]。这使黔东南苗疆义学数量和规模达到了历史最高水平，足见其影响之大。

而关于义学的教学目的、内容和管理方法，张广泗认为，苗疆生苗"声教不通，宜设义学以渐化导"，进而又言，"训课此等苗人，非同内地俊秀，要在开

---

[1] 孔令中.贵州教育史[M].贵阳：贵州教育出版社，2004：105.
[2] 三都水族自治县志编纂委员会.三都水族自治县志[M].贵阳：贵州民族出版社，1992：627.
[3] 黔东南苗族侗族自治州地方志编纂委员会.黔东南苗族侗族自治州志·教育志[M].贵阳：贵州人民出版社，1994：4.
[4] 三都水族自治县志编纂委员会.三都水族自治县志[M].贵阳：贵州民族出版社，1992：627.
[5] 贵州省文史研究馆校勘.（民国）贵州通志·前事志（第三册）[M].贵阳：贵州人民出版社，1991：30.

其知识，使渐院礼法"。为了教化少数民族，张广泗要求每处义学，都必须首先学习《圣谕广训》，教师逐条讲解，令义学学生熟读牢记，然后再课经书。如果苗民子弟中，能勤勉学习，日有领悟，则令各地方官随时检查，及时嘉赏，以示鼓励。俟数年以后，苗民子弟中有学习进步者，即由地方官中送学政考试，并酌取1~2名，以化苗众，达到陶以文教，消其悍顽之目的。清代徐家干言，在苗疆地"置馆，延师设教，牖以诗书，导以礼仪，使之日染月化，则数十百年后习俗混同，斯乱机遮遏已矣"❶。此外，苗疆义学除了课程授课外，农历每月初一、十五，学生还需集体听馆师宣读《圣谕广训》，参与祭祀孔子的活动，学习三跪九叩礼仪等❷。可见，义学在"苗疆六厅"的建立，目的就是传播内地传统文化，训谕世人守法和应有的德行、道理，对于增进了解，文化认同，缓和民族矛盾发挥了积极作用。

（四）社学

雍正朝开辟苗疆后，清廷积极在此兴建社学。社学是清政府的基层官学，带有普及教育的性质，办学形式灵活，适合贵州发展山区教育的要求。乾隆积极主张发展社学，以化导苗民子弟。乾隆五年（1740年），朝廷准在"永从县属之丙妹，开泰县属之朗洞，镇远县后之台拱设社学一所"。民国《贵州通志·学校志四》载：乾隆五年议准"贵州除古州、八寨、威远、贞丰、册亨、罗斛六处，当设立社师。其大小丹江、清江等处应速设立外，所有都江、三脚屯、丙妹、朗洞、台拱、柳霁等处应各设社学一所"。其中"丙妹、朗洞、台拱、都江、三脚屯、丙妹、朗洞、台拱、柳霁"地当"苗疆六厅"之古州厅、台拱厅、都江厅及其邻近地带。此外，社学在都江通判亦有设置。

但此类学校到乾隆十年（1745年）后，温福出任贵州布政使期间，借口苗疆各族居民不堪教化，要求清廷查禁贵州社学。乾隆十六年（1751年），清政府议准温福的奏疏，裁革贵州社学，导致"苗疆六厅"社学衰亡。加之此类教育多在城市，乡民居住较远，故读书应试者甚少。《黔南识略》卷九《都江厅》载，都江厅"社学虽设，读书应试者亦尚无多"等。

---

❶ 徐家干.苗疆闻见录[M].贵阳：贵州人民出版社，1997：216.
❷ 范连生.清代黔东南民族地区的苗疆义学[J].教育论坛，2013（3）.

（五）私塾

私塾是我国近代学制建立以前进行基础教育的重要办学形式，从府、州、县城到边远农村，都有私塾设置，有的地方普及程度还相当高。就"苗疆六厅"言，据《黔东南苗族侗族自治州志·教育志》载，雍正朝开辟苗疆后，"在台拱、丹江、八寨、古州、清江等发展私塾教育"。嘉庆年间，清江厅圭从私塾开办，培养了张氏秀才、举人数世❶。光绪中年，清江八十溪私塾开办，聘请名师教学，培养出建国联军第十一军长李世荣等人，这些人就曾发蒙于该私塾，并在此读完了"四书""五经"。

私塾由于是蒙养教育，故教师较重视总结教学经验，体察儿童特点，探求教育规律，编写的启蒙教材形式活泼、句式整齐、脍炙人口。识字课本有《百家姓》《三字经》《千字文》《弟子规》等。有了一定识字基础后，才开始学习"四书""五经"和有关的诗文选集。私塾的教学特别注重读书、写字和作文训练。读书又分教书、背书、理书三个环节，读过的书要求全部背诵。在私塾阶段，一般还要求两年读经，三年开讲，五年吟诗做文章。童生读完"四书""五经"及诸子百家范文，经过开讲习作后，参加府州县的科举考试，取得生员资格，方可进入书院和府县儒学深造，足见私塾作为初等教育的主要形式，"限制条件不多，民众需求使之容易植根基层"❷，故私塾教育在传播内地文化、培育学术人才方面做出了积极贡献。

（六）其他

雍正朝开辟黔东南苗疆的目的是为了维护西南边疆的稳定，故该区域稳定与否直接关乎西南政局，为朝廷重视，但苗族内部社会传统文化与内地的文化差异甚大，一旦操之未当，必会引起苗民反抗。有清一代，黔东南的雍乾苗民起义、咸同苗民起义就是典型，面对这一情形，一些地方大员提出了加强少数民族头人的教育。如乾隆年间，方显多次上奏朝廷，积极要求朝廷从当地的苗族头人中，遴选一些有能力的和有威望者任命为土官，并就近到官府衙门学习，然后将学习内容在地方层层传达，这对于政府决策畅达，加强沟通，稳定苗疆发挥了积极作用。《方显奏请于苗疆编立保甲折》载："查群苗野性，向无统属，凡

---

❶ 黔东南苗族侗族自治州地方志编纂委员会.黔东南苗族侗族自治州志·教育志［M］.贵阳：贵州人民出版社，1994：11.

❷ 张羽琼.贵州古代教育史［M］.贵阳：贵州教育出版社，2003：252.

有蠢动,寨中即有一二知事,苗头欲行禁止,奈平素无权,群苗罔遵约束,今若就其求抚时,即于各寨编立烟户册,每十人为一甲,择一老成者为甲长,给以委牌。每十甲为一保,择一强干者为保长,给以委牌。凡遇朔望,令保长赴就近地方官衙门听讲上谕,通事、番译,仍量赏盐烟,以示奖励。并令保长回寨,督率甲长,家户谕晓。如此庶群苗各遵约束,而日渐月摩,不出数年,其野性可以渐驯,教化亦可以渐孚矣!"❶《张广泗奏革除苗疆派累厘定屯堡章程折》亦载,"查苗疆初辟,言语不通,路径不熟,文武衙门各就近选取谙晓苗语,熟悉路径之人",赴衙门听谕,并"委设通事,令其招徕苗民,宣布化导等事"❷。方显、张广泗等人的主张,实际上是据于苗疆实情而奏,也是方显等封疆大吏长期经营苗疆的经验总结。据记载,朝廷对这些地方头人的教育内容大都是清朝法令、儒家传统文化等,故不但能保证法令的畅通,而且还能化解矛盾,形成了文化认同,对于苗疆稳定发挥了积极作用。民国《贵州通志·土司土民志》载:清雍正年间,就苗民之随征有功卓著劳绩者,给以世袭土职,并加以训导,"数十年来,各处苗民皆安心俯首,贴然禽服,非复从前之蠢而思动,叛服无常","往时虐政减除殆尽"等。

二、学校教育对清水江流域苗疆的影响

清雍正开辟黔东南苗疆后,为了巩固其统治,雍正帝及其后继者,十分重视学校教育,希其通过教化以达到"振兴苗疆"之目的,由于政府的积极推崇,收到良好效果,大致体现在如下方面。

(一)加深民族间了解,缓和矛盾

如前言,"苗疆六厅"民族文化与内地文化观念相去甚远,如果没有文化间的互动,冲突就难以避免,影响社会稳定。湖南道员陈宝箴在《代办苗疆善后事宜》云,"欲永绝苗患,必先化苗为汉,除令剃发缴械外,欲令其习礼教,知

---

❶ 中国第一历史档案馆.清代前期苗民起义档案史料汇编(上)[M].北京:光明日报出版社,1987.

❷ 中国第一历史档案馆.清代前期苗民起义档案史料汇编(上)[M].北京:光明日报出版社,1987:240.

正朔，先自读书能汉语始"；如"募能通汉苗语言而知书考数十人为教习，或一大寨或数小寨设一义学"；"使苗子弟入学读书习汉语，年长者农隙时亦令学汉语"。❶ 同治十一年（1872年），清廷正式下达办理下游苗疆善后事宜的"上谕"，说"贵州苗族不明礼教，不知文告，轻骄剽悍，睚眦尚强，是当有以训之"❷。贵州巡抚林肇元亦云，"贵州军兴多年，苗疆初定，应办善后备事，如苗弃、义学、屯卫三项为风俗、防御他关，均属当时急务"等。鉴于上文所言，由于清政府在新开辟的"苗疆六厅"后到清末，都积极推行内地传统教育，使之向化，习俗渐易夷风。《黔南识略》卷八《都匀府》载，台拱地区"内辖既久，蛮俗渐更。今男子多有汉装者"。《黔南识略》卷十二《镇远府》载，清江厅洞苗"习华风，编姓氏，妇女有改汉装者"。《黔南识略》卷十三《台拱同知》载，境内紫姜苗"男女装束与汉人同……男人多力善斗，近来间从戎立功，而亦渐读书，若初见，不知为苗类也"等。

值得关注的是，"苗疆六厅"的礼俗亦进一步与内地接近。《台拱县文献纪要·苗蛮》载，镇远府辖台拱厅，自雍正开辟后，风俗习尚濡染华风，"多有读书明理者"。《古州厅志》卷六《典礼志》中的"通礼"就涉及"颁诏礼、授时礼、庆贺礼、迎春礼、行香礼、救护礼、祈祷礼、上任礼、学校师生相见礼、受业弟子见师长礼、士人敌体相见之礼、卑幼见有服尊亲之礼"。"家礼"中有冠礼（择宾、告祖、行加冠礼、行醮礼、行命字礼、笄礼）、婚礼（纳彩、亲迎、谒舅姑、婿见妇父母）、祭礼（祭仪、祀土神、墓祭、祭土地、清明节、中元节）、丧礼、服制等，各种礼制中又有多层次的复杂内容，完全把内地盛行的儒家礼制移搬过来，以期对当地民族起到教化及促变作用。

需要注意的是清朝的法令，经过长期内地学校教育，在此也得到了认同，如在清江厅境内的黑生苗，经过长期的教育，到嘉庆时，"亦守法矣"。清江厅、台拱厅的黑脚苗"近亦畏法"。台拱厅之清江仲家"皆守法矣"❸等。以上材料中的"法"即清朝制定的各类法令制度。与此同时，在清水江流域各类买卖契约

---

❶ 贵州省文史研究馆校勘.（民国）贵州通志·前事志（第三册）[M].贵阳：贵州人民出版社，1991：605-606.

❷ 贵州省文史研究馆校勘.（民国）贵州通志·前事志（第三册）[M].贵阳：贵州人民出版社，1991：600-610.

❸ 刘锋.百苗图疏证[M].北京：民族出版社，2004：94，118，197.

中，还存有诸多清代"红契"❶，"红契"乃加盖了官府印鉴之契约，足可反映有清一代，政府法令在处理地方事务中已为苗疆各族居民认同。

（二）推动文化发展，培养大批人才

"苗疆六厅"在雍正朝开辟前，社会传统教育主要为"讲约教育"，受中原文化教育影响甚小。在万历年间，当地的苗族也"只知开坎砌田，挖山栽杉，不肯迎师就读，搬子求名，问之四礼，皆昧然罔觉"。材料中的"不肯迎师就读"，指的是没有接受中原儒学教育。"四礼"，即冠婚丧祭等。贵州八寨，在雍正朝开辟前，"所属苗人，不知读书为何事"，开辟之初，"无一人入场应试"。《古州杂记》亦载，古州在开辟前"苗人素不识字"等。

清廷设置"苗疆六厅"后，在此大兴内地学校教育，促进了当地文化发展，培养了大批人才。（乾隆）《贵州通志》卷七《地理志·风俗》载，古州厅设置前，"苗人素不识字……今则附郭苗民，悉敦弦诵，数年来，入郡庠者接踵而起，且有举孝廉者一人"。（乾隆）《黔南识略》卷二十一《黎平府》载，古州厅"苗民读书者甚众"。（嘉庆）林溥《古州杂记》载，厅内"苗民无土司管辖。花衣苗近习汉俗，悉以耕凿诵读为事"。《黎平府志》卷二下《风俗》载，丹江等处紫姜苗"读书应试，见之多不视为苗者"等。雍正置清江厅后，兴学凡160余年间，厅内参加科举考试，"加额进取"为文秀才者就有王香秋、陶玉美、梁玉仁、李莲芳、何明超等人。（光绪）《古州厅志》卷九《人物志》载，"古州新辟，设车寨义学，月寨义学"后，历多年教育，厅附郭"苗人多能通汉语，悉敦弦调，数年来入郡痒者接踵而起，且有举孝廉一人"。到道光年间，考中进士1名，举人5名。清江厅邓磨土司子弟杨澜等人经过科举考试，并考中了举人和进士，八寨厅也考中进士1名等。

此外，地方私塾的发展，还造就了一大批地方乡贤。普屯的杨步坛私塾，由于教学有方，远近慕名而来求学拜读者颇多。八寨厅义学建立后，出现了莫嘉泽、张德音、莫让三等"学问精纯"，且教授乡里"颇得苗民欢"的学者。《榕江县志》载，榕江县车寨侗族人杨廷芳，自幼勤奋读书。道光二十三年（1843年）乡试中举，二十五年郑珍任古州训导主讲榕城书院时，廷芳曾从学于郑珍。尔

---

❶ "红契"是相对"白契"而言，通常是指加盖了官府印鉴的契约。白契是指仅有双方商定，中人作保的民间契约。

后，杨廷劳笃志经史，性静逸，寡交游，矢志私塾蒙馆，教书育人，一生在教书为业。留有《鸿噉遇音》《异言》等。

（三）推动地方文化保护

随着内地学校教育在"苗疆六厅"的开展，习汉字的读书人越来越多，一些懂汉文的乡老、歌师把一些石契、口契，甚至少数民族的习惯法诸多内容，用汉字记少数民族语音方式记录下来，这就是汉字文书了。20世纪90年代，中央民族大学在广西融水县收集到一份汉字记侗音《栽岩规例》抄本。该抄本是流传在融水苗族自治县安太乡一带的有关侗族苗族栽岩的手抄本，该文本对融水地区（包括贵州从江县毗邻地区）苗族侗族历史上的栽岩活动及岩规内容作了系统的记录。此外与之有关的岩规古本《祖公入境》也是汉字记侗音抄本等。据贵州民族大学龙耀宏教授的调查研究表明，以上诸抄本是现今唯一能见到的汉语记侗音的文本之一❶。《栽岩规例》古抄本记录时间为同治末年或光绪初年，记录人名潘顺昌，侗族，系贵州黎平县潘老寨人，幼时接受过私塾教育，读过《三字经》《幼学琼林》《增广贤文》诸蒙学读本，懂得汉语，用汉字记录下当时在民间就已经流行的侗族《栽岩规例》等，为后人留下了一份珍贵的地方文化遗产。

需要注意的是，清水江文书研究过程中也发现了诸多用汉语记苗音的地名和人名。查阅张应强教授所编《清水江文书》（第一辑，凡13册），其中涉及的苗语地名很多，如"穷助""党周""党纠""兄培早""陪纠"❷等。据翻译合作者姜绍烈老人介绍，"穷"意为"牢笼"，"助"指代老虎，即"用来关锁老虎的牢笼"，之所以要取这样的地名，原因在于这一地带虎患频繁，意在告诫当地乡民不要贸然接近这一区域。此外，林业契约中的"助""周""早""纠"等都可以指代"老虎"。"党周"，即老虎活动的地方；"兄培早"，即老虎鬼作祟的地方。再如"乌慢""污漫"等，"乌/污"指代河流，"慢/漫"指代"豺狼"，因而"乌慢"或"污漫"这一地名含意是豺狼出没的河流。❸"污晚祯尧"，译为长满梨子

---

❶ 龙耀宏."栽岩"及《栽岩规例》研究［J］.贵州民族学院学报：哲学社会科学版，2012（3）.
❷ 张应强，等.清水江文书（第一辑）［M］.桂林：广西师范大学出版社，2007.
❸ "乌慢""污漫"等苗语地名为笔者与杨庭硕教授于2014年8月11日至19日在锦屏县加池寨的苗语地名调查，被调查人为姜绍烈、姜志茂等人，通过此次田野调查进一步证实了历史上清水江流域野兽之多，森林之茂密。

树且有豺狼出没的河边等。以上诸汉语记苗语地名不仅见于清水江苗族乡民所藏林契中，在现代出版的地图还仍用这一名字。通过以上汉语记苗语地名，我们可以想象清水江中游地区森林之茂密。据调查，书写清水江文书者大都上过当地的私塾，受过严格的内地教育，对汉语苗语侗语都很熟悉。值得注意的是，我们在锦屏县做调查时，就发现有一距今百余年的私塾，这些私塾培养诸多地方人才，很多都成了清水江文书的著名写手。

从上可见，苗疆教育的发展，不仅加强了苗疆与内地的联系，促进了当地经济文化的发展，对于民族地区的社会稳定，中华民族的文化认同也发挥了积极作用。

三、结　　论

黔东南苗疆腹地山地纵横，峰峦叠嶂，沟壑河流遍布，加之生息其间的各民族居民的民族文化、经济发展模式与中原相差甚大，故经营这样的民族地区，宜提倡多规格、多层次、多类型的经营模式，然推行教育，化解矛盾，增进文化认同无疑就是一种最好对话机制。故为防止文化冲突，清代在此设置了书院、厅学诸类型学校教育模式，通过教育，不仅巩固了开辟苗疆的历史成果，而且还有利于内地传统文化在苗疆的传播。经过长期的历史磨合后，这样的学校教育模式促进了民族间的文化交流，加深了认识，缓解了矛盾，使得苗疆内各族人民的风俗习惯开始向内地主流社会文化靠拢❶，这对推进当地的文化发展，加深与内地民族的交往，促进文化认同发挥了积极作用。因此，研究苗疆学校教育推行的历史过程，总结其间的历史经验与教训，对于我国当前建构和谐的民族关系，推进民族教育具有积极意义。

---

❶　古永继，等．清代外来移民对黔东南苗疆习俗变化的影响［M］//李志农，朱凌飞．西南边疆民族研究（第15辑）．昆明：云南大学出版社，2014：82-90．

※民国时期清水江流域中小学教育的学制、课程与教材*

民国时期清水江流域的教育发展历程，大致经历了民国初年到抗日战争前、抗日战争时期和抗日战争胜利后到中华人民共和国成立前几个不同的历史阶段，经历了兴衰起伏而又艰难前行的缓慢发展历程，不同形式的教育活动及其各类教育资源的作用发挥，对流域民族地区的人才培养与风气开化有着重要的影响。本书从流域中小学教育的学制课程与教材方面进行具体的阐述，以示民国时期民族地区学校教育之一斑。

一、民国时期清水江流域中小学发展概貌

辛亥革命成功后，在宣统末年清水江流域各府、州、县、厅利用考棚、祠堂、庙宇、会馆、民房等创办各类小学堂的基础上，按照国民政府《普通教育暂行办法》《小学校令》等政令规定进行小学堂整顿，将高等小学堂改名为高等小学校，将初等小学堂改名为国民学校，推动了学校教育近代化的进程。1917年，今流域黔东南州就有高等小学校33所，国民学校365所，教职员工总计1157人，学生总计1854人。❶1922年，因滇军、川军相继祸黔，强占学校驻军，加之地方

---

* 本文发表于《教育文化论坛》2017年第1期，作者为课题组成员杨蕴希（湖南师范大学教育学在读博士）。本文参考文献，除特殊标注外，主要来自流域各县于20世纪80年代编纂出版的第一届社会主义新方志及《贵州省志·教育志》（贵州省志编委会编，贵州人民出版社1990年版）、《贵州教育史》（孔令中主编，贵州教育出版社2004年版）、《贵州教育发展的轨迹》（张羽琼、郭树高、安尊华著，贵州人民出版社2009年版）。

❶ 黔东南苗族侗族自治州地方志编纂委员会.黔东南苗族侗族自治州志·教育志[M].贵阳：贵州人民出版社，1994：71.

财政拮据，教育发展减速。1935年，在国民政府教育部颁布《实施义务教育暂行大纲》后，流域各县开始分期普及义务教育。1941年后，流域各县实施"政教合一"，推行国民教育制度，乡镇设国民中心学校，保设国民学校，乡镇长、保长分别兼任国民中心学校、保国民学校校长，政府增拨教育经费，关心教育的有识之士也纷纷捐资助学，促进了小学教育的发展，到抗日战争胜利时，今黔东南州的中心学校就发展到235所，保国民学校发展到1166所。之后，随着内战爆发，社会动荡，各县财力支绌，大量裁减教育经费，不少学校停办，教师收入微薄，不少辞职谋生他去，小学发展陷入低谷。到1949年，流域贵定县就裁去初等小学48所，裁比达65%。❶ 都匀的保国民学校由抗日战争胜利时的129所锐减到44所❷，黔东南州仅有小学597所，学龄儿童入学率仅21%❸。

清水江流域的普通中学教育，起于光绪二十七年（1901年）废科举、兴新学背景下的镇远知府郑思齐在文明书院旧址创设的"明德中西学堂"和都匀知府吴瑞嘉在南皋书院和星川书院基础上改置的都匀中学堂。民国初年，除都匀建立八属中学（由都匀、八寨、丹江、都江、麻哈、独山、荔波、清平按财力分担经费）外，相继有思州府官立中学堂、镇远府"镇远七属中学"的创办。1912—1913年，中央临时政府制定并颁发"壬子癸丑学制"，中学堂改称中学校，规定修业期限为4年，流域进入"旧制中学"时期。

流域旧制中学，以镇远、天柱建设最为突出。1913年12月，贵州民政厅委镇远举人黄耀琮创办黔东实质中学，招收施秉、黄平、台拱、剑河、天柱、邛水、青溪、思县、玉屏、石阡等邻县学生50名。1914年，因镇远府改置为黔东道，更校名为镇远道立第一中学。1921年，因镇远道署裁撤，再改校名为"镇远等县公立中学校"。1924年，学校以兵匪交加、旱疫兼厉、经费奇绌而告停办。镇远旧制中学时期，共培养学生300余人。1915年，天柱县劝学所所长龚其昌及地方贤达建成天柱中学，首届招生69名。除本县外，尚有锦屏、剑河、邛水、青溪、思县和湖南芷江、黔阳、会同等省内外学生。其中，中共早期优秀党员、工人运动杰出领导人——龙华二十四烈士之一的龙大道（原名龙康庄）即为首届学生。天柱（旧制）中学共毕业10届175人。

---

❶ 贵定县志编委会.贵定县志[M].贵阳：贵州人民出版社，1995：800.
❷ 都匀市志编委会.都匀市志（下）[M].贵阳：贵州人民出版社，1999：1051.
❸ 黔东南苗族侗族自治州地方志编纂委员会.黔东南苗族侗族自治州志·教育志[M].贵阳：贵州人民出版社，1994：121.

1922年，北洋政府颁布"壬戌学制"（即"学校系统改革令"），规定中等教育6年，分初、高两级，初级和高级中学修业年限各为3年，是谓新学制，中学即为新制中学。自此而后，流域中学教育得到缓慢发展。其中，1923年在都匀建立贵州省立第一联合中学。1929年在黎平县城成立了锦屏、黎平、榕江、永从、下江5县联立中学。该校第一期招生60余名，黎平县县长郭靖臣兼第一任校长。1930年11月，省教育厅拟订《全省中学区域表》，划丹江（雷山）、麻哈（麻江）、八寨（丹寨）、炉山归都匀第五中学，划黄平归瓮安第六中学。1931年因经费不敷，黎平联立中学、镇远等县公立中学停办。同年，省教育厅划三穗、剑河、台拱、思县、青溪、玉屏7县为学校区域，再办镇远联立中学，制定《镇远联立中学校简章》6章27条。1932年春，改镇远联立中学为贵州省立第八中学。同年，黄平、贵定等县立初级中学成立，黄平还在旧州创办女子初级中学。1935年，省立第八中学改为省立镇远初级中学。1936年再改为贵州省立镇远师范学校，附设初中部，继续开办初中教育。据统计，当年初中部有一、二、三年级共4班，学生230余人。同年，将天柱县立初级中学和黄平县立第二初级中学改办为天柱县立初级职业学校和黄平县立初级职业学校。1937年，设贵州省立镇远女子初级中学（后并入镇远师范初中部），建平越县立初级中学。

抗日战争期间，流域中学教育有所发展。期间创办的学校主要有：丹寨县立初级中学（1940年）、黄平县立中学、麻江县立中学、黄平贵州私立中正中学、剑河县立初级中学（1941年）、镇远县立中学、镇远县立青溪中学（1942年）、贵州省立平越高级中学（1943年）、台江县立初级中学（1944年）、黎平县立中学、天柱县立中学、雷山县立初级中学（1945年）等。这一时期，南京炮兵学校、缉私总队（新38师）分布在都匀建立了中正中学、诚正中学等。1946年6月，《贵州省中等教育概况》统计，今流域黔东南州就有普通中学18所93班，在校生4201人，教职员357人。抗日战争胜利后，中学教育与小学一样，处于艰难的发展境地。1949年年底，流域各县先后解放，相继接管普通中学22所，在校学生4000余人，教职员工300余人。

二、清水江流域中小学学制课程

在叙述民国时期小学学制课程之前,有必要对清末新式学校的学制课程做一简要回顾。光绪二十八年(1902年),清廷颁布"壬寅学制",次年(1903年)再颁"癸卯学制"。❶ 这一时期,中小学学制、课程按照学制规定执行。流域内兴办的小学学堂,分初等小学堂、高等小学堂和高初两等小学堂3种。小学阶段修业年限共为9年。其中,初等小学堂学制为5年,毕业后无须考试直接升入高等小学堂;高等小学堂学制4年。初等小学堂设修身、读经讲经、中国文学、算术、历史、地理、格致、体操8科,另有图画、手工两科由各学堂视教师实际情况而定。宣统二年(1910年),初等小学堂增设乐歌一科,但流域内初等小学堂因缺乏音乐教师而未开此课。高等小学堂开设修身、读经讲经、中国文学、算术、历史、地理、格致、体操、图画等课程,每周授课时数为36小时。同一时期的流域府属中学堂,学生修业年限为5年。课程设置体现"中学为体,西学为用"原则,开设修身、读经、词章、中外史学、中外舆地、外国文、算学、图画、博物、物理、化学、体操12门。每天授课6小时,每周共计36小时。另外,每天温"经"半小时。宣统元年(1909年)后,中学堂又分文、实两科。文科课程以读经讲经、中国文学、外国语、历史、地理为主课,修身、算学、博物、理化、法制及理财、图画、体操为通习。实科课程以外国语、算学、物理、化学、博物为主课,修身、读经讲经、中国文学、历史、地理、图画、手工、法制及理财、体操为通习。流域中学堂多因外国语和自然科学课程缺乏师资和教材未开课传教。

进入民国后,中小学学制课程处于不断的变动之中。1912年,初等教育的学制为7年,其中初等小学4年,高等小学3年。儿童6岁可进入初等小学。

---

❶ 壬寅学制规定学校教育分为3段6级,即第一阶段为初等教育,蒙学堂4年,寻常小学堂3年,高等小学堂3年,总计为10年;第二阶段为中等教育,设中学堂4年;第三阶段为高等教育,高等学堂或大学预科3年。癸卯学制也分3段6级,第一段为初等教育9年,其中初级小学堂5年,高级小学堂4年;第二阶段为中等教育,设中学堂5年;第三阶段为高等教育,学制除政法科及医科修业4年外,其余均为3年。另设通儒院为5年3级。

1922年11月，改小学学制为6年，其中，初等小学4年，高等小学2年。1935年推行义务教育，小学学制为四、二制。1912—1913年，中学学制执行北京临时政府颁布的"壬子·癸丑学制"，学制4年。1922年11月，北洋政府教育部颁布《学校系统改革令》（即《壬戌学制》），中学校改修业4年为6年，分初中、高中两个阶段，各修业3年。课程设置采用选科制，成绩考查采用学分制。民国十九年（1930年），教育部通令一律改行"三三"分段新学制。单独设置的中学校分别称"初级中学"和"高级中学"，初中、高中合设的称为"完全中学"，专收女生的称"女子中学"。1932—1940年，流域全系初中，学生毕业后分赴省城贵阳和湖南就读高中。1940年，流域各县遂有初级中学和完全中学的开办。

在课程设置上，民国初年，初等小学开设修身、国文、算术、手工、图画、唱歌、体操7门，女子初小加授缝纫，高等小学开设修身、国文、算术、中国历史、地理、自然、手工、图画、体育9门。1923年，根据教育部规定，小学开设算术、社会（包括公民、卫生、历史、地理）、自然（包括自然、园艺）、工用艺术、形象艺术、音乐和体育等8科；每节授课时间按30分钟、45分钟或60分钟计。1928年，按《小学暂行条例》，增设三民主义、童子军训练和手工课，高级小学增设职业课。1929年，执行《小学课程暂行标准》，小学开设党义、国语、社会、自然、算术、工作、美术、体育、音乐9门课程。当然，由于师资缺乏，流域也有一些小学的课程开设不足，或因人增减，如1921—1929年，剑河县所辖小学仅开国语和算术两科；1929年，黄平县谷陇初小所开课程为三字经、百家姓、论语、国文、算术、毛笔字等。

相对于小学而言，中学课程则较为复杂。民国初年，黔东实质中学和天柱中学按照"壬子·癸丑学制"设有修身、国文、外国语、历史、地理、算学、博物、物理、化学、法制、经济、图画、手工、乐歌、体操、英语等课程。每周上课33~34小时。国家明令废除的讲经课，这两所中学仍旧开设，直至五四运动后才予废止。1922年，按照《壬戌学制》，课程设置采用选科制，成绩考查采用学分制。1923年，实施《中学课程标准纲要》，开设社会科、文言科、自然科、艺术科、体育科，共11门课程，采用学分制。其中，社会科有公民（6分）、历史（8分）、地理（8分），文言科有国文（32分）、外国语（36分），自然科有算术（30分）、自然（16分），艺术科有手工、图画（10分）、音乐（2分），体育科有生理卫生（4分）、体育（12分）。总分为164分。学生须修180学分，方能毕业。所缺学分，从选修其他科目补足。1930年，执行教育部"三三"分段新学制，中学校课程规定为：算学、英语、博物、物理、化学、历史、地理、体育、音乐、党义（1932年改党义课为公民课）等12门。但天柱中学一段时间仍按旧学制开设课程。该校偏重文科，除正课外，以填词写诗、习古文作对联、议论史事人物为风尚，也注意字画作品的发展。后来，校长谭毓坤以高薪去湖南聘请数学、英文、理化教师来校任教，理科教学水平大有提高。1933年，废除学分制，改行钟点制。改选科制为必修制，每周教学总时数为35课时。1935年，各中学执行贵州省教育厅新教学计划。1936年，开设童子军训练课。1940年，实行教育部修订的中学课程标准，减少教课时数，实行分组选修。1942年，按照《高初级中学设置业务管理和地方自治科目暂行办法》，初中英语改为选修，加强本国史地教学，注重培养地方人才，在教学计划中增设职业教育科目。职业科目有，初中第二学年开设"地方自治"，第三学年开设"农村经济与合作"，高中第二学年第一学期开设"心理学"，第二学期开设"统计"，第三学年第一学期开设"业务管理"，第二学期开设"地方自治"。上述各学期之职业科目，每周均为3小时。1946年后，课程设置均按国民政府教育部规定实行，直至中华人民共和国成立。

三、清水江流域中小学教材

流域小学堂使用的教材有：清政府学部于光绪三十二年（1906年）十二月审定出版的《最新初等小学堂修身教科书》《最新初等小学堂国文教科书》《最新初等小学堂笔算教科书》《蒙学堂中国地理教科书》《蒙学堂外国地理教科书》《初等博物教科书》《初等小学生理卫生》《最新初等小学堂珠算教科书》《毛笔习字帖》《国民唱歌集普通体操》等。镇远府有的小学堂还选用以下教材：《养正遗规》《训俗遗规》《国民必读》《民教相安》《蒙师箴言》《儿童修身之感情》《鲁滨孙漂流记》《澳洲历险记》《万里寻亲记》《世界读本》《普通新知识》《普通理化问答》《富国学问答》《普通农学浅说》《稹者传》《桑蚕简明图说》《致富锦囊》《普通商业问答》《卫生实在易》《启蒙画报》等。格致一科，各学堂无课本时，就用教室器具、庭院物品、屋外的山川动植物加以解说。

民国时期,流域地区小学使用的教材不一,大体有以下几种情况:一是由教育部统一审编出版的教材,这些审编教材在1931年起多为商务印书馆、中华书局、世界书局、正中书局印制。1947年后,流域公、私立小学均采用教育部编辑出版的"国定教科书"。二是由贵阳文通书局按《课程标准》编辑出版的专供乡镇中心学校、保国民学校使用的教材。1941年,这家书局按教育部标准编辑出版的这套教材包括《文通初小算术教科书》《文通高小算术教科书》等。三是贵州省教育厅编写的部分乡土教材,如《贵州明贤传》(中、小学文史科补充教材)、《贵州地理》(中、小学地理科补充教材)。四是流域学校教师自行编写的讲义、乡土历史、乡土人文、乡土地理教材,如《国学概论》《黄平乡土志》《天柱侗族历史沿革》《劝学歌》等。五是采用民众教育课本充作教材,如《贵州省民众学校课本》等。六是因受战争影响,课本不齐,各校按中央教育部制定的教科书样本,组织学生誊写课本,或每日将讲授内容抄于黑板,再让学生抄写(许多乡间小学因缺乏教材而采用此法)。中学教材及各种参考书,在1935年前几乎全部来自省外,为教育部编订,大多由商务印书馆出版。1935年开始,按教育部规定划一教科书使用。1941年统一使用教育部编成的初高中国文、公民、历史、地理等12种教材。除上而外,尚有以下有关教材之特例。

一是国民党贵州省政府的民族"同化"政策于教材的渗入。杨森主政贵州期间,借边胞教育推行之际,实行强制性的民族同化政策,相继颁布、实施了《民间善良习俗实施办法》《加强查禁社会群众迷信办法》等歧视和同化贵州少数民族的政令,杨森本人甚至亲自编著《建设新贵州大同进化论》传播于民族地区。迫于政府高压,流域各县将一半以上的学校用作边胞教育的场所,在自编教材中编入大量"同化"性质的内容,有的县如天柱,在学校中大肆宣传杨森的"大同进化论",并将编写的《三字歌》到处张贴,强行灌输❶。同化教育不仅影响了国民教育预期目标的实现,而且在民族社会造成了恶劣影响。

二是自抗日战争开始后,流域外知识分子的进入而于教材使用上的开拓与贡献。以黄平贵州私立中正中学为例。毕业于中山大学的广东定梅县人招北恩,1945年7月至1947年7月被聘为中正中学校长,他自任英语课教师,以《拿氏

---

❶ 《中国侗族教育史》编委会.中国侗族教育史[M].昆明:云南民族出版社,2016:116.

文法》为教材,大胆进行教学改革,即其把初三和高中混合编组,分甲、乙二班教学,甲班除课本内容外,系统进行语法训练,不到两年,成绩斐然,甲班学生能写英文日记,毕业时成绩优秀者发给英语教师聘书证明,学生可据以谋业。❶又如毕业于南京金陵大学研究生院、曾在南宁任美军顾问团翻译的江苏人王希曾,在1948年流亡应聘中正中学教导主任期间,其教授英语课程,弃用现成的规定教材,而用英文版的《辩证唯物主义和历史唯物主义》做教材。又从英文报刊中把毛主席、朱总司令发布的《中国人民解放军布告》《约法三章》《三大纪律八项注意》等翻译成中文,秘密刻印,在学生中传播并在旧州张贴散发。❷

三是红色教材在流域的传播有重要影响。1934年,中国工农红军六军团、中央红军分别在8月、12月经过锦屏16个侗族乡镇的数十个村寨。一路上,散传单,贴标语,打土豪,分田地,宣传革命主张,播撒革命火种。当时,红军过启蒙侗寨时,留下了一本中国工农红军总政治部1934年8月编印的《红军识字课本》(第一册)。课本(现存放于遵义会议纪念馆)在启蒙侗寨学校及家庭中传习,对锦屏侗族地区教育有积极而又深远的影响。❸

四、结　　语

民国时期清水江流域中小学教育,是贵州民族教育近代化发展的重要组成部分,在流域教育近代化过程中具有承上启下的历史意义。这一时期,流域教育伴随时局动荡起伏、经济凋敝薄弱、社会流动复杂的区域历史进程,从传统走向了近代,从封闭走向了开放,虽然发展缓慢,但也具有时代的亮点和强音。无疑,在流域中小学之于学制、课程、教材方面,也同样与贵州教育近代化演进的历程相伴随且具有鲜明的时代特征,这些特征主要体现在:学制上既遵照不同时期国定、省定政令执行,又因时局、经济、师资等因或缩或停(停办)或撤(学校撤并)而无以维系,难以始终;课程上虽有设置上的遵从,又鉴于师资、教材、学

---

❶ 杨光亮.治校有方的招北恩校长[M]//政协黔东南州委员会.黔东南人物(1912—1949年).昆明:云南民族出版社,2011:526.
❷ 杨光亮.为振兴教育而奋斗的王希曾校长[M]//政协黔东南州委员会.黔东南人物(1912—1949年).昆明:云南民族出版社,2011:48.
❸ 《中国侗族教育史》编委会.中国侗族教育史[M].昆明:云南民族出版社,2016:116.

校停办，以及激发民族精神等因素的影响而有未开设（如算术、英语、物理、英语）、增开设（省情、乡土教育）等据情而为之况；教材上大多使用国颁、省定教材，又因经费的奇缺、交通的阻塞、战时的困扰等所造成的供给不济而以自编教材、抄写教材作补充，也因时代的特征有与知识传授课本并用的时政类、经学类教材的规定或使用。可以认为，一个地区学校教育的发展，实与学制、课程、教材三者密不可分，而三者之间又是紧相联系、互为一体的，是学校教育体系中必不可少的基础、重要条件和保障，任何一方出现问题，都会影响教育事业的发展和人才的培养。上述流域三者的情形，是特定时期国家、地方政治经济、社会文化、制度政策在教育上的一个侧面，有必要进行总结和分析。实践证明，只有国家独立富强，经济社会发展，制度优越完善，人民当家做主，民族平等团结，教育才能健康有序、不断向前发展，其功能才能得到全面和有效的发挥。

※清水江流域状元文化及其对民族社会的现实教育价值*

明清两代,贵州通过科举考试录取的举人有 6000 多人,进士有 700 余人。梁启超诗学老师、四川翰林赵熙在读了贵州大儒郑珍的《巢经巢诗钞》后,极为赞叹贵州的人才出众,在其《南望》诗中抒发了"君看缥缈綦江路,万马如龙出贵州"的赞语。这一诗句,既是对郑珍的高度评价,更是对贵州人才走出大山、贡献国家的肯定。

一个地方的状元文化是指与状元相关的价值观、人物事迹、社会环境及其影响与价值、传承与发展等汇集而成的事像总和,既有特定的历史内涵,又有时代的意义迁移。在清代,贵州山地走出了荣登科举制度之巅的三文一武三状元一探花,即康熙四十二年(1703 年)癸未科武举状元贵阳人曹维城、光绪十二年(1886 年)丙戌科文状元贵阳青岩人赵以炯、光绪二十四年(1898 年)戊戌科文状元麻江人夏同龢和光绪二十九年(1903 年)癸卯科一甲第三名(探花)遵义人杨兆麟。其中,夏同龢状元于光绪三十二年(1906 年)被派往日本学习考察,入东京政法大学速成班深造,成为我国自隋唐以来第一个状元兼留学生。夏同龢中状元之后,活动于教育、学术、行政、司法、实业等领域,是中国近代法政的开拓者、教育家、书法家和社会活动家。夏同龢家世亲缘、受学环境、状元的考取、进士及第后的活动业绩、学术言说及其影响,以及体现于其中的精神观念、折射其价值的各种文化遗存等,形成了清水江上游多元民族文化体系中内涵丰富的极具特色的区域性状元文化。对这一文化内涵进行全面、深入的挖掘整理,充分展示清水江流域多元文化特点,彰显清水江流域历史文化的深刻底蕴,对于当

---

* 本文发表于《中南民族大学学报》(社科版)2016 年第 1 期,作者为课题负责人杨军昌教授,课题组成员杨蕴希(湖南师范大学教育学在读博士)。

代清水江流域民族社会和谐发展具有重要的教育价值。

一、状元文化的内涵

关于清水江流域❶状元文化的内涵，时人多有研究和阐述，代表性的观点有：一是认为其包括锲而不舍、勇攀高峰的学术精神，昂扬向上、奋发有为的事业观和与时俱进、紧跟潮流的人生观三个方面（敖以深，2011年）；二是认为其表现为奋斗拼搏的执着精神、"知足常乐"的生活品德及在法理论、理财论、教育论诸方面的博大学问（石朝江，2011年）；三是从"状元郎"的视角总结了其应包括承继传统、新学先驱、服务两朝、工文善书、存世著作等5个方面的内容（廖永伦，2011年）。这些概括，在一定程度上反映了夏同龢作为状元的贡献及其精神。笔者认为，一种文化的内涵表述，应有着精神、物质、制度、行为等诸方面的提炼才能系统与完整地揭示其实质。于此，笔者尝试做如下归纳。

1. 求学上的勤学拼搏

夏同龢（1874—1925年），字用卿（用清），又字季平，号狮山山人。同治七年（1868年）诞生于贵州麻哈州（今麻江县）高枧村一书香世家。据史料记载，麻江高枧夏氏先祖夏永昌于明洪武年间由江南上元（今南京市）随军西征至贵州，并以军功出任都匀卫指挥使，世代承袭，以功传家。直到第十代才弃武从文，第十二代夏鸿时于清嘉庆年间乡试中举，出任知县，主讲麻哈州三台书院多年。其后几代均以科举出仕，诗礼承传。鸿时曾孙有二：长孙夏廷燮，州廪生；次孙夏庭源，国子生，夏同龢之父。生于这一书香门第的夏同龢自幼聪明，过目成诵。在父亲的教诲下，从小涉猎经史子集，亦好书法诗文。先后随父随兄游学云南、四川和广东。自光绪十九年（1893年）以麻哈州学附生资格乡试中举后，愈益勤奋苦读，学识益精，终于光绪二十四年（1898年）会试而贡士，殿试而状元。众所周知，隋唐以降的封建社会里，中国读书人的出路是科举考试独木桥，科举制的童试（考秀才）、乡试（考举人）、会试（考进士），都有严格的

---

❶ 清水江发源于贵州都匀斗篷山，自西向东流经贵州贵定、都匀、丹寨、麻江、凯里、黄平、台江、施秉、剑河、锦屏、天柱等县（市），于天柱县瓮洞入湖南后称沅江，干流全长514千米，流域面积1.72万平方千米，流域人口430余万人，是全国苗族、侗族主要聚居区和苗侗文化中心区域。

规则和名额限制，乡试、会试的中榜率不足百分之一，问鼎魁首的状元更是在过五关斩六将，于千军万马中奋勇杀出的最后勇胜者。试想，即使有先天的聪颖，而无后天的勤奋和自强不息、勇于胜利的拼搏精神，金榜题名是绝非可能的。夏同龢状元及第的事实表明，学有所成，必须孜孜以求，勤奋拼搏。

2. 精神上的与时俱进

夏同龢作为封建科举制末期的一名文状元，走的是通过科举博取功名的道路，无疑对经史子集等儒家经典具有很高的造诣，而且在殿试策对中，所持的也是坚持"法祖"的主张，反对"维新"变法。在经历戊戌变法、八国联军列强入侵、改朝换代、护国护法等重大历史事件，在急剧变革、内忧外患的时局面前，夏同龢毅然突破自我，摒弃封建知识分子保守顽固、故步自封的局限，踏着时代的节拍，接受新思想、新事物，勇敢走出国门，学习法政新知。留学日本期间，他敏锐意识到经济与法律教育对治国的重要性。回国后，不仅创办了广东法政学堂，而且还与法政学堂同仁创办了《法政丛志》，撰写了大量法政文章，积极推动官员、士绅、民众近代法政理念的形成与转变，使"君若臣若民，无一人一事不范围曲成于法律中而已"❶。民国初年，又出任宪法起草委员会规则委员和宪法起草委员会理事，参与制定了《天坛宪法草案》，被公认为中国"百年法政学"的开拓者。❷

3. 学术上的经世致用

经世致用是中华文化的精华，起源于明清之际著名思想家顾炎武、王夫之等人的学说，强调"经国济世""学用结合"和注重实效。作为一个集传统儒学与当代新学于一身的知识分子，夏同龢秉承着中华学术经世致用的传统，在学术上一直注重学术与致用的结合，抑或是其在殿试策对"求举才、经武、绥远、理财"等国家大政问题博得主考官与皇帝的认同，抑或是在其留学毕业论文"清国财政论策"的选题和基于法制立国的法学著述、教育救国的观点主张、实业兴邦的书表言说，都体现着特殊时代下一个特殊的知识分子情系国家、心忧桑梓的济世情怀，并经其努力，其学术成果在实践中产生了积极的效应，如法政学校的建立、自治人才的培养、地方实业的推动等。

---

❶ 夏同龢. 法政丛志·序言［J］. 法政丛志，1907（1）.
❷ 关于夏同龢法政思想及其在中国法政学的地位，在赵青、钟庆所著《法政开拓者的声音与回想——夏同龢及其同仁法政文萃和研究》（贵州人民出版社，2015年版）一书中有较为详细的论述和资料。

4. 行为上的"兼济天下"

夏同龢问鼎魁首后，首入翰林院任修撰，相继游历广州，组建"寿忠社"纪念文天祥。1900年，他上奏朝廷愿自筹资金组织苗民抵抗八国联军入侵，该事虽因京师沦陷和议签订而未成，但拳拳赤子之心，不以言表；1902年，他出任湖南乡试副考官，录取了一批湖湘才俊为举人。留学日本后，以"使法律思想普及于国民，则国力自强"为理想，系统攻修法政专业并编著出版了我国最早系统介绍近代西方行政法知识的《行政法》一书。特别是1905年回国后，他在1906—1912年担任广州法政学堂（今中山大学前身）监督（校长）期间，为国家培养了一大批具有近代法制理念和革命思想的人才。1909年，他兼任广东地方自治研究所，培养中下层士绅的法政知识和地方自治才能，之后又兼任两广师范学堂监督，营救后成为北伐将领的王天培，出任江西首任实业厅长，都显现着其"治国平天下"的理想抱负和实践追求，折射出处于特殊历史阶段知识分子的济世情怀和社会活动家的影响。

5. 品德上的守己律身

夏同龢在品德上的守己律身，体现于其"知足者常乐"的心境和在浊世中不趋炎附势、同流合污的"知进退"言行。"丑妇是吾妻，休想美貌的、妖娆的，只求她安分守己，但得过贤惠足矣。蠢子是吾儿，休想伶俐的、聪明的，只求他尊贤敬老，但得过孝顺足矣。茅庐是吾居，休想华丽的、舒适的，只求它能遮风雨，但得过避寒足矣。粗粮是吾食，休想美味的、佳肴的，只求它三餐丰盛，但得过充饥足矣。"❶该诗虽然表现的是知足常乐、夫唱妇随、父慈子孝的家庭生活追求，并非夏同龢真实生存状况之真实反映，但在清末世风日下、人心浇薄、贪欲横行的社会背景下，足见作为一个状元、一个进入官僚阶层人物的品德修养和对富贵荣华的漠视。其一生与戊戌变法、改朝换代、帝制复辟与被推翻等时局相连，尽管命运多舛，但绝不趋炎附势、同流合污，其以严谨的守世襟怀面对人生的起伏，晚年寓居或与佛教结缘，发起组建了世界佛教联合会，虽有无可奈何之嫌，但始终守己律身，清白终身。

---

❶ 何林超. 麻江古诗文选注［M］. 郑州：河南文艺出版社，2009：198.

二、状元文化的特征

状元文化是清水江流域以苗侗文化为重点的各民族多元文化的重要组成部分，是清水江流域一份独享其荣的文化蕴涵，具有地域性、民族性、传承性、社会性、遗存性等显著特征。

地域性。众所周知，文化的呈现总是在特定区域集中显现的。萨波奇·本采说："控制人类的主要法则可以从地表的山岳水域分布图中求得。因此首要的是考虑世界上山系和水系与文化产物的发展的关系。"[1]他认为，山是拦阻或保存文化的，而水则是传播和扩散文化的。我国的文化区域往往是与"水"发生着密切的联系。东方文化区域和欧洲文化区域也往往如此。清水江流域是黔中大地上的文化富矿区，不仅千百年来孕育于其间的多姿多彩的民族文化已是遐迩闻名、世所瞩目，而且其一头一尾享誉寰宇的"状元文化""清水江文书文化"[2]的知名品牌也为长江的任何一级支流所罕见。而从大山封闭的民族地区跨江河越山川而走出的状元，以及因之而形成的状元文化在神州大地也不多见，地域性特征强烈的状元文化，是地域灵山秀水和灿烂人文浸润的产物，是清水江流域特有的文化品牌。

民族性。世界任何一个民族的历史文化，都不是呆滞的单行线。所有文化，都是具有民族性的文化。文化的民族性是指能够反映民族精神、民族特性的价值观念、思维方式、国民品性、人格追求、伦理情趣等思想文化的本质特征，是文化的民族风格、民族气派的表现。失去了民族性也就失去了自己的身份，失去了存在的意义和价值。有人认为，夏状元祖上为汉族移民，状元文化与民族性没有关系。不可否认，作为科举制度的状元，儒家思想是其安身立命之根魂，否则就难以成状元。但状元的成就，离不开生养环境和本土文化如道德、风俗、习惯、

---

[1] 萨波奇·本采.旋律史［M］.司徒幼文，译.北京：人民音乐出版社，1983：301.
[2] 清水江下游锦屏、天柱、三穗一带，保存有30余万份关于山林植造、木材买卖、纠纷调解等内容的契约文书，被公认为是我国继故宫博物院的清代文献和安徽"徽州文书"之后的我国第三大珍贵的历史文献，有"全世界农民混农林活动活态记忆库""世界性生态保护典范"之誉。见杨军昌.清水江流域7000年悠悠文化［J］.教育文化论坛，2014（2）．

艺术乃至民众性格的浸染。在流域地区，姑且不论汉族融入少数民族、少数民族融入汉族的议题，但相互学习，相互借鉴，共同发展，共同创造流域文化确是不争的事实。夏同龢祖上夏鸿时主讲三台书院，其本人在八国联军入侵的国难当头，上书朝廷欲在家乡组建苗军抵御外辱、"广兴法政学校"以自强等均使得状元文化具有民族性特征。

传承性。由于状元文化是在科举考试及其相关的社会活动中积淀而成的，因而具有传承性。传承途径包括文字和非文字两种形式，在时间和空间两个维度展开，在时间之维上表现为历史的延续，在空间之维上表现为地域的扩展。关于历史的延续，首先是状元夏同龢自身的社会活动及其相关人（亲属、同事、好友、师生、同乡等）、事（考察学习、办学育人、参政议事、社会事务等）的传承；其次是组织、社团性质的传承，如有关状元文化资料的整理、书籍的出版、事迹的宣传、研究机构的成立、文化品牌的打造、文化产业的研发等方面的传承；最后是学校与社会的传承。空间的传承一是表现为从状元故乡放大至行政区域的逐级拓展，二是表现为状元生前除故乡外的主要活动地如北京、广州、贵阳乃至日本的有关状元的各项活动或研究。状元文化的传承性源自状元文化本身的价值、效应及其影响。事实上，如今在状元故乡麻江、清水江流域、贵州兴起的状元文化研究热、状元文化资料和研究成果的不断面世及状元文化产业的发展，无一不是状元文化传承性的时代呈现。

社会性。从学理上来看，文化的社会性针对的是人与人之间的关系，其终极目标是要规范、处理、协调好人与人之间的关系，解决好人们因思想、信念、行为、利益的冲突而产生的种种复杂的社会关系，达至和而不同的理想境界。状元文化在中国历史悠长，科举制设置的顶魁状元成了1000余年读书人人生追求的终极目标，因而具有广泛的社会影响力和深厚的社会土壤。中状元不仅使个人"一步登天"、使家庭"光宗耀祖"，而且也使状元故乡徒添了无与伦比的社会资源，直接激劝着家庭积极送子就学、学子勤奋向学、社会重视办学。大凡状元故乡，大都文化昌盛、人文蔚起。在贵州，贵阳如此，青岩如此，麻江也是如此。尽管科举考试存在着压抑个性、抑制人才、舞弊作假、名不符实等弊端，但它在漫长时间里却是通过学习、竞争而进入仕途的制度性规范。于今来讲，清水江流域的状元文化如同其他地区一样，其奋力拼搏、勇拔头筹的精神已演绎到社会的各行各业上，是为"三十六行，行行有状元"，不仅于人，而且于物于产业于事业，金榜题名与状元文化已被赋予了新的诠释，这正是状元文化社会性特征的时代彰显。

遗存性。文化，因其具有传世的意义价值和生命力而得到自然的，尤其是人为的保护和传承。文化遗存具有历史、艺术和科学价值的文物和各种以非物质形态存在的与群众生活密切相关、世代相承的表现形式，是历史上不同文化传统和精神文明的载体和见证，是不同地域独特的文化特点和历史底蕴的展现和特定区域可持续发展的资本和动力。清水江流域的状元文化遗存，物质方面不仅有高枧夏氏村落、状元第、夏氏祖墓及碑刻、三台书院旧址、贵阳夏状元街、广州法政路（因夏同龢创办广东法政学堂而得名）、北京劈柴胡同（夏同龢长期寓居于此），还有精神意义的状元卷、《行政法》等学术文献、书法题联作品等；非物质方面不仅有其勤奋拼搏的精神、与时俱进的勇气、兼济天下的胸襟与守己律身的品德，而且有因其问鼎状元而形成的对后学、对清水江流域民族社会影响深远的向学风气与精神。今天的麻江、今天的黔东南、今天的贵州，地方上下的结合、政府与学术界的结合而对状元文化的重视和打造，使这一文化遗存的永续传世和开发利用获得了空前的制度性保障。

三、状元文化对民族社会的现实教育价值

作为一种精神力量，文化能够在人们认识世界改造世界的过程中转化为物质力量，对个人成长和社会发展产生深刻影响。美国学者迈克尔·波特曾经说过："基于文化的优势是最根本的、最难替代和模仿的、最持久的和最核心的竞争优势。"❶已故新加坡前总理、内阁资政李光耀在 2007 年曾撰文指出，"文化是中国最大的发展力量"，"中国现在最大的发展力就是文化力"。❷文化的重要作用在于价值观对社会发展的影响。任何一种文化在都具有历史认识、艺术审美、文化教育、旅游经济等价值作用，状元文化也不例外。限于篇幅，在此仅对清水江流域状元文化对民族社会的当代教育价值做如下讨论。

教育价值是教育对人与社会的功效，"是作为客体的教育对于作为主体的人

---

❶ 迈克尔·波特.国家竞争优势［M］.李明轩，邱如美，译.北京：华夏出版社，2002：253.
❷ 李光耀.文化是中国最大的发展力量［J］.企业家天地，2007（7）.

的效用或意义"❶。一般来说，教育是向受教育者传授系统的科学知识，培养他们各种基本能力和一定的道德人格和理性精神，亦即教育是培养和增强受教育者主体性的过程，教育的价值在于促进个体人和人类主体性的发展。"教育培养人的过程是教育者主体性对象化的过程和受教育者主体性自我对象化的过程。"❷一方面，教育者通过自己主体性的发挥，形塑了受教育者的主体性，并通过之实现了自身主体性的延续与发展；另一方面，通过教育过程的自我、自主学习，受教育者实现了主体性的自我对象化，亦即具有改造自然、改造社会、完善自己的能动性、自主性和创造性。"在这个过程中，人的主体性作为工具和手段来满足国家、社会的需要。"教育的内在价值，在于教育的育人功能；教育的工具价值，在于教育的社会功能；教育目的的实现过程，则体现着教育主体创造教育价值的追求与努力的过程。清水江流域状元文化是特定历史时期，封建社会作为客体的教育对作为主体性的人作用的产物，其既是教育主体——封建国家及其各级教育单位教育过程的标志性结果，又体现着受教育者夏同龢个体主体性自我对象化的积极践行和与时俱进的成功，还包含着夏同龢一家、夏氏社会关系及其家乡高枧、麻江乃至贵州科举致仕教育文化的追求与氛围的希冀所盼。诚然，源于封建科举制下的状元文化不可避免地存在诸多缺陷与问题，即便夏同龢本身也有一些争议的局限，但作为一方内涵丰富、特色鲜明、影响深远的教育文化品牌，其对于当下清水江流域民族社会，依然有着积极的教育价值值得思考。

　　从个体的角度看，状元是个人通过艰辛的努力、奋力地拼搏和扎实而又优异的知识积累在科举的征途上攻坚克难脱颖而出的。但状元作为一个当时最高等级考试的及第者的称号（学位符号），代表着进士及第者当时的应试水平，并不与其后的业绩与贡献完全挂钩。实际上，在中国历史上，大有成就的状元比例是不高的，相反，不少名载史籍贡献卓著者并非是状元。夏同龢作为从民族地区走出去与时俱进并有所作为的状元，从其身上不难看出，一个人不仅要有知识，还要有做人的操守、处世的道德和"治国平天下"的抱负，更要有面临大时代，敢做大决策的担当。古往今来，这类杰出人物在清水江流域民族社会代代迭出，如明代就有嘉靖大理寺卿龙起雷、贵州"开省以来人物冠"孙应鳌、精忠报国的莱州知府朱万年、抗清名将何腾蛟、"孝节高风"的李廷玉、"清官"黄甲英、理学家

---

❶ 孙喜亭.教育原理［M］.北京：北京师范大学出版社，1993：133.
❷ 刘复兴.论教育价值的本质［J］.教育理论与实践，1998（3）.

诗人蒋世魁等；清代有教育先驱石国华、教育家艾茂、山东巡抚朱定元、侗戏鼻祖吴文彩、边陲名臣周之翰、抗法英雄黄超群、晚清名臣石赞清、忠孝两全的陈以缙等。人能成才并贡献于家、国，这就要求每一个人，从小就要注重自身修养和德行的提升。即在不断汲取书本知识的同时，从小就应注重对自己综合素质的培养，高尚品德的塑造，自觉地、不断地完善自我，以实现德智体的全面发展。只有这样，才能够成为于家乡、于民族、于国家有用的人才，才能够书写自己充实而美好的人生。

从家庭的层面看，家庭是社会的组成部分，是人成长的摇篮；家庭教育是家庭成员接受社会化的初始场所，是人成才和个性养成的丰润土壤。家庭中，父母和长者（包括成年人）自觉的、有意识地将社会的知识、技能、价值标准和行为规范，通过自己的言传身教和家庭的生活实践作用于孩子，对孩子的成长有弥足珍贵的潜移默化作用，也是作为长者的家庭成员的应尽之职。古今中外，凡有成就的名人，无不从小浸染着良好的家庭文化，获得良好的家庭教育。无疑，夏同龢从蒙童而秀才而举人而进士而状元的科举成功之路，与其家风家教的作用是密切相关的。而在以往漫长的岁月里，在清水江流域，家庭教育一直是民族社会中子女获得知识和社会化的主要形式，有着不可替代的意义和作用。但在当下，随着社会经济的急剧变迁而导致的家庭规模的小型化、青壮年尤其是年轻父母外出务工的常态化、留守儿童留守老人隔代而居的普遍化，家庭之于子女的教育渐行渐远，甚至完全脱离。尽管当前学校教育发展盛况空前，但以应试为主导的教育之于人的全面发展无疑存在严重的缺陷。民族地区社会建设人才的培养、人的素质的全面提高必须要将视野回归到人的受教育的原初点——家庭，家庭、学校、社会教育的并行而进，相互补充，相互促进，是当前教育必须重视的现实议题。

从社会的视角看，教育是一种传递知识，培养德性等的活动。教育即生长，教育即生活，教育即经验，教育即发展。[1]一方面，教育作为一种制度性的规范，能够提供人们所欠缺的规范和认知，给人一个架构使人社会化，达成使人适应社会的功能；[2]另一方面，教育社会化功能的实现，单纯依靠学校是难以完成的，不仅是因为人的社会化是从初级社会化、发展社会化，再而继续社会化需要

---

[1] 刘黎明.论西方自然主义教育家对教育科学发展的历史贡献[J].贵州大学学报：社会科学版，2014（5）.

[2] 布列克里局,杭特.教育社会学理论[M].李锦旭,译.台北：桂冠图书公司,1987.

多种场域共同的铺就，而且也因学校教育功能的培育与体现也是社会诸因素共同作用于学校的结果。从夏同龢生活的清水江流域麻哈州来看，耕读传家的传统、礼义和睦的人际互动、民事勤劳的社会风尚、自强不息的奋进精神等与该地上下重教、人心向学关系密切。该州的文化世家如夏氏、如艾氏、如周氏等的人才代出，基于教育而走出乡野而于各地有才华、有政声的麻江子弟也多名存载籍，正是教育价值在民族社会的历史体现。在麻江的教育史上，视教育为己任、视教育为家庭或一方大事因而致力办学的典型事例几乎在其境内的书院、社学、义学与百年老校中都有生动的呈现，如同治年间麻哈蒋岗人冉师承（贡生）辞麻哈县令捐资建学宫办学（今坝芒乐坪小学），光绪年间景阳熊姓家族捐献祠堂设馆延师授徒，民国三十二年（1943年）时任贵州省教育厅厅长的周恭寿（景阳人）捐田土1.5亩、麻江县财政局局长的熊希仁捐地1亩余、开明绅士熊志平捐土7分建成景阳学校等。以上表明，教育与社会的发展是相辅相成、互为促进的，只有全社会重视教育、重视教育对人性的养成、重视教育敦风化人的价值的发挥，社会发展、社会建设才有源源不断的人才基础和动力。当前，民族地区教育单一化（学校教育）、人才培养功利化（应试）、办学主体绝对化（政府），一方面确实培养了大量的国家建设人才，但另一方面也显现出了于家庭、于社会、于国家发展所期待的具有综合素质、德智体全面发展人才目标差距明显的现实，民族社会也因之而滋生了一些诸如受教育权的不平等、读书无用观、道德滑坡、黄赌毒蔓延等不和谐的因素。因此，从社会的视角反思状元文化，于民族社会的发展是有其教育意义的。

  从文化的视角看，教育是一种文化活动，教育的整个过程都受到文化价值观念的影响和控制。清水江流域状元文化是流域多姿多彩民族文化宝库之重要组成，是流域各民族共同的历史文化遗存，当然也是流域各民族时代文化的重要组成部分，是各民族引以为自豪和骄傲的文化品牌。事实上，在日趋激烈的外来文化冲击下、在市场竞争与人口流动激烈而频繁的当下，一些人萌生放弃自己传统文化的观念等已是不争的话题，其中之状元文化在此大背景下无疑也会受到严重的影响。如何延缓或阻止这种现象，使具有独地域特色的民族文化具有旺盛的生命力而得以传承、保护和创新，这取决于流域各民族文化自信心的树立和坚守、文化自豪感的形成和增强，取决于各族民众真正将民族文化传承、保护和创新的理念内化为自觉的准则和行为。只有这样，才能使"这些已有的、我们先人们为我们创造的、珍贵的人文资源，让它们变成我们丰富的生活资源，我们宽广的精神追求"。而这目标的实现，教育的作用无疑在其中显得至关重要、不可或缺。因为，一个民族的教育与文化是一脉相承的，"教育是文化的社会遗传和再生的机制；从教育与人的关系来看，教育是文化化人的过程；从文化与人的关系来看，教育起着中介转化作用"。教育是传承发展民族文化、保护民族文化育职责。可喜的是，近年来，在状元故里麻江县、黔东南州，从乡村到城市、从民间到政府已开展了一系列的民族文化传承、保护的教育宣传活动，麻江的各个中、小学校都编写有《乡土教材》，将民族文化、乡土知识纳入学校教学体系，并取得了积极的教育效果。其他如省级状元文化研究会的成立，与状元文化相关的多次学术研讨会、研究状元文化的系列学术成果的面世等，不仅使区域文化传承保护呈现了良好的势头，而且本身也发挥了对民众进行文化教育的作用。不可否认，包括状元文化在内的流域民族文化的传承保护，还有很多的事要做，很长的路要走，但大力发展民族教育却是始终不能忽视的主题。民族文化是民族教育的源泉和资源，民族教育为一切民族社会所必需，是各民族新生一代的成长和社会生活的继承与发展必不可少的手段。

※清水江流域少数民族宗祠文化与民族社会教育发微*

宗祠，也称家祠，为我国传统社会中宗族祭祖的场所和精神高地，是族中活动的公共空间。其起源于周代，完善于明朝，稳定于清代。清水江流域是我国苗、侗、布依、土家等族的主要聚居区和苗侗文化中心区域，有着丰富的宗祠文化资源。流域宗祠始建于清初，可考者最早为康熙三十四年（1695年）建在天柱邦洞的杨氏宗祠，主要集中于天柱、锦屏、黎平、三穗、镇远、凯里、麻江等县市。由于这些县市开发时间大致统一，因此其家祠的发展时期大致相同。以今天柱县为例，该县宗祠发展经历了从清康熙到道光年间的规模修建、清"咸同兵燹"而至1949年前的再建重修、20世纪80年代起而至当下的旧祠修葺三个时期。其中，第一阶段共建有宗祠48座；第二阶段新建22座，重建13座；第三阶段修葺近20座。❷其他县市的宗祠也不在少数，如锦屏县建有60座，三穗、凯里、黎平、剑河、镇远、麻江县也有10座之多。宗祠的建立，既促进了流域各姓氏群体之于"奉先思孝"伦理而对祖先的记忆、缅怀，起到凝聚人心、增强认同的作用，同时，也为宗祠文化本身的建构创设了必要的基础和前提。

一、教育：清水江流域少数民族宗祠建立的文化基础

从现有文献及调查发现，清水江流域苗侗等少数民族宗祠建立的时间大致集

---

* 本文发表于《西南民族大学学报》（社会科学版）2016年第11期，作者为课题组负责人杨军昌教授、成员杨蕴希（湖南师范大学教育学在读博士）。

❶ 李斌，等.民间记忆与历史传承——贵州天柱宗祠文化述论[M].成都：四川大学出版社，2014：45-51.

中于清康熙年间至民国时期，其原因不仅在于明朝嘉靖时，朝廷"才许民间皆得联宗立庙"，而且也因流域天柱、锦屏、三穗、麻江等地建县较迟而于人文蔚起较晚、宗族文化成熟缓慢之故。但随着明末清初中原文化的强力渗入，以木材贸易为推动力的流域经济的快速发展，以文书、习惯法为载体的契约社会的形成，怀祖思孝、光宗励后的宗族意识的不断传播，流域内各氏宗祠如雨后春笋般拔地而起。各氏宗祠的建立，个中原因除上而外，无一不是以文化教育为基础、依赖流域长期积淀的教育文化为动力源的。

  在清水江流域，宗祠修建较早、分布最密集的地方，也是教育开发最早的地方。由相关文献可见，流域各县市中为天柱县宗祠数量最多，且80%以上为该县侗族各姓宗族所建。在统计的104所宗祠中，建有5座以上的就有凤城镇（14座）、垄处镇（11座）、渡马乡（10座）、白市镇（9座）、社学乡（8座）、邦洞镇（8座）、远口镇（8座）、高酿镇（7座）、蓝田镇（6座）、竹林乡（5座）。❶这些乡镇宗祠的建立，均与教育发展有重大关系。其中的社学乡明末清初曾设过县衙，凤城镇是全县经济、政治与文化中心，教育发展均相对较早，人才辈出；远口镇在清康熙年间，即有吴万年自捐田产创办延陵书院，盛极一时；垄处镇鲍塘村民在乾隆年间建了凤鸣学馆，方圆几十里的农家子弟于此求学；同一时期，竹林乡地垄绅士彭瓢谟等人创办了地垄私塾，于此而出的贡生蒋代盛、岁进士唐寅等人分别领头修建彭氏、唐氏宗祠。有清一代，白市多有科举士人不恋仕途而在籍设馆施教，并推动宗祠的修建，如清末即有学有所成的儒商乐章德捐巨资扩建当地乐氏宗祠，民国时期即有宋氏宗族为纪念从白市义馆走出的天柱第二位进士、一代名宦宋仁溥而修建了宋氏宗祠。

  教育对宗祠文化的推动在流域的其他各县也有典型的事例。锦屏位于清水江流域腹心地带，早在唐代，中原文化就较早地传播、融汇到这边乡僻壤。唐天宝年间诗人王昌龄被贬谪到锦屏隆里（明代建所）后，创办书院，培养苗侗子弟，以致后来隆里一带向学成俗，贤儒迭出。锦屏第一位举人王大臣，早年求学于隆里所王氏私塾，明隆庆元年（1567年）于云南应试中举人后，任云南省大理府太和知县，政声颇佳，其晚年辞官回隆里设馆授徒。正因为有了王昌龄、王大臣等人的兴学之举，隆里所明清两代人文蔚起，先后中进士2人、举人18

---

❶ 李斌，等.民间记忆与历史传承——贵州天柱宗祠文化述论［M］.成都：四川大学出版社，2014：52-53.

人、武举 2 人、贡生 48 人。❶ 其中，王、陈、江、胡、杨等姓因人才辈出、人才功名而各自建祠著谱。因木业发达、经济繁荣的锦屏县卦治村，乾隆年间先后在其上、中、下三寨建立了文岳书院、文宗书院和文澜书院，不仅培养了一代代贤良，也是这里较早修建文氏、龙氏等宗祠的重要成因。明靖嘉进士，曾任户部右侍郎、礼部侍郎，被《黔诗纪略》誉之为"贵州开省以来人物冠"的清平人（今凯里市）孙应鳌，为阳明学派再传弟子，著述丰厚，其在隆庆三年（1569年）托病辞官归里后，便建学礼书院、平旦草堂授徒会文而远近闻名，其辞世后获赐谥号文恭。后贵州巡抚郭子章同御史毕三才在清平建孙文恭祠，并撰有《孙文恭公祠碑记》以志纪念。宣德八年（1434 年），今黄平即建有兴隆卫卫学。景泰元年（1450 年），于此苦读的学子周瑛应试中举，景泰五年（1454 年）又高中进士，为清水江流域进士第一人。其在外历官三十多年告老还乡后，即捐出家产，在兴隆创办草庭书院，聚徒授学，主讲书院十余年。后又助守官复修兴隆儒学，使黄平一时得以书院与卫学并存，教育于此大兴，弘治十五年周瑛（1502年）辞世后，乡人建有为纪念其功德的专祠——周方伯祠。而黄平一县，在清末废科举制度前，就有 31 人中进士，251 人中举人，成了贵州"文物声名之地"❷。

二、清水江流域少数民族宗祠的教育载体与教育活动

宗祠为宗族的身份与荣耀的象征，因此，清水江流域宗祠的选址十分重视"藏风聚气，得水为上"，大都按"觅龙""察砂""观水""点穴"等程序和"枕山""环水""面屏"的期待进行，一般都坐落在村落中山环水绕、灵秀汇聚的"风水宝地"上，占地面积 400~1000 平方米，个别达 2000 平方米以上。宗祠布局多沿主轴线纵深推进，左右展开，正面为大门和牌楼，左右为砖砌马头墙（风火墙），门口多有石狮左右守护，牌楼重檐翘角，高 10~15 米，多浮雕彩绘，炫丽华美，上嵌姓氏、堂号或郡望号，格调不一。内部结构多为三进及两天井的

---

❶ 原显荣.清江祠韵［M］.北京：大众出版社，2005：84.
❷ 周长春.黔东南第一个进士周瑛［M］// 政协黔东南州委员会.黔东南人物(1368—1911·明清卷).昆明：云南民族出版社，2013：144-146.

组合院落形式，第一进为过道，又叫外厅，上为戏台，规模较大者两侧还配有耳房；第二进为中厅，又称享堂或祭堂，较为宽敞，是祭祖和议事的场所；最后一进为寝厅，又称正殿，设有供奉祖先牌位的神龛，为宗祠的核心部分，是族人心灵的栖息地。有的宗祠还建有屏风、照壁、功名石、厢房。在建筑风格上，中国传统式穿斗、抬梁、排扇木构建筑居多，也有的中西合璧，均设计与施工细致，形式富丽而雅致。

宗祠是一种物化的文化现象，一个宗祠犹如一个巨大的符号系统。清水江流域宗祠的场域选择与建筑形状设计，宗祠的匾额、楹联、桅杆、牌坊、族谱等的装饰与布置均蕴含着许多信息和密码，这些信息和密码承载着流域苗侗等民族的历史文化和传统教育的历史印记，是宗族的教育资源与文化载体。宗族以宗祠为活动场所所开展的各种活动，在长期"教化之权，常不在上而在下"❶的历史长河中，实际上为流域苗、侗等民族社会教育活动的具体体现，主要表现为祭祀祖先、倡学办学、集会议事、联号撰拟、族谱编修、依规惩戒等多个方面。

祭祀祖先。宗祠既是传统社会权力秩序的象征，也是宗族内部教育后代子孙的训诫场所，其最主要的职能在于以祭祀祖先的方式隆礼报本，以表"水源木本"之思，示"慎终追远"之意。隆重的祭祖为清水江流域宗祠最神圣、最重要和最具特色的文化活动，祭祖仪式是"活的教育场"，是对族中子弟进行教育的良好时机。祭祀多为春秋两祭，也有春夏秋冬的四祭或逢族内诸如中考、晋升、恩赏、宦归等大事的特祭，祭祀礼仪虽各有特色，但一般都包括迎神、参神、献礼、侑食礼、饮福受胙、辞神等步骤。祭祀时，族人要按照长幼、尊卑、亲疏之序排列行礼，个体在烦琐、肃穆而又规范的祭祀仪式中不仅感受了宗族的内在规范及孝悌人伦的教育与训练，而且从尊祖敬宗、饮水思源、报本反始，以及从祖先的遗训和恩德中获得了对宗族的认同感、归属感，进而明确并形塑了个人的社会角色，实现了从仪式向道德礼制的转化。

倡学办学。从教育形式看，中国古代的教育分为学校教育和社会教育两部分。明清时期，清水江流域长期作为既无土官管理又无流官掌控的"千里生界"，以官学为主的学校教育资源十分有限，而以家族为主的社会教育既是基础也十分盛行。为了兴旺宗族、培养族中子弟成才，流域内的各氏宗族多倡学办学，多设

---

❶ 顾炎武. 顾亭林诗文集：卷五（裴村记）[M]. 北京：中华书局，1983：101.

义馆或祠学于宗祠内，并划出部分宗族资产用于教育开支。宗族内的个人捐资或者办学，一般也都要依赖宗祠进行管理。宗族子弟于义馆或祠学中不仅获得儒家学说的启蒙教育，而且从中得受儒家伦理道德、先祖恩德事迹的濡染，以及"守耕读、务勤俭、严奸盗、戒赌博、存廉耻"等个人修养的塑造与行为规范的养成。天柱竹林彭氏家祠《祠堂记》就有于宗祠办学"未几载，果尔文物入痒者，相继二十余人，食廪列成均者，亦复不少"的记载。为保障族学的开办，一些宗族还置有学田，如天柱社学乡田心寨王氏尚存的碑刻《捐祀祠并观学田记》即为物证。❶

议事集会。对于聚族而居的清水江流域民族乡村而言，宗祠作为乡村重要的公共建筑和公共空间，是族人议事集会的中心、乡村日常生活的主体。除祭祀活动外，不论族中的公共建设如水利维修、风景培植、道路整治，重大事务如购置族产、扶贫济困、族规制定，日常管理如族谱翻晒、契约整理、人丁统计，或是族中日常生活如族事磋商、族人社交、婚丧寿喜、宴客聚友、叙事摆古、唱戏说书等均在遵从祠规礼仪的前提下于宗祠进行。相聚在宗祠的族人，不仅饮水思源，缅怀祖先恩德，在彼此的关怀问候中，关系更加融洽，认同更加密切，而且通过相互交往与活动的参与，获得生产生活地方性知识的掌握和待人接物规范的习得。

修谱定规。国以史纪，郡以志载，族以谱传，自古为中华文化大厦之三大巨擘。族谱"总一族之人，收一族之心"，乃一族之根系所在。清水江流域苗、侗民族社会，几乎每个家族都有族谱编修的传统，而族谱的倡修、编修又几乎都在宗祠进行。族谱多由序言、家族源流、堂号、族训族规、世系录、艺文、人物等组成，为敬宗收族的文献总汇和一族的精神灵魂，也是宗祠的镇祠之宝，一般五年一小修，三十年一大修。族谱的编修、阅读、宣讲或于宗祠举行的晒谱仪式等活动，使族人得以了解姓氏源流、祖先功德、家族兴替、迁移变动、风俗习惯、社会生活，得以从宗族先贤为国为民、自强不息、耕读传家的事迹记载中获得精神的鼓舞、气节的砥砺、情操的陶冶和心灵的洗礼，是使后人不忘根本之有效的宗族内部教育方式。

依规惩戒。清水江流域民族社会中，宗祠是祖先神灵的皈依之所，各个宗

---

❶ 李斌，等.民间记忆与历史传承——贵州天柱宗祠文化述论［M］.成都：四川大学出版社，2014：74-76，140，188.

无一例外地定有族规家训。族规家训，既意味着祖先对子孙的审视和子孙对祖先的敬仰，也体现着在缺乏法制治理的传统民族社会，用以约束和教化族人的惩戒机制和教育智慧。族规家训多根据朝廷的谕旨、条规和地方官府的训示与本族实际制定而成，或刻于祠碑，或载入族谱，是宗族的"法律"。族规的制定虽然体现着"孝悌忠信礼义廉耻"的封建礼制精神，但也有许多积极的伦理规范，这从天柱蓝田《彭城堂刘氏族谱》之《家规十二条》——爱国家、隆孝养、笃兄弟、别夫妇、睦宗族、谨丧葬、尚勤俭、肃内外、重谱牒、修坟墓——即可窥见一斑。❶各宗族类似的族规家训都于宗祠中制定和通过，并于宗祠中宣讲和教化，如有族内纠纷或族人违犯族规，如争产、不孝、奸淫、偷盗等行为，宗祠则成了族长（长老会）行使族法权的场所而对违规行为进行惩戒，或体罚羞辱，或陪酒席，或处笞杖，或处罚金，或罚苦力，甚至开除族籍、撵走他乡等。从某种意义上说，宗祠是宗族内部的法庭，在传统社会承载着"规训和惩罚"的社会治理功能。

彰匾题联。匾额是宗祠中敬宗怀祖、敦善崇德、励志笃行的符号彰显标志。清水江流域宗祠匾额有木刻、石刻、灰制等多种，尺寸大小与门面、厅堂的规模相宜，多为四字。著名者在天柱县就有远口吴氏宗祠中清道光年间贵州巡抚贺长龄题写的"咏烈颂芬"，1938年国民革命军第九集团军副总司令吴绍州题写的"至德克昌"，坌处鲍塘吴氏宗祠中清嘉庆年间题刻的"僾存慤著"，竹林地坌彭氏家祠乾隆年间的"克绳祖武"等。除匾额外，有宗祠必有楹联。楹联有门联、柱联、神龛联等类型，字数长短不等，主要以追根溯源、颂扬祖德、训诫劝勉、进取向上、地灵人杰等为内容。一般来讲，宗祠内的匾额与楹联是清水江流域宗祠融文化内涵与书法艺术为一体的文化事项，其题写者多为文人雅士、社会贤达、名宦名家，意境深邃，书法精湛，雕刻精美，制作考究，是宗祠独特的民俗文化精髓所在。宗祠内匾额与楹联的规格和数量历来是为族人显耀的资本，是族人能从中获得许多无形和有形的教益从而增强宗族荣誉感、提升内部凝聚力的教育载体，因而历为族人所重视。

宗祠文化正是在上述活动中，实现传统道德规范和价值取向的教化，这种弥散于日常生活的教育功能在制度化、体系化的过程中得以在民族社会有效地、最大化地发挥，既是家族报本思源、继往开来的精神动力，也是民族社会秩序赖以

---

❶ 天柱彭城堂《刘氏族谱》，光绪三十一年刻本。

维系和运行的基础和前提,是民族社会寓治于教、以教敦俗、以教务治的重要载体和表征。

三、清水江流域少数民族宗祠的教育文化内涵

宗祠作为宗族中最重要的建筑物,是宗族政治、宗教、社会、教育和经济活动的中心,是整族整乡的集合表象和宗族教育文化因素集中体现的大本营。在中国传统社会,特别是中唐以后"明主治吏不治民""皇权不下乡"的基层社会治理环境下,作为以血缘为基础组成的宗族的象征物——宗祠便在社会教育、社会治理与秩序维系中,承载着尊祖敬宗,奉先思孝;个体启蒙,道德养成;耕读传家,修齐治平;地方知识,民族文化等丰富的教育文化内涵,充分发挥着对宗族成员的社会教化功能。

奉先思孝,尊祖敬宗。西方学者迈克尔·米德若夫等认为,"祖先崇拜通常在培养家系观念上起决定作用","通过祖先崇拜,家系将活着的人和死去的人联系在一个共同体中"。❶奉先思孝,尊祖敬宗是宗祠建立的出发点和归宿。在清水江流域的所有宗祠中以祭祀为主的各项活动及其宗祠的门榜、墙题、祠联、堂联、族谱、族规、堂序等无不淋漓尽致地体现和充斥着奉先思孝、尊祖敬宗的教育内涵,并通过这一文化传承场的作用,而为人们所谨记、坚守和践行。以"孝"为例,在流域天柱县的宗祠墙题中,就有渡马杨氏、白市杨氏、凤城袁氏、北岭乐氏、新舟吴氏、新坪陶氏等宗祠的大门两侧塑有"忠""孝"二字,社学桥联伍氏、岩古吴氏、桥联何氏等宗祠正面两侧下方塑有"忠信""孝悌"四字,兴坡潘氏宗祠内墙题有"忠、孝、廉、节"四字,高酿三寨罗氏宗祠门上有匾书"忠孝堂"等。在从堂序来看,天柱凤城《袁氏祠堂序》认为"族之有祠,以祀供祖先……国家有道,以孝治天下,士大夫家各建祠堂以妥先灵……一堂之上,子子孙孙,大苤馨香,阖族之中,济济跄跄,永世克孝"。天柱《乐寨八甲(杨氏)祠堂记》强调"考祠堂之建设,原为序昭序穆,启人子孝悌之恩,非祠堂无以为祭祀之所,非祭祠无以尽报本之心"。渡马龙盘陈氏宗祠《祠堂记》重申:

---

❶ 迈克尔·米特罗尔,雷因哈德·西德尔.欧洲家庭史[M].赵世玲,赵世瑜,周尚意,译.北京:华夏出版社,1987:11.

宗祠"上为祖宗灵爽式凭之所，下为后裔展厥孝思之地"，认为修建宗祠，便可"得天地之精英，钟人文之灵秀，后之登斯堂者，起敬起孝之心，有不油然而生之乎"。❶ 至于族规族谱、联题画屏，更是无处不凸显着对祖先的追思，对孝的恪守，让族人唤起共同的社会和历史记忆。而对于不忠不孝、有违礼道的言行，则为宗族所不容，并在宗祠被处以教育或被执行"家法"。总之，宗祠作为一族的文化与议事中心，是儒家奉先思孝、尊祖敬宗、报本返始观念得以全面展示和传承的场所，是使族人孝悌之心油然而生的精神殿堂。

个体启蒙，道德养成。社会学认为，从"生物人"到"社会人"必经由社会化这一过程。人只有通过社会化才得以内化社会价值标准、学习角色技能、适应社会生活，也只有通过社会化，社会知识和规范才能从一代人传到另一代人，社会化的实质即是社会文化的内化。宗祠是民俗文化的载体，是族人报本思源，实现族人群体聚合与社会结合的空间场所。在清水江流域传统社会，个体的社会化尤其是初始社会化几乎都是在宗祠内实现的。个体通过进入宗祠参加活动如祭祀、婚丧嫁娶、寿诞、功名、惩戒等，通过暗示、感染、模仿等初级文化传承方式进而获得记忆与认知，增强对家族历史和宗族的认同、对尊卑伦序和孝悌忠信伦理的理解、对长幼之序祖制祖礼的掌握及对贡献乡梓报效国家意识的养成。同时还特别强调族人在立人处世中的清白向上。白市杨氏宗祠正殿的神龛上横书的"清白堂"三字、垄处王氏宗祠牌楼塑的五棵大白菜、三门塘王氏宗祠正门上方顶部的五棵大白菜浮雕、下方砖匾两侧各塑的两棵大白菜浮雕均昭示着宗族的家风，告诫着子子孙孙们要清清白白做人、踏踏实实做事，以使"清白家声传万古，四知世第永流芳"，族人或路人每观于此，无不驻足深思，心生敬畏。

耕读传家，修齐治平。古代中国，由于在国家治理上是借助家族式的管理而达至的，因此在传统家族的教育文化中，"修齐治平"历来被作为最重要的内容，通过宗祠及其开办的学校灌输给族中子弟，以读书仕进，报效国家，光宗耀祖，德启后人。在清水江流域的宗祠文化中，耕读传家、修齐治平的教育内涵是其中耀眼的一笔，既体现着流域农耕民族以农为本的生计方式特征，又渗透着"万般皆下品，唯有读书高"的唯学唯仕的儒家精神。抑或流域宗祠中雕塑的"田土犁耕""文王访贤""屈原赋《离骚》""司马迁著《史记》""班超投笔从戎""岳母

---

❶ 李斌，等.民间记忆与历史传承——贵州天柱宗祠文化述论[M].成都：四川大学出版社，2014：133，157，136.

刺字""舒雅中状元"等祠画,或是"幼而学从此升堂入室,壮而行自当附凤攀龙(隆里状元祠)""忠孝友爱传家绳祖武,谨诗功书继世冀孙谋""赋梅宅第承传文明家声远,仁溥翰墨辈出英才族名扬(宋氏先祠)""读书气盖古今,出生志在天下(隆里董张合祠)"等祠联。再如,白市宋氏先祠中立存的清王朝赐予的"诰封碑"及一些宗祠中因功名而树立的石桅杆等,无不体现着儒家的思想理念。正是宗祠赋有的耕读传家、修齐治平教育价值及其在族人中的浸润,才有流域各地各族科举英才的辈出。其中不少人物又在科举入仕后,对家族具有的责任感和认同感,发展到对国家具有责任感和认同感,以修齐治平的情怀,政声朗朗,垂范后人。如流域黎平人何腾蛟中举致仕后,以廉明勤政爱民而著称,后更以精忠大节、舍生取义而闻名,其绝食而死后,桂王朱由榔赐祭九次,追赠中湘王,谥文烈,后清乾隆时,谥腾蛟"忠诚"。❶ 实际上,流域各宗祠除了祖先神灵外祭祀的其他祀主,均是人品高尚、德高望重、卓有建树、刚正不阿的人物,或是精忠报国、舍生取义的仁人志士,或是才高学富、技艺超群的才子俊彦,他们不仅是家族荣耀,也是社会推崇、国家需要的道德典范,更是耕读传家、修齐治平的践行者,对世人具有榜样的意义。

  地方知识,民族文化。虽然地方知识相对于普遍性知识而言具有局域性、差异性或唯一性等特征,但其为一地民众之先辈代代所积累、总结、定制并相沿至今,亦具内容的广泛性、形态的多样性、使用的群众性。清水江流域各民族的地方性知识与各民族的源流、历史、生存环境、物产资源、生计方式与社会习俗等密切相关,涉及民族社会生产生活的方方面面,而为民族社会代代所习传。流域各氏宗祠本身就是一种文化知识的物化现象,其建构技艺充分体现着流域各族各宗的历史文化、审美价值和民俗风情,因而在大小、规模、结构、装饰、功能等方面各不相同,而被作为非物质文化遗产获得保护性的传承,即是说,宗祠本身就是地方性知识的结合体而为族内所传承,族际所交流、借鉴。同时宗祠又是记忆、讲述祖先业绩以及因迁徙、生产生活等而形成的诸如粮食准备、饮食制作、护身抗暴、文化娱乐等知识的场所,也因宗祠的作用,有的地方性知识如酸食、腌菜、勾镰、月牙镗、侗戏等成了远近闻名的非物质文化遗产。清水江流域明中后期以来,一直为皇家采购木材的重点区域,林业营造知识、木材贸易规则、林

---

  ❶ 张中俞.浩气长存何腾蛟[M]//政协黔东南州委员会.黔东南人物(1368—1911·明清卷).昆明:云南民族出版社,2013:89-93.

地买卖及纠纷调处也多数于宗祠进行。于宗祠获得知识而致富后的一些族众，又发家不忘乡里，如天柱鲍塘乐章德在经营木材致富后，慷慨解囊，带领族众扩建了北岭镇乐氏宗祠，类似举动在流域为数不少。

在清水江流域，地方性知识与民族文化有两语同义之说。实际上，该流域是我国乃至世界的民族文化富矿区，被公认为是节的乐园、歌的世界、舞的海洋，宗祠本身即为民族文化的多元载体，是民族文化的集中点、展演地和传播中心，宗祠的祠规、仪式、活动及其附于其上的各种物化符号蕴含着精致丰富的民族文化内涵，表达着族众的政治、经济和社会声誉与地位的文化诉求，因而显得厚重和珍贵，在民族社会中具有深远的影响和价值。

四、清水江流域少数民族宗祠文化的时代变迁及其教育价值的当代诉求

不可否认，在中华人民共和国成立前，清水江流域苗侗等族宗祠作为家族教育的主要场所，是特定时期苗、侗等族教育族人最直接、最有效的方式，在民族社会教育中发挥了不可替代的重要作用，并对民族社会人才的培养产生了深远的影响。但是，作为传统意义上的宗祠文化，流域宗祠也同全国他地一样，并未按其本身的愿景向前发展，而是受到了剧烈的冲击，出现了传承的中断。冲击，表现为新文化运动时期对包括宗祠文化在内的自身传统文化冠以"阻碍个人发展""摧残个性""专制、保守和迷信"等的代名词的自我否定和对西方文化的一味崇尚，使宗祠文化的发展遇到了前所未有的挑战。中断，一是1949年后的土地改革时期，宗祠（包括祠产）被没收或征收，家族的依托中心渐以消失，宗祠文化近乎销声匿迹；二是"文革"时期，因被没收而被用作办公地点、学校、仓库、粮库或民居幸存下来的宗祠以及其中的排位、匾额、对联、雕刻、彩绘、牌楼、族谱、碑刻等大多被视为封建糟粕而被破坏。再以天柱县为例，今学者统计确认的该县104座宗祠中，按类型划分出其有完整型23座、破败可修葺型21座、遗址型44座、不详型16座❶。改革开放后，随着国家政治上的拨乱反正和经济建

---

❶ 李斌，等.民间记忆与历史传承——贵州天柱宗祠文化述论［M］.成都：四川大学出版社，2014：45-51.

设步伐的加快，传统文化愈益获得重视并逐渐上升到软实力的高度，宗祠文化于此背景下得到了民间的广泛重视，宗祠的修葺（建）、族谱的续（新）编、族规的重订及以祭祀为主的各种活动的开展，使宗祠文化在新的时期获得了新的发展际遇。

当然，宗祠文化作为传统社会遗留下来的产物，从社会转型和现代文明的视角来考量，一方面，随着社会的发展和进步，现在的宗族已不是传统意义上的宗族。或者说，传统宗族生存的土壤环境在现代社会正不断地衰退，使得当代的宗祠已不是完全意义上的传统宗族祭祖的场所和宗族的精神文化中心，迷信色彩逐渐褪色，仪式程序逐渐简化，宗法功能逐渐消失，已成为从神圣转向世俗的追思祖先的场所和村落的公共空间并存的状态；另一方面，伴随改革开放的深入，中华传统文化的传承模式也受到激荡，青年一代对新的生活方式的适应及其价值观念的选择，"长者为上、长者为尊"的"前喻文化"正在逐渐失去其权威，并在现代化、信息化的大潮中渐以让位于"后喻文化"，而"后喻文化"中的宗族观念的淡薄使得宗祠文化的传承基础在不断动摇。此外，宗祠文化中由古而来即有的封建糟粕，如忽视人权、男尊女卑、宗族唯上等对其自身在当代社会的传承、发展也有着较大的影响。

但是，作为流域苗、侗等族儿女的精神寄托，在历史风雨中屹立延续了数百年的宗祠文化，能够应变、自变地生存下来，自有其内在的合理性。宗祠报本思源、敬宗收族的原发性价值自不必说，其作为传统社会基层单元——宗族的精神中心，实际上起着凝聚族人、长幼有序，撰谱立规、宗族收心，教育族众、励志成才，维护秩序、化解冲突，传承文化、敦风正俗等多方面的推动作用，对于当代社会的进步与发展也有着积极的借鉴价值。还有，改革开放以来的以经济建设为中心的实践及市场经济的导引而带来的价值目标的单一，使得人们在获得物质利益的同时，也在反思着信仰的"失缺"和精神的"失根"，在把目光投向"祖先"而走向"寻根"之旅，重温"家风家范""宗族宗祠""奉先思孝"，这是宗祠文化在当今社会依然具有其存在的价值和发展的空间的缘由所在，也是当下其教育功能得以体现和发挥的逻辑使然。

基于上述的讨论分析，笔者认为，宗祠的教育价值及其实践视野应随时代的发展而应作自觉的自我调适和革新，即在继承的基础上突破宗族的樊篱而具有社会的视野和"家国同构"的情怀，并在与时俱进的现代征程中，立足当代人的精神诉求，体现时代发展的脉搏，在促进人的全面发展、民族社会的和谐进步，以及传统文化的时代回归等方面多途并举，实现价值。

第一，追思仰古、道德养成的教育高地。传统文化是中华民族在社会历史的长河中凝练的民族价值观念的浓缩物，失去它就会失去调节冲突的机制，面临文化"断裂"的困境。虽然，当下宗祠的修复、重建或新建已深深地映入了时代的社会价值观念，但作为珍贵的文物建筑或一族的精神中心，其承载的诸多历史、人文、科学、艺术、建筑、民俗等方面的信息，其延续的"忠、信、孝、悌、礼、义、廉、耻"为中心的中国传统伦理道德元素以及在青少年中注重"圣人""君子"的培养的传统，无疑是一族民众特别是青少年追根思源、思孝仰祖、志向树立、伦理养成的教育高地，而在诸多家祠中因时而定的《新族规》《新家训》等所蕴含的内容，如天柱远口吴氏宗祠即订有勤耕、节用、苦读、择交、率教、戒贪、戒斗、戒宴游、审言行等《家规新十条》，对于族众在我国和谐社会、法治社会建设中遵纪守法、明礼诚信、团结友善、勤俭自强、敬业奉献的素质塑造与提高有着必然的影响。

第二，亲情凝聚的精神中心，团结合作的教育平台。毋庸置疑，源远流长的宗祠文化由古而今，其特有的价值与功能仍然存续着，宗祠仍是现代社会人们于此找到自己祖宗之根、血脉之源并实现亲情凝聚、族群认同的精神中心，是获得乡情，追思乡绪和感怀乡音的精神高地。不仅如此，在民族共同发展繁荣的时代，各民族在全面建设小康社会的进程中，相互学习、交流、借鉴愈益频繁，区域化协同发展的步伐正在加快。在此背景下，村与村、寨与寨、族与族甚至基层政府间的诸多活动如节日举办、协议签署、规划商议、治安联防等多在宗祠或以宗祠为中心地进行，彰显了宗祠聚合、联谊的教育价值。于此方面有必要提及的是，在清水江流域的剑河县洞脚侗寨的唯一宗祠以寨为名，九姓宗族的祖先按议定惯制共奉于宗祠内。近十年来，一年一度在祠内举行的"九姓共祠祭祖"活动，不仅加强了宗族里的内部凝聚、宗族间的外部和谐，使村寨成了多姓和谐相处、团结互助发展的大家园，而且这一祭祖活动发展成了远近闻名的村寨民族文化展示与交流的节日。

第三，爱乡爱国的教育基地。在中国，家国一体、家国同构，积淀和体现了中华儿女最深层的精神追求，"家"是国之基础，"国"是家的集成，家国历来密不可分已是中国人所代代践行的家国理念。"家"与"国"的特殊关系，也使得清水江流域宗祠文化的价值超越了宗族层面而具有了国家意义。在清水江流域的各姓各宗中，乡土的养育、家风的儒化，从古到今，都将为民报国的仁人志士、儒士贤达因学识、因教育、因政声、因军功、因气节等而于族谱中所记录、于宗祠中所祀奉，成为族人砥砺志向、获取营养和力量的教育资源，于谱中阅读、于祠中思视，爱乡爱国之情自必油然而生，报国为民之志自必愤然而起。因此，现清水江流域的一些地方不时在宗祠开展着爱乡爱国的教育活动。1991年7月5日，凯里市人民政府就将建于民国初年，在民国时期为凯里党小组负责人李光庭、李长青等组织研究和开展革命活动的主要地点的李家祠堂明确为县（市）级文物保护单位，并建成为凯里党小组革命活动陈列室，用作革命历史宣传。2011年6月，中共凯里市委、市人民政府又将之命名为州爱国主义教育基地。❶再如，抗日战争时期，三穗县共有5177人从军杀敌。其中，滚马乡下德明村从军的国民革命军陆军第13师下士吴瑞于1937年9月14日孤灯下写了《禀父书》《致兄书》《与妻书》三封抗日绝命家书，表达了"要与日寇拼命到底""倭寇不灭不生还"的决心。10月16日，吴瑞在上海嘉定广福与敌人血战，壮烈殉国。2015年8月28日三穗县人们政府在吴氏祠堂内建立了"抗日烈士吴瑞三封绝命家书纪念碑"并举行揭碑仪式，使吴氏祠堂成了一方进行爱国主义教育的基地。❷

第四，民族文化的展示与传习中心。宗祠文化是中华传统文化的重要组成部分，宗祠集中了诸如建筑、祠联、堂号、堂联等物态文化，族人长期在宗祠活动中形成生活情趣、思维方式、价值观念等精神文化，族谱、族规、祖训、家法、管理等制度文化，以及族风、族俗、祭祀仪式等行为文化，本身就是一个文化展示的结合体。同时，在清水江流域，侗戏的表演、古歌的传唱、民族传统体育的传授及刺绣、蜡染、木构、金属饰品等技艺的传承也多在宗祠交流、传授，有的宗祠还收集了代表本宗族历史文化的物品、作品集中保存，一些乡村之间文艺交流的节目排练，传统音乐、歌舞的比赛多在宗祠举行。宗祠事实上已成了一些地方展示与传习民族文化的中心，成了传播先进文化的主阵地和基层农村群众精神文化生活的大舞台。

---

❶ 宋尧平.黔东南日报社干部职工走进凯里市李家祠堂开展教育实践活动［N/OL］.黔东南新闻网，2014-05-22.www.qdnrbs.cn/qzlxsjhd/51313.htm.
❷ 耿秀福，张美美.我县举行抗日战争胜利70周年纪念活动暨抗日英雄吴瑞三封绝命家书揭碑仪式［N/OL］.今日三穗，2015-09-01.www.gzss.gov.cn/info/20064/232133.htm.

※从《创建蔚文书院官绅士民捐输碑》看清代清水江流域的书院教育*

明清以来的清水江两岸,碑刻林立,民众但凡善举,均需刊刻一方碑铭,立于村头寨尾,以示褒奖。2011 年 7 月,笔者一行在剑河县南加镇柳基村柳基小学操场内墙处,发现有近 20 通碑铭,内容涉及铺路修桥、建立场市、重建署衙、宗教信仰等,其中一组书院教育类碑铭,尤值瞩目,由《创建蔚文》(左)、《书院官绅士》(中)、《民捐输碑》(右)三通组成,但因后人挪动重立时错置,致其排列顺序有误,细辨其内容,实为《创建蔚文书院官绅士民捐输碑》。三通碑额共 13 颗篆字,每字长 15 厘米,宽 10 厘米,碑文竖排,由右至左楷书阴刻。《创建蔚文》,其右上角切顶斜角半方形或半菱首形,其高、宽、厚分别为 186 厘米、86 厘米、9 厘米,碑文 39 行;《书院官绅士》呈方形,其高、宽、厚分别为 186 厘米、91 厘米、10 厘米,碑文 44 行;《民捐输碑》呈菱首形,其高、宽、厚分别为 185 厘米、81 厘米、8 厘米,碑文内容因是人名,排列顺序由右往左、由上往下排定。碑的结尾处为刊碑时间,刻有"大清道光十八年岁次戊戌小阳月谷旦"字样。《创建蔚文》刊刻了"创建蔚文书院义学序""春谷父师具禀各宪文""工竣遵批造册详立案文"及"议定延师考课一切章程"20 条中的前 17 条,《书院官绅士》刊刻了"议定延师考课一切章程"中的后 3 条及"官绅民苗捐田捐银姓名数目"等信息,《民捐输碑》记录着捐银、捐田者的姓名、数目,以及前任"劝捐修补义学银两、姓名、数目"。❶这三通碑内容极为丰富,对研究清代清水江地区的书院办学情形有重要的史料价值。

---

* 本文发表于《原生态民族文化学刊》2016 年第 3 期,作者为课题组成员、凯里学院教授李斌,副教授吴才茂、王健。

❶ 《创建蔚文书院官绅士民捐输碑》由三通碑组成,碑刻文字近 6000 字,限于篇幅,本文除注明引文外,其余均引自该文,以下引文不再一一标明,特此说明。该碑现立于剑河县南加镇柳基小学院内。

众所周知，书院在中国教育史上拥有极为重要的地位，由唐代创办迄于清末，历经千余年，对中国传统社会产生了深远影响。清水江地区的书院教育，发轫于明，兴盛于清，然其具体运行情况，仍需进一步探明。本文即以蔚文书院为个案，着重就书院的兴办原因、人事管理、教学运行、经费筹措等方面进行分析，以期能进一步细化和丰富清水江地区的教育研究，弥补此前研究的不足之处。

一、蔚文书院之创办

蔚文书院的创办，与清雍正朝之改土归流密切相关，可以说是雍正与乾隆经营苗疆腹地的重要策略之一。正是在中央王朝极力推行教化的背景下，地方各级官员亦不遗余力，努力在苗疆腹地推行王化教育。在此过程中，剑河地方士绅民苗，也开始积极参与，捐资出力，创办了蔚文书院。

（一）"改土归流"是书院创办的前提条件

剑河地处苗疆腹地，历来被视为"化外之区""蛮荒之地"，直到清雍正年间才以武力实行"改土归流"。雍正七年（1729年）六月，巡抚张广泗"讨清江叛苗，平之"。十一月，清江苗"复叛，官军讨之"，再克公鹅寨，"清江诸苗寨悉平"。雍正八年（1830年），设清江厅❶，隶贵州镇远府，剑河正式被纳入清王朝直接控制之范围。❷柳霁地处清水江边，距清江厅"九十里，水陆一百五十里，半日可到"❸。相关文献详细记载了柳霁分县设置情况。例如，《创建蔚文书院官绅士民捐输碑》就刊载了相关信息："柳霁辟自雍正间，迄今百有余年。"据《贵州通志》载，乾隆元年（1736年），贵州镇远府天柱县设县丞，驻柳霁。《黔南识略》记载，天柱县丞分驻柳霁，系厅地。《黔南职方纪略》记载："其柳霁县丞虽归清江厅管辖，实为天柱县地也。"《清江志》记载："柳霁地系新辟，民苗杂

---

❶ 今剑河县柳川镇，柳川原为剑河县治所在地，2003年因三板溪水电站建设搬迁至原台江县革东镇。
❷ 雍正年间，清政府在"苗疆腹地"进行改土归流，设置"苗疆六厅"，除清江厅外，还有八寨厅（今丹寨县）、丹江厅（今雷山县）、都江厅（今三都县）、古州厅（今榕江县）、台拱厅（今台江县）。参见刘显世，谷正伦修、任可澄，杨恩元纂.（民国）贵州通志·前事志[M].贵阳：贵州人民出版社，1988：27-30.
❸ 胡章.乾隆清江志[M].成都：巴蜀书社，2006.

处，一切口角细故营员例不管理，乃拨天柱县丞分驻。"

清政府在雍正年间武力平定苗疆后，及时调整统治策略。一方面，随着清水江流域社会秩序的恢复，"三帮""五勷"❶商人溯江而上，并且在乾隆年间就已形成市场——永隆场，柳霁地区以木材贸易为主的贸易日趋繁荣❷；乾隆年间，伴随木材贸易而来的就有不少福建、江西籍商人来到柳霁地区，为修建永兴桥而捐资。《永兴桥碑》记载了外省商人的捐资信息，福建汀州府吴圣元助银一两一钱、江西曾学章同妻吴氏银一两、福建包德臣三钱、江西鲁瑞云三钱，江西傅周南三钱。❸另一方面，政府大力倡导教育，认为"书院之设"，可以"广教化而美风俗"❹。故采取创办书院、设立义学等方式，通过文化传播与交流的方式以达到王化与教化之目的，从而维护和巩固其"长治久安"。

（二）各级政府的大力倡导是书院创建的根本保证

清代在对待书院的政策上是有变化的，清初立国未稳，为防止士民以聚众结社，讽议朝政，"不许别创书院，群聚党徒"❺，同时颁布《训士卧碑文》予以钳制。康熙朝之后，清朝在全国统治地位逐渐巩固，社会秩序渐次稳定，书院也渐次复兴。雍正朝认识到"读书应举之人，亦颇能屏去浮嚣奔竞之习"，又"建立书院，择一省文行兼优之士读书其中，使之朝夕讲诵，整躬励行，有所成就，俾远近士子观感奋发，亦兴贤育才之一道也"。遂大力发展书院，因"书院之制，所以导进士子，广学校所不及"❻。故在雍正十一年（1733年），谕令各省督抚在省会设立书院，并拨给帑金，以资膏火。当时礼部议奏，省会书院"皆遵旨赐帑银一千两，岁取租息，赡给师生膏火"，"其余各省府州县书院，或绅士出资创立，或地方官拨公帑经理，俱申报该管官查核"。❼

在中国传统社会中，地方官员承担有教化的责任，创办书院、教化民众也

---

❶ 目前所见各种文献对"三帮""五勷"的具体记载不尽相同，具体可参见李斌.化外与王化：明清以降清水江流域的宗族与苗疆社会研究[D].厦门：厦门大学，2014：72—73.
❷ 《永隆场碑记》（乾隆三十五年），碑现立于剑河县南加镇柳基小学院内。
❸ 《永兴桥碑》（乾隆三十年），碑现立于剑河县南加镇柳基小学院内。
❹ 胡章.乾隆清江志[M].成都：巴蜀书社，2006.
❺ 陈梦雷.古今图书集成·经济汇编·选举志[M].上海：中华书局，1934.
❻ 素尔讷，等纂修.钦定学政全书校注[M].霍有明，郭海文，校注.武汉：武汉大学出版社，2009.
❼ 参见《钦定大清会典事例》卷395《礼部·学校·各省书院》，"雍正十一年谕"，清嘉庆二十五年刻本。

就成为地方官员履职的一项重要任务。地方官员"为垂久之计",直接参与书院的创办,"倡捐廉银,传集地方绅士,劝令捐输,各绅士俱能踊跃急公",把创办书院看作是"非常之事"。具体到柳霁,地方官员亲自参与、过问蔚文书院的日常管理和教学活动,从"延请山长"到"甄别生童",从生童官课的"点名给卷"到查阅"课堂文卷",从选择义学蒙师到"查核抽背",均一一过问,甚至过目"蒙童所读之书、所习之字"。碑文详细记载这一情况,具体而言有如下几条:一是"延请山长由县主选择,商同首士聘请,以免徇私";二是"每年二月由县主择吉甄别生童,送入书院肄业,以昭慎重";三是"官课,每月初八日生童自备食物,于黎明时听候县主亲赴书院点名给卷,封门发题,二更前交卷,违者不录,以昭程序";四是"课堂文卷,经山长改正,交首士呈送县主查阅,具(再)给诸生,以效(较)优劣";五是"义学蒙师由县主选择,非在庠及素行持重者不请,以杜冒滥";六是"蒙童每月朔望将逐日所读之书、所习之字,亲赍县主衙门听候查核抽背,以警勤惰"。另外,"书院义学恐有漏坏必需修理",亦需要"禀明县主筹款办理"。于此情形,《清江志》也这样写道:"(县主)政事稍暇,即时临其处,招诸生面命耳提,会课文必亲为校阅。"据碑文记载:柳霁县丞和署理柳霁县丞均有捐款记录,"官特授贵州镇远府天柱县分驻柳霁理苗县加三级记录二十次金官印台捐银","署贵州镇远府署天柱县分驻柳霁理苗县加三级记录二十次鲁官印经芳捐银二十两",可以说,正是地方官员的积极倡导、参与捐资活动,以及亲自督学,才是蔚文书院得以创办与发展的重要原因。

(三)士绅民苗广泛参与是书院创办的促进因素

据碑文统计,捐款的地方除柳霁城之外,还包括土司村寨及附近的苗寨,这说明创办书院是地方社会共同作用的结果。如柳旁司曾福声捐银十两,汪台众寨等纷纷捐款,汪台寨有王、杨、潘、夏、涂、龙、宁、甘、陈、伍等十余姓氏共24人捐银48.1两。一些地方社会组织如会馆也参与捐资助学活动。如福建天后宫捐石碑一块,义仓捐息谷一百石,变价银160两。一些商铺也加入了捐银的行列,如庆顺店捐银二两、兴顺店捐银五钱。据碑文记载,在倡捐的化首中,绝大多数是有功名的知识分子:有贡生2人、监生4人、廪生3人、生员5人、武生1人、耆民1人等,共计16人。三块碑文中,在创建蔚文书院的过程中，除部分碑文残缺无法辨认外，尚有能辨识的捐银捐田者共计280人，有功名的地方知识分子35人，其中贡生6人，监生8人，廪生4人，生员11人，武生3人，文童2人，武童1人。为教育族属子弟，扩大家族在地方社会的影响力，清水江流域许多家族对教育相当重视。❶柳霁书院的筹建也得益于清水江流域柳霁及其附近的村寨，也包括一些世家大族，如柳霁的吴氏，在捐资助学中仅有功名的就有12人，其中贡生有吴化鹏、吴昌言、吴昌文、吴昌荣4人，监生有吴昌璧、吴昌宗、吴昌耀3人，廪生有吴昌珏、吴口兴2人，生员吴昌基、吴东山、吴集醇3人。❷另外，碑刻还记载了"前署唐父劝捐修补义学银两姓名数目"，共计104人，其中生员4人，监生2人，国学1人，武庠1人，其他民众96人。如此之多的捐款，这在经济落后、开发很晚的清水江流域"苗疆腹地"是极为罕见的。

二、蔚文书院的教学与管理

（一）书院的创建与规制

蔚文书院从道光十八年（1838年）"鸠匠兴工"到"工竣"，历时半年。据碑文记载，"建造书院义学以及文昌阁，于道光十八年三月十六日兴工，兹于九月二十六日工竣，共享遏工料及买田改基银一千八百三十八两四钱"。在修建过程中，为确保工程质量，众多有功名的士绅参与其间，"选公正勤慎之贡生吴化鹏、吴昌言，廪生罗瀛、吴昌珏、鲍世昌，生员甘仕清、吴东山、李暄、杨厚培、许廷相，监生鲍有科、杨政新、吴昌璧、姚锺湘，武生李先培，耆民欧阳仁修随同卑职监工办理"。正是这些地方知识精英的殚精竭虑，才建造出规模宏广的书院。蔚文书院建成后，有29间，"基局宏厂，栋宇辉煌，台榭池阁尤为布

---

❶ 有关清代清水江流域村落的兴学活动，可参见蔡敏，李斌.清代清水江流域村落的兴学活动——以天柱地坌为中心[J].贵州大学学报，2015（1）：78-82.

❷ （乾隆）《清江志·卷七·选举志》只记载了剑河县的举人，清朝共有举人5名，其中文举人1名，武举人4名。《剑河县志》（贵州人民出版社1994年版）也记载清代有功名的人数，清乾隆年间中举人1名，生员2名，贡生1名；道光年间，贡生3名，廪生3名，监生2名，生员5名，武秀才1名；同治年间，廪生1名，监生1名；光绪年间，生员4名，武秀才2名。

置",成为"邑中一大观,有令人徘徊留之不忍去也"。书院之内还有文昌阁 1 所,义学 5 间。

蔚文书院也经历了被毁与重建的过程,在咸丰十年(1860 年)因"苗乱"被毁。同治年间,县丞杜嘉荣、萧辅臣率同汪泽堡廪生鲍汝滨、监生吴必诚、绅耆李航海先后修葺,规复书院 5 间,厢房、过厅共 9 间、头门 3 间。经营数年,始复旧观❶。

(二)蔚文书院的教学与管理

教学与管理是书院的职责所在,能否正常有序运转事关书院的存废,制定并遵循一套严格的管理规章制度是不可或缺的,章程也就是书院教学与管理的根本保障。蔚文书院如何运行呢?蔚文书院制定了"延师考课章程",共 20 条,涉及教学管理、人员聘用、经费开支等一系列规章制度。为示说明,兹摘抄如下。

议定延师考课一切章程

一议延请山长,每年束修净谷六十京石,薪水净谷二十五京石。均□□□□□□□□□□□□□合计京石分用。

一议延请山长,由县主选择,商同首士聘请,以免徇私。

一议每年二月由县主择吉甄别生童,送入书院肄业,以昭慎重。

一议生员,正课三名,每名给膏火净谷八斗,副课六名,每名给膏火净谷四斗,以示鼓励。

一议童生,正课二名,每名给膏火净谷四斗,副课四名,每名给膏火净谷二斗,以示鼓励。

一议逢科场年分(份),停七八九三个月膏火谷石以作宾兴,按应试名数派给各士子,务于六月二十五日集齐书院,报名承领,不得请人代替。至远出肄业者,着首士查实列名具报。如有领而不去,查出追缴,以端士习。

一议官课,每月初八日生童自备食物,于黎明时听候县主亲赴书院点名给卷,封门发题,二更前交卷,违者不录,以昭程序。

一议官课领卷不交者,下次黜名,不准应课,以谨偷安。

---

❶ 镇远县地方志编纂委员会. 镇远府志[M]. 郑州:中州古籍出版社,1996.

——议课堂文卷，经山长改正，交首士呈送县主查阅，具（再）给诸生，以效（较）优劣。

——议山长每月逢一日课文，逢三日讲书，逢五日擎笺背书，逢七日课诗，逢十日课字，以杜因循。

——议生童各具课程竹本，开列早晚功课，于清晨呈送山长查看，以严旷废。

——议生童准十日给假一次，不得擅自出入，亦不许招留闲杂人等歇宿滋事，违者逐出。

——议义学蒙师由县主选择，非在庠及素行持重者不请，以杜冒滥。

——议延请义学蒙师，每年束修净谷二十五京石，聘请、赞敬、节敬以净谷五京石变价分用。

——议义学蒙师每年务于正月中旬开学，十二月中旬解馆，如有旷废及旬日不归馆者，照扣馆谷，即辞退，另行择请。

——议蒙童每月朔望将逐日所读之书、所习之字，亲赍县主衙门听候查核抽背，以警勤惰。

——议设立首士六名，互相监理，延师考课及发□□谷一切事件。如至年老，或因发达辞退者，众绅耆再公举诚实之士接充。首士办事费用，准其开账报销，不得浮滥。

——议管役住居头门，登记出入门簿，管理一切仓廒墙垣及什物□□□。

——议书院义学恐有漏坏必需修理，禀明县主筹款办理。

——议书院义学田产房屋有无侵占坍塌损坏，首土随时具报，以备查□□□。

通过"延师考课章程"可知，蔚文书院的管理队伍包括山长、工勤人员及首士。山长是历代对书院讲学者的称谓，最早源于唐和五代，清乾隆时曾一度改称院长，清末仍叫山长。山长是书院的核心人物，既要负责书院的组织管理工作，又要教书育人，故山长的选择至关重要。为惩其弊端，蔚文书院山长的选聘由官方决定，并同首士协商。山长的待遇："每年束修净谷六十京石，薪水净谷二十五京石。"山长的职责主要有：生员的"课堂文卷，经山长改正，交首士呈送县主查阅，具（再）给诸生，以较优劣"；"山长每月逢一日课文，逢三日讲书，逢五日擎笺背书，逢七日课诗，逢十日课字，以杜因循"。工勤人员也是书院管理中的重要一环，管役"住居头门"，其职责是"登记出入门簿，管理一切仓廒墙垣及什物"等。首士一般由士绅经理或由诸生中公举殷实公正生童轮流充当，蔚文书院设首士6名，并且规定了首士的责权利，首士负责书院中"延师考课"等一切事件。同时，建立了首士退出机制，"如至年老，或因发达辞退者，众绅耆再公举诚实之士接充"。首士对书院的田产、房屋有无被侵占或损坏，有义务需要随时禀报，以备查考。

1. 教师的选聘

蔚文书院对义学蒙师的选聘方式、选聘标准以及蒙师待遇等均有严格规定，首先，"义学蒙师由县主选择，非在庠及素行持重者不请，以杜冒滥"；而蒙师的待遇为"每年束修净谷二十五京石，聘请、贽敬、节敬以净谷五京石变价分用"。此外，还规定了义学蒙师每年在校的上班时间，"务于正月中旬开学，十二月中旬解馆，如有旷废及旬日不归馆者，照扣馆谷，即辞退，另行择请"。

2. 书院的考核有岁试和科试

岁试为学政考校生员的主要考试，凡府州县学的廪、增、附生皆须应考，并且规定："各别其文之等第，以赏罚而劝惩之。"❶岁试三年一次，因全学生员皆须应试，所以定例甚严。有无故临场不到，即行黜革的处分。如因游学、患病，告假未归者，也须限期补考。科试为录送乡试的资格，其目的主要是为乡试选取成绩优秀的生员，凡生员之将应乡试者与考。凡生员科试列一、二等与三等前五名或十名者，准送乡试。清制学校的月课、季考规定很严，以督促检查学生的学业。顺治年间，上谕要求"各学教官，月加课程，不得旷废。亦不得假借督课凌虐诸生"。雍正五年（1727年）规定："嗣后令教官按月月课，四季季考生员。除丁忧、患病、游学、有事故外，照定例严加考试。如有托故不到者，即严加惩治。三次不到者，详革。"雍正十三年（1735年），清政府颁布《讲习律例》定为考核之法，"对各学教官，于详报月课、季考文内，将所讲律例何条、其听受者何人，逐一声明"。乾隆元年（1736年）进一步规定，凡月课、季考，生员有托故三次不到者，严传戒饬，"其有并无事故终年不到者，详请斥革"，自此遂成定制。书院考课的方式分为官课与师课两种，府州县学的官课由地方官命题并主持，一般每月一次；师课由院长（山长）命题并主持，每月二次。所以，师生的教学情况要受地方官府的查核。蔚文书院对官课的时间有严格规定，而且是县

---

❶ 参见《清会典》卷32《礼部·仪制清吏司六》。顺治九年（1652年），定岁试有六等黜陟法，考优者补廪、补增，考劣者停廪、降等，附降青衣，青衣发社学，乃至黜退为民。

主亲自到场,官课具体为:"每月初八日生童自备食物,于黎明时听候县主亲赴书院点名给卷,封门发题,二更前交卷,违者不录,以昭程序。"

3. 生童的选拔与管理

清代书院的肄业生分生、童二等,已入学者为生员,未入学者为童生。生员皆有月廪,其后增广名额,食廪者为廪膳生员,简称廪生,增广者为增广生员,简称增生。廪、增各有定额,凡新取进的童生只能为附学生员,简称附生。生源素质的好坏直接关系到教学效果,因此需要对生童的选拔和数量有严格控制。蔚文书院共选拔15名生童并提供津贴,以维持生计,使其潜心学业,具体而言,"生员正课三名,每名给膏火净谷八斗,副课六名,每名给膏火净谷四斗,以示鼓励"。"童生正课二名,每名给膏火净谷四斗,副课四名,每名给膏火净谷二斗,以示鼓励"。书院规定了学生的假期,即"生童准十日给假一次,不得擅自出入,亦不许招留闲杂人等歇宿滋事,违者逐出"。

三、蔚文书院的时代影响

蔚文书院的兴办,在教学、管理、考试、人员选聘、经费开支等方面加强管理,促进了清水江流域苗侗民族教育的发展和民族间的融合。正是蔚文书院创建后,"从此延师考课,陶铸群英,掇巍科连甲第,可为地方翘望",造就了大批可用之才,使得清水江流域柳霁一带,"庶几自孩提以至成材,均各有所造","近来文教日兴,应试游庠者颇多,蒙童姿质可造,及苗民向学者亦复不少"❶。可以说,柳霁书院就是清代清水江流域书院教育的一个缩影,从书院这些细致的规定中,我们不难想见,为了在中国西南边疆的苗疆腹地推行"王化"策略,到处都留下了他们办学的忙碌身影,正是教育事业的不断推进与普及,使清水江流域的少数民族逐渐融入中华民族的大家庭,以致到了清代末年,清水江流域开始出现了科考状元,一大批受教育的少数民族子弟,肩负起了争取国家民主、独立、自由责任。这些现象的出现,与清水江流域书院教育的兴起及其后形成的教育传统,有着极为密切的联系。

---

❶ 《创建蔚文书院官绅士民捐输碑》,碑现立于剑河县南加镇柳基小学院内。

※清代清水江流域土司宗族的兴学活动与社会变迁

——以锦屏亮司龙氏土司为中心*

明清时期，在地方建制、汉族大量迁入、教育兴起而儒家文化强势进入的背景下，清水江流域不少苗侗村寨也十分重视办学兴学，重视培养民族子弟，亮司即为其中的村寨之一。亮司，也叫亮寨或亮寨司，是清水江支流亮江河畔的一个美丽村寨，位于锦屏县东南部亮江左岸，距敦寨镇镇政府驻地4千米，东隔亮江与平江村相望，南隔亮江与黎平县高屯镇相望并与三合村接壤，西界龙池村和者屯村，北邻笋屯村。亮司所处地形为低山丘陵盆坝区，地势平缓，起伏不大，开阔平坦，河谷与盆坝相互交错，是锦屏县的主要粮食产区，也是木材、油茶、菜油的重要产地。与湖南毗邻，是黎平府通往湖广地区和镇远府的要道。亮江，又名亮水，是清水江的一条主要支流，源于黎平县茅贡乡，从村东向西北，绕村而流，于锦屏县三江镇亮江村汇入清水江。亮司的地理、经济和交通条件，注定其开发要比锦屏其他地区开发早。唐天宝年间（742—756年），在亮司地方设羁縻亮州，属黔州都督府；元至元二十年（1283年）设亮寨军民长官司，隶属湖广行省思州安抚司；元至治二年（1322年）改置亮寨蛮夷军民长官司；明洪武三年（1370年）正月，设亮寨蛮夷长官司，属湖广辰州卫；永乐元年（1403年）

---

* 本文发表于《贵州大学学报》（社会科学版）2015年第5期，作者为课题组成员、凯里学院李斌教授。

正月，改属贵州卫。❶《元史·地理志六·湖广行省·思州军民安抚司》条也有相关记载。❷

一、龙氏土司宗族的兴学背景

1. 龙氏移民及其土司承继

龙氏入黔始祖龙政忠因"征讨有功"，被封为长官司，并且世袭亮寨长官司正长官之职。据《龙氏族谱》记载："元末沸腾，边方有事"，龙政忠"乃率众入黔，与新化欧阳诸司先人分域而治，守亮寨，号集附近诸寨民，晓以大义，诸寨翕然从之，由是外攘寇盗，内勤耕耨，境赖以安会"。至洪武改元，龙政忠又"率众内属，（洪武）三年奉有建置潭溪各长官司之旨，于是偕众长官入朝，天子嘉之，谕归镇抚所属。（洪武）四年，苗寇白岩塘据险负固，随营征讨，剿平之。进攻铜关铁寨等处，又剿平之。论功勅封承直郎、世袭亮寨长官司正长官之职，颁给铜印一颗，诰命二轴"❸。亮寨长官司由此而来，龙氏"遂家于此"。另据《迪光录·长官司图册式》记载：从明洪武四年（1371年）至清同治三年（1864年）近500年的时间里，一世祖龙政忠到二十世龙家谟先后有23位龙氏族人担任正长官司一职。亮寨长官司最强盛时曾管辖的范围有40余寨，"其所部属诸寨皆自血战得之"❹，后陆续有10寨被废。到乾隆年间，除本司外，还管辖22寨，具体包括司内、中首、程寨、塞界、平江、地步、萝担、龙池、架寨、笋寨、浪满赖三寨、敦寨、芹荡、芹田、頯寨、捧寨、半溪、竹山坪、平捧、迎亮、九男、者寨、苗□等22寨，共1298户5618口❺。至道光二十七年（1847年）修撰族谱时，宣称

---

❶ 据《锦屏县志》（贵州人民出版社1995年版，第48页）记载："元至元二十年（1283年）设八万亮寨军民长官司，隶属湖广行省思州安抚司，元至治二年（1322年）改置亮寨长官司。"此记载有误，据罗康智等《明史·贵州地理志考释》（贵州人民出版社2008年版，第185页）考证，应为亮寨军民蛮夷长官司。

❷ 宋濂，等.元史[M].北京：中华书局，1976：1547.

❸ 参见《政忠公传》，锦屏（同治）《本支家乘迪光录》卷二《传》。笔者收集到的亮司龙氏族谱有两个版本，分别是道光二十二年（1842年）刻本和同治三年（1864年）刻本（嗣孙龙绍讷修），每个版本的扉页均有《本支家乘迪光录》字样。

❹ 参见锦屏（同治）《本支家乘迪光录》卷二《管辖》。

❺ 亮司龙氏土司管辖范围大致相对于今天锦屏县敦寨镇的管辖范围，具体村寨名称略有变化，详见锦屏（同治）《本支家乘迪光录》卷二《户口》。

其族"历明至今封荫不绝,烟火不下千余人丁,将及万数,洵巨族也"❶。

2. 清王朝及地方政府助推族学的开办

清代奉行以宗族制度推行孝治的政策,族学是宗族制度的内容之一,得到清初皇帝的大力提倡。顺治九年(1652年),"每乡置社学一区,择其文义通晓、行宜谨厚者,补充社师。免其差役,给以廪饩养赡"❷。至康熙初颁布《圣谕十六条》,即"敦孝悌以重人伦,笃宗族以昭雍睦,和乡党以息争讼,重农桑以足衣食,尚节俭以惜财用,隆学校以端士习,黜异端以崇正学,讲法律以儆愚顽,明礼让以厚风俗,务本业以定民志,训子弟以禁非为,息诬告以全善良,诫匿逃以免株连,完钱粮以省催科,联保甲以弭盗贼,解仇忿以重身命"。雍正帝继位之初,又对《圣谕十六条》逐条进行解释,名曰《圣谕广训》,于雍正二年(1724年)二月颁行全国。雍正的解释使十六条更加明细和易懂,黎民百姓几乎家喻户晓,其措施之一便是:"立家庙以荐蒸尝,设家塾以课子弟,置义田以赡贫乏,修族谱以联疏远。"把设立家塾作为与立祠堂、置义田、修族谱同等重要的位置,如此重视族学是前所未有的,充分体现了清朝"以孝治天下"的文化追求。

就国家层面而言,开科取士是清政府对少数民族地区加强内聚力的一个重要举措。《龙氏迪光录》收录了清朝从顺治到康熙朝不同时期颁布的相关政策,具体而言,有如下三方面:一是要求土司应袭者入学。如顺治十六年(1659年)云贵总督赵廷臣上《广教化疏》曰:"今后土官应袭年十三以上者,令入学习礼,由儒学起送承袭。其族属子弟愿入学者,听补科贡,与汉民一体仕进,使明知礼义之为利,则儒教日兴,而悍俗渐变矣。"二是要求土司的族人子弟也应入学。如康熙二十二年(1683年),"题准贵州土官族属子弟及土人应试,附于贵阳等府,三年一次,定额取进,其土司无用流官之例,考取土生不准科举及补廪出贡"。又如康熙四十三年(1704年),贵州巡抚于准上《苗民久入版图请开苗民上进之途疏》,提出"应将土司族属人等并选苗民之俊秀者使之入学肄业,一体科举、一体廪贡,以观上国威仪,俾其渐摩礼教,熏陶性情,变化其丑类,彰我朝一统车书之盛,则此进取之法,必须酌定规制,令各府州县置立宽敞公所以为义学,将土司承袭子

---

❶ 参见赵廷臣:《广教化疏》(节录),锦屏(同治)《本支家乘迪光录》卷一《疏》。
❷ 素尔讷,等纂修.钦定学政全书校注·卷七十三:义学事例[M].霍有明,郭海文,校注.武汉:武汉大学出版社,2009:287.

弟送学肄业，习晓礼义，以俟袭替。其余族属人等并苗民之俊秀子弟，愿入学者令入义学肄业，其教习塾师不必另设，即令各府州县复设训导，躬亲教谕"。三是设置义学，除土司承袭子弟送学外，还要求土司子弟及苗人子弟入学。如康熙四十四年（1705年），"议准贵州各府、州、县设立义学，将土司承袭子弟送学肄业，以俟袭替。其族属人等，并苗民子弟愿入学者，亦令送学。该府、州、县复设训导，躬亲教谕"。康熙四十五年（1706年），议准"黔省府、州、县、卫俱设义学，准土司生童肄业，颁发御书'文教遐宣'匾额，奉悬各学"❶。这些诏令反映了王朝政府在贵州苗疆地区为推广教化而渐次扩大受教育范围的历程，大致是从"土司承袭子弟"到"土司生童"即一般土司子弟，再到广大"苗人子弟"的演进过程。

雍正以后，教化的力度进一步加大，学校教育成为清王朝经营边疆的主要策略之一。雍正八年（1730年），清政府在大规模改土归流的同时，把设立义学提高到"振励苗疆之要务"的高度。"咸同兵燹"后，官员们认识到在"苗疆"设立义学的重要性，希望通过义学发挥其教化功能，来化导苗民，"义学不可不设，二十年来兵燹其人尽生于荆棘矛挺之间，罔识礼教……推原其故，由于不解汉语，不识文字，无人开导之也。为今之计，不若多设义学，使其幼小即入学，教之读书识字，使通汉语。数年之间苗解文字、语言，则知识渐开，莠民不得而诱之，汉人不得而欺之，渐摩既久，变乱之衅自消"❷。正是清王朝的政策措施，各级地方政府也积极响应并大力倡导，由此，各地大兴办学之风。

二、族学的兴办及办学经费

宗族所办的族学，也叫义学、义塾、家塾。一般族人如能考中科举功名，可以提高在宗族中的地位，族中科举功名人数的增加，亦可提高宗族在地方社会中的声望，所以龙氏族人对办族学非常重视。龙氏宗族的兴学活动在明朝未见记载，目前所见均为清代所立。

---

❶ 参见于准：《苗民久入版图请开上进之途疏》，锦屏（同治）《本支家乘迪光录》卷一《疏》。
❷ （光绪）古州厅志·卷之十下：艺文志（刻本），光绪十四年（1888年）.

1. 学校的设置与教学内容

在朝廷的大力倡导下，龙氏土司积极响应，族学迅速发展。嘉庆二十五年（1820年），黎平知府陈熙兴建义学，于"黎属各乡皆有书院之设焉……或绅耆公捐，名曰书院，特公学耳"❶。据《本支家乘迪光录》载，亮司龙氏宗族先后办起了纯一堂、双樟书院、满寨公学、平江书馆、敦寨公学、崇文阁、文昌阁等族学。族学的办学地点除单独设置外，也借用祠庙。如纯一堂，在三清殿讲学，有正殿三间，厅屋三间。双樟书院有讲堂三间，斋房三间。平江书馆有三间。

龙氏宗族在村寨普设家塾，家塾又称为义塾、义学，一般专门辟房数间，聘请塾师，进行启蒙教育。家塾的教学内容从儿童识字起，一般先以《三字经》《百家姓》《千字文》等为启蒙读物与课本，辅以识字，次则逐步扩大授课内容，讲授《幼学琼林》《古文观止》《千家诗》等，再后便教以《二十四孝》《孝经》《圣谕广训》，以及"四书""五经"等儒家经典，并为家长责惩学生的不孝行为，使学生成为孝子和顺民，树立起儒家伦理道德与纲常名教观念。

族学能否繁荣，与教师有极大关系，龙氏族人中许多有功名的知识分子都参与到族学的教学活动。纯一堂"约斋❷先生设账于此"，"堂中立课，每月二次"，"四方从游者甚多。不数年，凡中甲榜者一，中乡榜者二，选贡、岁贡及食饩游泮者指不胜屈。"二樟堂是"族人士弦诵之所，乾隆间仁山先生❸授业于此，后改书院"，即双樟书院。崇文阁"在二樟堂左，印川先生❹授徒于此。"文昌阁"在江左，族人士弦诵之所，长房孝廉嘉会公❺捐阁后田一区，约谷十石，以助香火"❻，咸丰丙辰年（1856年）毁于战乱。

2. 办学经费的筹措

族学的经济来源，"或取公项，或绅耆公捐"。就龙氏土司族学而言，主要

---

❶ 参见锦屏（同治）《本支家乘迪光录》卷二《公学》。
❷ 约斋，即龙文广（1743—1820年），字翠华，乾隆五十五年（1790年）恩贡，曾任直隶州州判、江西赣县县丞，后辞官回乡任教。
❸ 仁山，即龙文和（1725—1798年），字涵春，乾隆十八年（1753年）癸酉科贵州乡试副榜，官安化县训导。
❹ 印川，即龙月（？—1831年），嘉庆十三年（1808年）戊辰科贵州乡试副榜第一名，就直隶州州判，未及仕而卒。道光六年（1826年），龙里长官司聘，掌龙溪书院。
❺ 嘉会，即龙亨极，号迎峰，龙氏长房人，康熙五十年（1711年）辛卯科贵州乡试第34名举人，官四川安岳县知县。
❻ 参见（同治）《本支家乘迪光录》卷二《祠庙》。

是学田，其收入主要用于延请教师的束脩及书院日常开支等。如满寨公学有"公田六十挑，除每年馆谷八挑之外，余存公用。"平江书馆有"田十余亩，每年分收约得谷二三十挑不等，除馆俸八挑外，余存公用。"敦寨公学有"学田，每年约收得穀三十余挑不等，除每年馆俸十二挑之外，余存公用。"❶

在龙氏土司管辖的范围内，还有一些捐资办学的记载。据《凌云馆碑》记载：在九南，乾隆年间已立义学，额"凌云"之号，当办学因经费举步维艰之时，"兹有里中好义之熊君礼科者，因不吝囊金承躅学。"❷《重修功德》记载了同治年间娃寨办学的基本情况，"村中旧有蒙馆，历久朽坏。岁壬戌（同治元年，1862年），首事者约重新之，草创三间"，"薄田数亩为香火之资"❸。《文教昌隆》碑详细记载了清水江流域的一个家族筹资办学的情况，"家之有塾所以端士习教人伦，嗣圣天子作人之雅化者清代也。惟素无义学，故代少人文，我等于道光丁未（道光二十七年，1847年）冬会集族人，平出本谷五斗，轮流生放，至今计数十石之多，置买田垞以供祀圣、延师之费。惟愿在会人等子孙永绍书香，从自后子弟之有无多寡不齐，父兄之好恶贤愚各别，此会章程永定，有合无分，将来文教昌隆，吾族旋为望族矣。"这说明在清水江流域，当一个家族筹资达到一定数额，便"轮流生放"，达到一定数量后，就可"置买田垞"，以作"延师之费"。有良好的师资，家族则可成为"将来文教昌隆"之族，进而成为当地"望族"❹。

三、龙氏土司宗族兴学活动的影响

1. 培育了一大批地方知识精英

龙氏土司宗族人才辈出，培养了一大批知识精英，促进了当地科举事业的繁荣，对宗族影响极大。龙氏宗族兴办教育事业，为的是使族中弟子尽可能地有接受教育的机会，但大多数宗族子弟在接受启蒙教育后就转向从事生产，只有少数学子进入更高一级的书院继续学习，进而考取生员，取得进入县学、府学以及国学深造的资格，参加科举，博取功名。由于儒学在土司地区的兴起，以及土司子

---

❶ 参见（同治）《本支家乘迪光录》卷二《公学》。
❷ 原碑无额题，碑现立于锦屏县敦寨镇九南村九南小学操场边。
❸ 参见《重修功德》，碑现立于锦屏县敦寨镇笋屯村娃寨小学操场边。
❹ 参见《文教昌隆》，碑存于锦屏县敦寨镇敦寨村芹凼组。

弟须入学读书并可参加科举。于是在土司、土司子弟和少数民族中，学习儒家礼教、求取功名渐成风气，出现一批知识分子。族学建设与科举之间的关系在龙氏宗族非常明显，正因为龙氏族人"倾心向学"，考中科举功名之人逐渐增多，龙氏宗族中既有高级功名，也有低级功名。龙氏无疑是明清以来锦屏社会中最显赫的宗族，它不仅是地方社会公共事务的主持者，而且在科举方面也有显著成效。据《本支家乘迪光录》记载：龙氏宗族先后考中举人5人，最早的是康熙五十年（1711）的龙享极，他是康熙辛卯贵州乡试第34名举人，曾官至四川安岳县知县。为进一步说明其科举情形，现据《本支家乘龙氏迪光录》卷二《科第》制作表1。

表1 清代亮司龙氏土司宗族举人

姓名	宗支	科第功名	科第功名
龙享极	长房人	康熙辛卯贵州乡试第三十四名举人	康熙五十年（1711）
龙文埏	长房人	乾隆庚午贵州乡试副榜	乾隆十五年（1750）
龙文和	六房人	乾隆癸酉贵州乡试副榜	乾隆十八年（1753）
龙月	六房人	嘉庆戊辰贵州乡试副榜第一名	嘉庆十三年（1808）
龙绍讷	长房人	道光丁酉贵州乡试第十名举人	道光十七年（1837）

按中额录取的称为正榜，正榜之外还有副榜。顺治二年（1645）规定："直省乡试卷，有文理优长，限于名额，取作副榜，与正榜同发。"❶最初，副榜的名额各省不等，至康熙十一年（1672）议准："直省乡试，每正榜中额五名，设副榜中额一名。"❷此后成为定制。

龙氏土司宗族还有大批科第功名较低者，有贡生22人，其中恩贡1人、岁贡16人、例贡5人；生员208人，其中监生26人、廪生17人、增生13人、文庠生130人、武庠22人，总计以上生员达到255人。在龙氏族人中，又以长房族人所占人数为最多。5个举人之中占3人；22名贡生中长房至少有15名，其中恩贡1人，明朝岁贡有2人，另外4人未标明房支，清朝10人中占8人；例贡5人中占4人；监生26人中占15人，廪生17人中占13人，增生13人中占

---

❶ 刘锦藻.清朝文献通考：卷四十七（选举志）[M].杭州：浙江古籍出版社，1988.
❷ 昆冈等修，刘启瑞等纂.钦定大清会典事例：卷三四八（礼部、贡举、乡试中额）[M].清光绪石印本影印.上海：上海古籍出版社，2002.

11人，文庠生130人中占86人，唯一少的是武庠生，在22人中仅占4人❶。清水江流域一个宗族就有如此众多获取功名的科举人才，这在少数民族地区是极其罕见的，所获取的功名甚至超过一个县考取功名的规模。

另外，《龙氏迪光录》记载了科举功名获得者回乡培育族人及乡民，以提高科举考试录取率、扩大受教育子弟的故事。如龙文广（1743—1820），字萃华，号约斋，亮司六房人，"嘉庆丁卯解组归时，族中文学废弛，诸人咸谓：自先生去后，文事不讲久矣，势不可为也。先生概然曰：岂谓孺子不足教耶，诸公自隔膜视耳，吾不忍恝也，遂于祠中立课，每月二次，复设教席于司之三清殿中，四方从游者甚多。不数年，凡中甲榜者一，中乡榜者二，选贡、岁贡及食饩游泮者指不胜屈。"❷在"纯一堂"办学期间，受业者先后达数百人，龙文广教授经史诗文，"随学者众"。又如，曾统一（1782—1858），字纪彬，号贯之，亮司曾家屯人，曾师从龙文广。嘉庆己卯科（二十年，1819年）中举第二名，嘉庆庚辰科（二十五年，1820年）中三甲九十八名，赐同进士出身。曾任福建古田知县，道光十二年（1832年）辞官返回故里，在亮司应聘为塾师。道光三十年（1850），被黎平知府胡林翼聘为黎阳书院山长。咸丰八年（1858），受聘到靖州鹤山书院主讲，未几，卒于书院。曾统一在教学中，注重因材施教，以各种特殊方式激励学生的意志。其与龙绍讷为表亲，龙绍讷数度乡试未中，心灰意冷，欲弃举业。曾闻之，决心要激发其意志。偶有一次同席饮酒，席间行酒令，绍讷出拳喊"魁五手"，曾止之："老弟，你有违拳规，因你尚无资格喊此令。"龙绍讷愧而离席，从此，闭门不出，潜心攻读。曾得知后，遂登门授其读书之法。历四年苦读，中道光丁酉（道光十七年，1837年）贵州乡试第十名举人，成为亮江名儒。亮司一带至今流传："生成的曾统一，逼成的龙绍讷"❸。再如龙绍讷（1793—1873），字木斋，晚号竹溪，亮司长房人，"出应童子试，冠一军。游泮，旋食饩，屡试优等。"道光十七年（1837）中举。晚年，致力于办学，著述侈侈隆富，有《亮川·前集》二卷、《续集》二卷、《试贴》二卷,《文集杂著》四卷。还"掇拾旧闻，网罗散佚，按其世次、支分、派别、轶事、遗文，悉心编辑，阅数十寒暑，成《龙氏族谱》八卷"。"课生徒制艺，辄拟作以示之程。

---

❶ 根据锦屏（同治）《本支家乘迪光录》卷二《人杰》之《明经》《俊秀》统计。
❷ 《约斋先生传》，锦屏（同治）《本支家乘迪光录》卷二《人杰第四·传》。
❸ 见锦屏县敦寨人民政府：《敦寨镇志》（内部印刷本），2011年，第471页。

善学者,得先生一二语即成一艺不难。"❶道光十八年(1838),在铜鼓设馆教学;道光二十五年(1845),在天柱夏村授徒,历时5年。另外,龙氏的办学传统一直延续到民国年间,据载:龙橘(1862—1948),字蓬仙,号步瀛,亮司人,光绪九年(1883)贡生,先后在敦寨、黎平、靖州等地办学,从教三十余年。民国十三年(1924)出任远口分县知事,二十三年(1934)告归后,在亮司上街老书房办私塾。民国二十三年(1934)出任亮司保国民学校校长,随后创办亮司平民子弟学校,培养大批学生❷。

2. 促进地方教育事业的发展

通过族学教育,使大批苗族子弟接受儒家文化的熏陶,培养了一大批读书人,促进了教育的普及,特别是对贫穷族人的文化教育起到一定的作用,增加了其受教育的机会,为下层社会成员科举入仕进入上层社会提供了可能性。《迪光录》记载了部分龙氏族人因家庭困难而在族学读书,考取科举功名而后又授学的事例。如龙文和(1725—1798),字涵春,号仁山,亮司龙氏六房人,"初家极贫,十岁始就馆"受业,"十六应童志试,太守蔡公时豫奇其才,拔第一。""为诸生时,即设馆,受业者同族","从游数十人,口传笔授",曾任湖南安化县教谕❸。又如龙月(?—1831),字印川,亮司龙氏六房人,"幼时家计甚迫,乃随诸父贩粤货,半而商,半而士,每出贩,手持一卷且行且读。弱冠始游泮前,此商兼士。后此士代商矣,以口授当持筹,以指画当握算,前此家计迫,后此家计苏矣,然负遗债尚百余金,所得馆俸悉偿之,遂潜心习举子业"❹。《迪光录》还记载了其他地方人士到亮司族学就读、功成名就后又积极支持教育事业的事例。如杨学沛(1775—1835),名通沛,号雨亭,娄江地娄人,苗族,自幼颖慧有志,勤奋好学;家境贫寒,与人放牛,常带书苦读而不知道牛的去向,曾就读于亮司的学馆;嘉庆九年(1804)乡试中举,十一年(1806)重修"萃文书院",极力兴办文化教育事业,培育人才。又如吴师贤(1814—1886),字齐之,苗族,钟灵稿寨人,曾跟随亮司名儒龙绍讷学习,据《亮川集》记载,"因家道不甚丰,或籍蒙馆以自给",道光二十三年(1843)中举,成任四川荣县知县;曾捐银500两修建钟灵司"振文义馆",又捐田167石作为学田;光绪十一年(1885),

---

❶ 《木斋先生墓志铭》,碑现立于锦屏县敦寨镇三合村架寨龙绍讷墓前。
❷ 锦屏县地方志编纂委员会. 锦屏县志(1991—2009)[M].北京:方志出版社,2011:1381.
❸ 参见《仁山先生传》,锦屏(同治)《本支家乘迪光录》卷二《人杰第四·传》。
❹ 参见《印川先生传》,锦屏(同治)《本支家乘迪光录》卷二《人杰第四·传》。

吴师贤将 300 余丘田约收谷 1035 挑"捐入府学关厢司属，作为士子宾兴科费之资，仍照文七武三旧例分给"；吴师贤又捐锦屏乡棚费田一分，大小 110 丘田约收谷 380 石❶；在家乡创办"养正书院"。吴师贤为振兴文化教育事业、培育人才的壮举，被贵州巡抚潘蔚上疏表彰"廉明多惠政"。

3. 对地方"向学风气"的形成起到积极的促进作用

龙氏土司及其族人或承袭土司，或异地为官，或设馆教学，或居家著述，传播了儒家文化。龙氏把生监之家免差役作为族规之一写入族谱，勉励子弟读书，足见其对教育的重视。据《龙氏迪光录》记载："差徭既系同族，自应均派，但学宫碑刻所载，凡生监之家一应差役俱免。原属优恤士子之意，嗣后族中差役不派生监，非异视也，勉子弟读书以求上进以荣祖宗耳。"❷ 正是有像龙氏宗族那样重视教育人，促使清水江流域"向学风气"的形成。到了康熙三十六年（1797），黎平府的生员中绝大多数是土司子弟，"文、武生员七十四名，除三名实系民籍，与部册相符外，余七十一名皆为土司族属，即系土司。"❸ 黎平府"苗民读书者众"，"洞苗向化已久，男子耕凿诵读，与汉民无异"❹。开泰县"花衣苗近习汉俗，悉以耕凿诵读为事"❺。雍正九年（1731），张广泗奏请设立黎平考棚时，称黎平府的"生童不下二三千人"❻。

---

❶ （清）俞渭修、陈瑜纂：《黎平府志》卷三《食货志》，第 1310 页。
❷ 参见《家规》，锦屏（同治）《本支家乘迪光录》卷三《旧典第五》。
❸ 素尔讷，等纂修.钦定学政全书校注：卷六十九（土苗事例）[M].霍有明，郭海文校注.武汉：武汉大学出版社，2009：267.
❹ （清）爱必达.黔南识略：卷二十一（黎平府）[M].贵阳：贵州人民出版社，1992：9.
❺ 雍正五年，改五开卫为开泰县，县附黎平府。参见（清）爱必达.黔南识略：卷二十三（开泰县）[M].贵阳：贵州人民出版社，1992：8.
❻ 张广泗.考试分棚疏[M]//鄂尔泰等修，靖道谟、杜诠纂.（乾隆）贵州通志：卷三十五（艺文·疏）.贵阳：贵州人民出版社，1988：65.

※清水江流域竹坪侗寨教育现象述论[*]

一、竹坪简介

侗寨竹坪位于黎平县南部,地处珠江流域和长江流域的分水岭上,总面积28.9平方千米,距黎平县城40千米,距所属岩洞镇人民政府所在地岩洞村9千米。海拔高度在573~640米。全村共14个居民点(19个村民小组),以大寨、寨母、寨简为主寨,共833户3565人,侗族人口占99.5%。

竹坪气候宜人雨量充沛,年降水量在1000~1500毫米,年无霜期260~280天。森林覆盖率在90%以上,林间盛产香菇、木耳、木姜子及前茯、桔梗、茯苓、五味子等多种药材。耕地土地各半,其中田总面积1889.45亩,人均0.53亩,历史上以种植禾糯为主,现杂交水稻种植居多数。养殖主为黄牛、生猪,兼及水牛、山羊及家禽。稻田养鱼是竹坪的一大特色,田鱼是竹坪村民餐桌上的必备佳肴,是制作腌鱼的上等原料。民族工艺有远近闻名的葛布、豆染等。

竹坪侗族文化风情浓郁,村内有鼓楼6座,可谓古楼成群,花桥、凉亭、石板桥、石板井、石板庭院及石碑等古迹随形而布于村寨各地,并有远近无他的"肚洞"❶散布于村后山脊。除春节外,传统节日有二月初二敬奉土地节、三月初三吃黄草粑节、四月初八吃乌米饭节、五月逢亥粽粑节、七月逢亥吃新米饭节、扁米节、十月鱼冻节等,各节期间,有踏歌堂、月也、演侗戏、鼓楼侗歌等活动。竹坪是远近闻名的"十洞款会"发源地,现有小学、卫生所各1所。编有

---

[*] 该专题作者为项目主持人杨军昌教授,成员贵大附中张德艳高级教师.曾以《侗寨竹坪"教育现象"述论》为题发表于《贵州民族研究》2014年第12期。

❶ "肚洞"形如大肚而得名。其洞口宽约米许、底部3米左右,高约4米,以简易木梯上下,并有标记和洞口掩饰物。是古近代竹坪民众躲避兵祸匪乱的藏身和储物之所。

《竹坪小学校史》《竹坪村志》刊行于世。❶2012年12月6日,竹坪被国家住建部、文化部和财政部等部门评选列入首批"中国传统村落"名录。

二、竹坪教育现象

竹坪教育现象包括两方面:一是指在以社会教育为主体教育形式的民族社会,竹坪有着悠久的学校办学历史和教育教学、人才培养成就;二是指竹坪自清嘉庆年间起创办学校后渐以形成并相沿于今的全民向学风尚和习俗。

(一)清代唐应创学"以破天荒"

作为传统、典型的侗族地区,竹坪长期无学校教育,社会教育是村寨传承历史、记忆人物、处世知礼、地方文化和地方知识习得和传播的主要方式,主要表现为家庭教育、歌队教育、戏班教育等方面。家庭教育在竹坪是为教育的第一学校和基础单元,从小孩咿呀学语开始,父母及其祖辈就会教其识别各种动物、植物、生活用具,学会各种生活礼节和生计常识,习唱侗歌,习跳侗舞。六七岁时,有的就开始进入歌班或戏班学歌学戏。十二三岁时,便开始在长辈的引导下参加行歌坐月、鼓楼对歌、村寨"为丁"等社交活动。而于婚姻缔结、寨内外事务参与、族规寨制、成人社会中的权利与义务等知识则多在村寨集会议事、鼓楼祭祀讲"款"中获得并在各种活动中遵守和实践。社会教育在侗族社会中有着重要的地位和作用,在侗族民众素质提高上,至今仍与学校教育互为补充、相辅相成。

竹坪学校教育始于清嘉庆十四年(1809年)的乡老吴唐应的首倡和延师授徒。该年乡老吴唐应经由控告官府税吏在征收捐粮上敲诈乡民的官司所困,深感无文化知识而难以为民伸张正义的局限,又感于地方无汉儒文化、诗书礼乐之教而与主流社会融入困难、地方人才难以脱颖而出之苦,遂与寨中各房族头人商议,并达成在村创办学堂的共识。随后,唐应又几经辗转请来黎平潭溪贤士杨映

---

❶ 该村志编纂始于2007年3月,2009年2月告竣。设建沿革、农业生产、林业生产、畜牧产业、电力供应、通信与交通运输、教育专业、社会教育、医药卫生事业、民族文化、老年工作、人物、管理制产业等13章。本研究大部基础材料源于该志,特致谢忱。

云为首任教师聚徒授课。之后学校开办、乡童入学绵延不断，直至解放。其间，相继有文秀才、生员等29人于学堂任教。

关于竹坪学校的肇始，"以破天荒碑"❶有较为完整的记述，其云：

> 地名曰竹，继之以平。夫竹得平，必挺然殊茂，文秀蔚起。居此馆者，亦应如斯也。己巳年（1809年）于舌耕此，见人民殷富，子弟明敏，爰将向来文风询诸父老，每以鲜识诗书为辞。因谓之曰：乡学未立，专业无所，竹犹未得其平，故无斐然之盛，如竹箭之有筠也。父老然之。是岁季冬，鸠工集木于寨之北，建树房屋树橼，傍山而居，义取诸静，离寨独处，业取诸专。又有小溪旋绕左右，足以洗濯心胸，洵读书之佳境也。而今后，俾弟子皆造焉。肄业有所，竹果得平，猗猗之美，未必不以此举卜之也。居此馆者，共勉乎哉。

竹坪学堂办学经费一为村寨公产，二为学童认酬。学校管理为村寨"款"组织与教师协议处置，具"义馆"性质。教学内容以"四书""五经"《千家诗》《百家姓》为主，兼及格致、作文、算数等。教学目的具启蒙与科举初级人才培养兼及。办学至嘉庆二十三年（1818年）适逢所属黎平府三年一次的乡试人才选拔，在全府16名乡额中，规定"城内一半，城外一半"。吴唐应等认为名额划定有严重歧视城外"苗民"之嫌，遂联合各地款首坚决抵制，拒绝应试，联名要求黎平知府将乡试名额与皇粮缴纳比例挂钩。考虑到乡试任务与皇粮缴纳任务的必须完成，黎平知府不得不将乡试名额分配改为"择优录取"，公平竞争。自此终清一代，竹坪学堂生童共考取文秀才9人，武秀才4人。为缅怀吴唐应办学"以破天荒"，自1809年建校办学后，竹坪教育逐步发展，尊师重教深入人心，送子上学、读书为荣逐渐成为村民共识。因办学历史悠久和人才培养的成就，1941年，竹坪学堂被黎平县列为县国民小学行列，实行校长负责制，由县教育科委任校长，校长聘请教员，教员薪酬由县拨发。至1949年，学校规模年均在130人左右，规模较大，但因封建礼教影响，未有女童入学。1949—1950年，时局动荡，国民党地方政权风雨飘摇，无暇顾及教育文化，竹坪国民小学遂

---

❶ 竹坪学堂"以破天荒"碑为"石匠信飞杨敬刊，潭清杨映云敬撰"，"嘉庆十五年岁次庚午七月谷旦立"。20世纪70年代，公路修过学堂遗址，原碑被毁。复制碑立于竹坪小学。今竹坪小学立有"吴唐应纪念碑"以示后人。

被废弃，但在地方有识人士的奔走下，竹坪小学拆分而办为3个私塾，继续聚徒授学，直至1950年12月9日解放军剿匪工作队入村开展建政工作。

（二）中华人民共和国成立后教育"再破天荒"

1951年春，在人民解放军剿匪工作队的主持下，改私塾而为民办小学，聘请村寨宿儒执鞭任教。1954年起，改为民办公助。1958年7月，竹坪开展教育普及，女童入学于此开始。2000年民办教师全部转为公办，时全校教师共有15人，教学班11个，在校学生410人。相继，由于计划生育政策的执行，出生人口的减少，2002年后，适龄入学儿童数逐渐下滑。目前全校有班级7个（其中一个为学前班），教师12人，学生180人，在黎平村级公办小学中，仍属规模较大的学校。在入学率与升学率上，自20世纪80年代起，竹坪适龄儿童入学率除个别年份外，均在98%以上；毕业率皆在95%以上，其中2006—2014年都为100%。据不完全统计，1963—2014年，竹坪村共培养出全日制大专生35人、本科生104人，共计139人。其中，1963—1979年4人，1980—1999年10人，2000—2010年75人，2011年至今50人。其中1963年考入中央民族学院的邓敏文、2014年考入浙江大学的甘祖俊分别为当年全县文科状元；1996年考入湖南大学的孔德毅为当年全县理科状元。在考入大学的学生中，有的毕业后，再读硕士、博士学位深造，如孔德毅本科毕业后，先后攻读硕士学位于湖南大学、攻读博士学位于清华大学、攻读博士后于澳大利亚悉尼大学，现为中南大学粉末冶金国家重点实验室研究员。此外，还有部分中学、中专毕业生通过函授、自学考试、电视大学、进修等获得大专、大学学历。改革开放以来竹坪教育发展的蒸蒸日上于此可见。2009年，学校编辑发行《竹坪校史》，举行了建校二百周年庆祝活动，立"再破天荒"碑于校内，以展示中华人民共和国成立后教育的发展变化及全村上下倾情教育、憧憬教育的热情与心怀。

从竹坪走出去的大学生中，不少成为教育教学、科学研究、行政管理、社会服务的专家和先进人物。中华人民共和国成立以来，竹坪村先后有107人曾任、在任大学、中学、小学教师。其中85人先后任职于全县各个乡镇，尤其是十洞地区的各类小学。成才而赖家乡水，反哺乡梓人间情。这些从大山走出而又扎根大山的老师，为培养民族地区人才、普及民族地区九年义务教育、传承民族优秀传统文化、促进民族社会进步付出了辛劳的心血，做出了重大的贡献。

三、竹坪"教育现象"产生的原因分析

首先是贵州建省、黎平建府后汉儒文化在侗族地区的广泛传播而带来的影响。黎平是贵州建府最早的民族地区之一,建府后在明"足衣食在于劝农,明教化在于兴学校""治国以教化为先,教化以学校为本"的政策引导下,开办了府学以及五开、铜鼓卫学和永从县学、开泰县学、锦屏乡学、古州厅学等官学教育,清朝除开办有黎阳、龙标、天香、双江、清泉、泰山、榕城、养正、兴义等书院教育外,还特别强调在黎平等民族地区开设"义学""苗科"。乾隆而后的有清一代,黎平府共建有义学28所。❶这些学校主要以儒家经典、封建伦理道德、科举试帖等为主要内容,教材以"四书""五经"《三字经》《千字文》《百家姓》《幼学琼林》《圣谕之训》等为主。汉儒文化在侗族聚居区的传播,激劝着少数民族子弟向往和学习的热情,加上地方官府各种传缴印文以及地方事务、民间契约等均用汉文书写的引向,侗族民间选送子弟入学、倾力办学渐以形成风气。竹坪学堂的建立正是这一背景下的产物,也为竹坪兴学育人的历史之缘。虽然,其直接诞生于以吴唐应为代表的"苗民"上告"城里"收纳皇粮欺侮"苗民"并从中牟取暴利的衙吏获胜而有告状余款而建,但其大的教育背景确是不应忽视的。

其次是竹坪有着积极的向学、办学的社会环境和群众基础。自吴唐应延师兴学后,送子上学、集体办学、助学成了竹坪的传统良风。在此列举大事几则为示:1949年,国民党地方政权崩溃,竹坪国民小学被迫停止后,竹坪款首聚会做出分置小学而办私塾也不能让孩子失学的决定,于是遂有3个私塾班在竹坪的同时出现,并分别由村寨宿儒周显鸿、银锡林、银汝修执教。也正因为私塾解放时皆处于正常教学状况,1950年12月才有剿匪入村的解放军与私塾老师一起书写、张贴标语、教唱《东方红》等革命歌曲以及儿童团、姊妹团的成立与革命活动的开展。又如1952年秋季因农户失火而致学校全被烧毁后,相继就由群众献工献料、投工投劳建成西面倒水的两层三面走廊,内设4个大教室、2间教师寝

---

❶ 贵州省文史研究馆,点校.贵州通志·学校选举志[M].贵阳:贵州人民出版社,2008.

室、1个礼堂和1间办公室的校舍一幢，保证了教学正常进行，孩子不误学时。1968年又由群众捐献木材，新增教学楼一栋。后随着生源的增长、教学规模的扩大，1984年，在政府的资助下，又通过群众集资、投工投劳改建教学楼为砖木结构的两层楼房，共16个教授，2个办公室，使校园占地面积达4488平方米，校舍面积1360平方米。再如2005年清明节，竹坪群众自发组织了纪念吴唐应创办竹坪学堂的活动，纷纷主动捐款制成纪念碑两块立于学校内，即一是"吴唐应纪念碑"、一是复制老学堂的"以破天荒碑"，使竹坪办学的历史得以文化性的展示。2013年，又在村后兰兔山脊修建文峰亭，分置4块石碑，将"以破天荒"的吴唐应、竹坪中华人民共和国成立前的文武秀才和中华人民共和国成立后的大学生、研究生刻名于碑上，立于亭内以彰人文，激励后学。

再次是政府的支持和国内外热心人士的相助。竹坪学堂建立后，在清代入列了黎平府生员选取的培养学校，教授的学生10余名考取了文武秀才。民国时又被政府列为国民小学，在教师、教俸、教材等方面得以纳入县级财政预算。中华人民共和国成立后，党和政府高度重视民族教育的发展，从学校设置、学校管理、办学形式、教学方法、教材建设、人才培养等诸多方面制定并实践了旨在改变少数民族和少数民族地区文化落后面貌、提高民族人口文化素质、发展民族地区社会生产力的政策，使民族地区的教育得到迅速的发展。竹坪小学乘着时代的东风，先为民小，继为民办公助，再为公办小学，在建设发展中始终得到政府在教师队伍、办学经费、校舍建设等各方面的关怀和支持。

改革开放以来，竹坪小学还得到了一些国内外人士的热情帮助。如2001年4月，美国福特基金会会长、美籍华人李威达博士到竹坪小学考察，并捐资与竹坪小学开办了"侗汉英三语教学实验学校"。2002年9月，竹坪小学校友郑敏文与美国福特基金会3人到竹坪考察，向学校捐赠现金5000元。又如，1946年初小毕业于竹坪小学的竹坪人孙孝祖以个人工资收入辅养子女6人，并在老师和乡亲的帮助下将其中4个子女培养成大学生。退休后，老人不忘桑梓回报社会。据2012年8月25日《黔东南时报》报道，其八年如一日捐资帮助留守的贫困学生共16名，其中对品学兼优的留守女孩杨承美一直资助其考上大学。❶

最后是学校教师的敬业执着与无私奉献。不论是清代、民国或是中华人民共

---

❶ 陆书名,张珊琼.82岁老人8年如一日资助留守女孩圆梦大学[N].黔东南时报,2012-08-25(07).

和国成立以来，竹坪教师大都把教育民族子弟、培养民族人才作为自己的应尽之责，尤其在中华人民共和国成立前时局动荡，民不聊生之环境下依然坚守讲台，传授知识，不计得失，终使竹坪教育迎来了崭新的春天。中华人民共和国成立后教师大都来自本乡本土，前辈默默无闻、无私奉献的精神感染、激励着他们一直站在三尺讲台，忠于职守，为竹坪教育的辉煌做出了应有的贡献。如现年76岁的竹坪小学原校长邓思善老师，是竹坪小学培养而又反哺于学校、先为民办后转公办任教的教师之一，其教学严谨、诲人不倦而又和蔼可亲，是黎平基础教育的"先进个人"。其退休后，仍继续关心学校发展，无私无怨辛勤收集、整理、编写出了《竹坪小学校史》《竹坪村志》等初稿，为家乡历史的记忆传承、为竹坪的教育和社会经济发展继续发挥着光和热。还值得一提的是，历史上竹坪是"十洞款会"的发起首寨，新时期"十洞款会"活动恢复后，也是款会的中心与大本营。款组织和款约对竹坪的教育发展、侗族子女的上学起着强制的劝学与督导作用，在竹坪教育发展的各个时期，学校建设的各个阶段上都有着款组织的力量发挥史迹。时至今日，"款"的现代形式——与立于中心鼓楼、于乾隆年间十洞十三寨起款的"款禁碑"并列的竹坪"村规民约"❶也在其十一条第三款中规定："学生家长或监护人必须送子女到校就读，至少初中毕业。有辍学者，罚其家长或监护人150元。送子女到外校就读者，必须要在所就读学校取得就读学历证明，送回本村学校，否则按辍学处罚。"同时在第四条中规定："扰乱机关、学校、事业单位工作秩序的，影响较大但又不足以用法律法规处罚的，每人每次罚款50元。"正是因为"款"的作用，较长时间以来，竹坪适龄儿童入学率、毕业率均达到100%，也是竹坪人才迭出喜人事象出现的重要原因。

四、竹坪教育现象的启示

教育即生长，教育即生活，教育即经验，教育即发展。❷民族教育与民族共始共终。民族教育为一切民族社会所必需，是各民族新生一代的成长和社会生活的继

---

❶ 该"村规民约"于2006年11月8日经村民委员会全体通过并于次日起执行。刊刻其全文的石碑立于竹坪中心鼓楼旁。

❷ 刘黎明.论西方自然主义教育家对教育科学发展的历史贡献[J].贵州大学学报：社会科学版，2014（5）.

承与发展所必不可少的手段。❶ 竹坪教育现象是黔中大地民族教育发展的个案和缩影。也较为有力地说明了各少数民族都有发展教育、建立学校、培养人才、全面提高民族人口素质的强烈愿望和能力,教育的发展是一个地区民族文化得以传承创新的推进器和促进力。而教育的发展,尤其是基础教育的发展,不仅需要政府的重视、支持,更需要民众对教育重要性的自觉认识、教师的辛勤耕耘和社会各界的关心、帮助。只有形成全民重视教育、上下齐抓教育的时候,教育才会健康发展,人才才会持续地脱颖而出。在外来文化冲击、多元文化碰撞的新的时期,竹坪全村人人会说侗语、学生个个会讲侗话、双语教学坚持不懈而又教学质量稳步提升,"大学村"远近闻名的经验实有总结、推广的必要。正是因此,十多年来,既有国内外教育学者来此考察,也有不少的大学生、研究生和学者来此采风、调查和交流。

---

❶ 李廷贵,罗廷华.贵州民族教育概论[M].贵阳:贵州人民出版社,1991:3.

※明清时期清水江流域乡贤与民间乡村教育摭论[*]

明代贵州建省,产生贵州第一代乡贤,其中,清水江流域的今黔东南苗族侗族自治州(以下简称"黔东南")明清时期的乡贤,在数量与社会声誉方面颇有特色,成为贵州乡贤群体中的重要组成部分。这一时期,黔东南乡贤参与了本区域内各种类型学校的建设,尤其在民间乡村教育中做出了重大贡献。黔东南民间乡村教育活动中,乡贤因其身份与地位,在身体力行、审时度势、获取政策支持、筹措资金与捐资助学四个方面,为乡村教育提供了强大支持。

一、贵州乡贤的产生及黔东南乡贤

"乡贤"一词始于东汉,是国家对有威望、为社会做出贡献的官员过世后予以表彰的荣誉称号,如刘知几有言:"郡书者,矜其乡贤,美其邦族。"❶乡贤身份与一个更通用的表述——绅士或者乡绅基本同义。绅士或者乡绅是指"官僚离职退休居乡(当然居城也可),以至未任官前的称呼"❷。他们"服务于政府并代表政府行使各种职责,但是,与此同时他们在原籍仍然是绅士,他们的职官提高了他们作为绅士的权威"❹。元明以来,一些在乡村社会建设、风习教化、乡里公共

---

* 本文以《明清时期贵州乡贤与民间乡村教育摭论——以贵州黔东南民间乡村教育为例》为题发表于《教育文化论坛》2019年第1期,作者为课题组成员、贵州大学附属中学高级教师吴丽虹、贵州大学历史与民族文化学院教授林芊。

❶ 刘知几.史通全译·内篇卷十·杂述第三十四[M].姚松,等译注.贵阳:贵州人民出版社,1997.

❷ 吴晗,费孝通.皇权与绅权[M].[出版者不详]:观察社,1948:49.

❹ 张仲礼.张仲礼文集[M].上海:上海人民出版社,2001:56.

事务中贡献力量的社会贤达,被百姓口碑邻里旌表者也称乡贤。这样,乡贤不仅是功成名就归故里的官绅,还有乡里中德行高尚、深通六艺的有学问的士子。他们形成了广大的乡绅阶层,是在礼制、司法、经济等方面与普通民众(庶民)不同的具有特权的"一乡之望"。

作为"一乡之望"的乡贤,往往又是治理基层社会的中坚力量。中国传统社会的政治权力运作,一般而言"中央政府派遣的官员都停止在县上"❶,即当今中外学者对中国传统政治的研究中所谓"皇权不下县"概念的共识。故作为中国传统社会基石的乡贤或乡绅,曾承担了县、乡间从事于赈灾、治安、教育、文化等事业。因此,乡贤或乡绅在乡村发挥作用是多重的。而本文所关注的乡贤,则更多是这些有学问的士子对民间乡村教育所做出的贡献。

历史上,成为乡贤的途径有多种,但基本方式即是读书人——士子通过科举入仕而获得士绅资历。自隋唐科举兴起,今天贵州境内第一个士绅身份的乡贤已不可考,但第一个通过科举成进士者,是南宋嘉熙二年(1238年)出现在播州(今遵义)的冉从周。同样,宋元时期,有多少人通过科举而成为乡贤也不可考,但中进士者南宋有8人,元代1人,均出现在黔北播州。明正统四年(1439年)赤水卫(今毕节县)人张谏中进士,成为明代贵州进士科名第一人。

乡贤是科举制度的产物,而"科举必由学校"❷,即明太祖所谓"欲令人才一出于学校"。故了解乡贤的产生与生长,最好的方式即是了解学校的建设与发展。明代贵州学校分为官学与私学两大类,官学有司学、卫学、府学、私学或半官方的具有民间性质学校的有书院、社学、义学和各类塾学。他们都是贵州乡贤诞生的温床。明洪武到永乐年间在今贵州境内只有四大土司建有儒学,因而士子更多地源自稍后建立的书院,如著名的文明书院,文明书院由学政毛科在原贵阳旧元府学旧址上改建,时"选聪俊幼生及各儒学生二百余人,择五经教读,六人分斋教诲"❸。继任者席书请王阳明到书院讲学,"择府州县子弟之优秀者礼之。"尽管明代多次对书院限制,兴衰不定,并先后四次禁毁书院,但嘉靖后贵州书院得到了一个发展时期的机会,且地方上书院大都是官督民办为主,或官绅合作集资兴

---

❶ 费孝通.中国绅士[M].北京:中国社会科学出版社,2006:48-53.
❷ 张廷玉.明史·选举志:卷69[M].北京:中华书局,1974.
❸ 徐节.新建文明书院记[M]//黄家服,段志洪.中国地方志集成·贵州府县志辑.成都:巴蜀书社,2006:339-340.

建书院。如弘治元年（1488年）周瑛在兴隆卫（今黄平县）建立草庭书院、万历二十五年邹元标在都匀建南皋书院。书院是明代贵州读书人的向往及知识分子的摇篮，也成为诞生乡贤的渊薮。清代贵州建有书院140所。明至清贵州有所谓"700进士，6000举人"之说。他们中的大多数学业于书院而成为遍及贵州的乡贤。

清水江流域的黔东南地区元时大部属思州宣慰司辖地。明永乐11年（1413年）贵州建省后，分置有思州府（今岑巩县）、镇远府、黎平府、新化府（宣德九年并入黎平府）、黄平州、麻哈州（今麻江县）。此外明王朝还在此置兴隆卫（今黄平旧州）、清平卫（今凯里）和偏桥卫（今施秉县）、镇远卫、清浪卫（今镇远清溪）、五开卫（今黎平县）、铜鼓卫（今锦屏县）等"五边卫"。黔东南乡贤最先来自于上述行政区域内所举办的各类型官私学校。元末思州宣慰司办有司学，于永乐五年（1407年）改成思州府学，黎平府、镇远府皆建设了府学；麻哈州、黄平州分别于弘治七年（1494年）和万历二十八年（1586年）建州学，万历二十五年（1397年）天柱建县，同时也设置县学；宣德九年（1434年）兴隆卫建儒学，为区域内最早卫学；成化十八年（1482年）和正德八年（1513年）偏桥卫与清平卫建卫学，随后清浪卫、五开卫、铜鼓卫也先后建卫学。一般而言卫学在黔东南有举足轻重的作用，清平卫学"……由是弟子中有潜润者，首登云南辛酉乡试，其效可知矣"。[1] 实际上，在黔东南各级官学未建之前，大都由家庭中有功名的私塾先生承担着社会上的知识传播与童生培养，嘉靖年间涌现出来的杰出乡贤周瑛、孙应鳌等大学者，无不从私塾中来。

黔东南乡贤在贵州社会发展中是一个特殊的群体。首先，为数可观。仅从乡贤群体中进士出身而言，明代贵州进士99人，其中，黔东南17人（见表1）。清代贵州进士610人，其中，黔东南进士50人[2]，在全省的地位除贵阳地区外居第二位。明代前期，贵州士子多由外省人附籍贵州考试，如成化八年（1472年）进士徐节，其先祖南直隶绩溪县（今安徽黄山市）人，曾祖洪武初谪戍贵州，徐节占籍贵州卫（贵阳）参与科考，此现象即使在黔东南也不例外，黔东南作为以苗、侗民族为主体的少数民族地区，明清时期各府县称之为"苗疆"，行政上

---

[1] 谢东山修.张道纂.（嘉靖）贵州通志[M]//黄家服，段志洪.中国地方志集成·贵州府县志辑.成都：巴蜀书社，2006：341.
[2] 孔令中.贵州教育史[M].贵阳：贵州教育出版社，2004：125-126.

是典型的土司地区，卫所也称之为"边卫"。正德辛未进士侯位，也是占籍思州府平溪卫儒生，侯位"江西永新县人，平溪姑无学，公寄学思州府，又为思州人。……正德辛未进士，初仕无锡，历兵部郎，山东参议，南京光禄寺卿，迁右副都御史，巡抚应天。嘉靖二十五年，太夫人百二岁卒，公请祭葬，庐墓所悬车十余年，杜门寡交即至戚。弗与家在平溪，徙辰州子孙仍居平溪。平溪建学实自公始，士至今德之"❶。而此时黔东南涌现出来的乡贤群体，基本上是本土培养出来的儒学士子，如周瑛（1429—1502年），黄平兴隆卫籍，私塾受业，景泰五年（1454年）入京会试中进士，成为黔东南境内第一名进士。明清时期各地书院的开办培养了一批本土取得功名者：在施秉，自成化十八年（1482年）偏桥卫建儒学，到清末时，产生了4名进士、49名举人，159名贡生；在黄平，中进士者31人，举人251人；在清平，进士19人，举人者68人❷。

表1 明代黔东南地区历科文进士表

年号	科名	姓名	籍贯	最后任职
景泰五年	甲戌	周瑛	兴隆卫官籍	广西右布政使
成化二十三年	丁未	熊祥	民籍施秉	广西按察司佥事
弘治六年	癸丑	何孟春	偏桥卫军籍	式部左侍郎
嘉靖十七年	戊戌	王炯	清平卫官籍	兴化同知
嘉靖二十三年	甲辰	钱嘉猷	镇远卫官籍	户部员外郎
嘉靖二十六年	丁未	李佑	清平卫官籍	广东巡抚
嘉靖二十六年	丁未	孙衷	清平卫官籍	—
嘉靖三十二年	癸丑	孙应鳌	清平卫官籍	工部尚书
隆庆五年	辛未	李大普	清平卫官籍	重庆府知府
隆庆五年	辛未	宋儒	麻哈州官籍	礼部主事
万历五年	丁丑	孙世祯	清平卫官籍	云南按察副使
万历八年	庚辰	郑国柱	镇远县民籍	兵部郎中
万历十七年	己丑	龙起雷	五开卫军籍	大理寺评事

---

❶ 王耒贤.（万历）贵州通志·卷十六［M］.北京：文献书目出版社，1991：468.
❷ 孔令中.贵州教育史［M］.贵阳：贵州教育出版社，2004：84-85.

续表

年号	科名	姓名	籍贯	最后任职
万历二十九年	辛丑	梅友月	五开卫军籍	吏部主事
万历三十五年	丁未	张应吾	镇远府民籍	宁前道副使
崇祯十年	丁丑	李觉先	镇远县民籍	知县
崇祯十五年	壬午	刘宪模	永从县民籍	湖南辰沅道

资料来源:《贵州教育史》附录一"宋元明清贵州历科文进士一览表"(《贵州教育史》,贵州教育出版社2004年版,第168-182页。)

部分士绅在省和国家层面有较大影响。如孙应鳌（1527—1587年）清平卫（今凯里）籍，早年受业于塾师周轩，嘉靖二十五年（1546年）以儒士应乡试，中第一名荣登解元，三十一年（1552年）成进士选庶吉士，先后出任户部给事中、陕西提学副使、刑部右侍郎、南工部尚书、翰林庶吉士。孙应鳌功事与道德文章，名满天下，成就西南大儒，"授崇祀乡贤与蜀大儒祠"。

二、乡贤推动的民间乡村教育

明清时期的贵州教育，除官办儒学外就是书院，乡贤在贵州书院教育中扮演着重要角色。虽然明清两代官方与书院的关系时而紧密时而松懈，总体说是"官督绅办"的方式，乡绅贤达一般都参与到书院的建设中。《新建文明书院记》记载，一方面看到贵阳文明书院在贵州文教发展史上居功至伟，另一方面表明乡贤中许多人本身或者辞官后，成为书院的教授。黔东南少数民族地区在官学缺失的教育环境下，书院教育起到的作用则显得尤为重要，而乡贤在其中更起着不可忽视的作用。

首先，乡贤大都积极致力于开办各种私学，可以说乡贤是推动民间教育的第一动力。上述黔东南黄平州乡贤周瑛，仕宦三十余年间先后历任刑部侍郎，临安、衡州太守，太仆卿，广东左参政，后出任广西右布政使。弘治元年（1488年）辞官返乡后最重要的一件事就是发展地方教育。他一方面捐资修建学宫，协助办兴隆卫学；另一方面亲自选址，在黄平州城北创办起黔东南少数民族地区第一所书院——"草庭书院",即贵州历史上第二家书院,被时人誉为"气象宏远,规模广大,诚一方之伟观也"。又如上述清平卫乡贤孙应鳌,仕途中每次回乡,留居乡间无不致力于振兴乡学,先后于庆隆三年(1569年),万历五年(1577年)在清平创建书院,分别建成"学孔精舍"与"山甫书院"。再如麻哈州宋儒,嘉靖元年(1522年)袭麻哈州土同知,隆庆五年(1571年)辛未科进士,出任礼部主事,回乡后在贤昌雅里寨开馆教学。上述举学行为并非孤立事件,实际上是明清时期乡贤们的自觉行为。明清时期黔东南乡贤参与或直接创办书院如表2所示。

表2 明清时期黔东南书院数目　　　　　　　　　单位:个

朝代	凯里	麻江	黄平	施秉	镇远	岑巩	天柱	剑河	台江	锦屏	黎平	榕江	从江
明代	5	—	3	2	3	2	1	—	—	1	4	—	—
清代	2	1	4	5	4	2	3	2	3	17	7	6	1

资料来源:《贵州教育史》第63—64页"明代贵州书院表";《贵州教育史》第104—106页"清代贵州书院表"。(孔令中主编:《贵州教育史》,贵州人民出版社2006年版。)

其次,乡贤是民间乡学教师的基本构成。中国传统文化最为核心的一点是尊师重教,参建书院有很高的荣誉,故乡贤大都从事了这一工作,并乐在其中讲学,黄平(兴隆卫)乡贤周瑛即在自己创建的草庭书院教学中度过余生。在表1进士身份者中,大都在回乡后从事教育工作,其中施秉(偏桥卫)乡贤熊祥,40岁中进士,年近70岁回乡,仍然在乡聚徒授学。乡村教育大都由各时期的乡贤所推动。他们一方面传授知识,提高乡民文化知识,另一方面编制教材,探索适宜于少数民族地区乡村教育的教学方法,进而形成自己的教育思想,一些人由此成为影响深远的教育家。其中如清平卫孙应鳌,回乡后收士子讲学与著书立说,写下了《教秦绪言》《幽心瑶草》《与楚侗论师道书》等著述,既是乡学所用教材,又成就了自己的学术经典。持续的乡村书院讲学一方面为少数民族地区培养了教育教学传统,更重要的是还起到推广教化的社会作用,在传授知识之时"亦与朱、周夫子同永久而不泯焉",乡贤们的宗儒学,躬身实践的道德文章,培养起乡村道德风尚。

如果说书院教育还时不时地带着点官办色彩的话，那么，社学、义学以及私塾则是教育体系中的私学部分，而在教育史上，视设于各乡的社学、义学为书院的支流，在于以补书院教育之不足。在民间乡村教育中，私学则是教育活动的主体，尤其在黔东南少数民族地区更为突出，形成了社学、义学、私塾金字塔形的乡村教育结构，这个结构的底层就是私塾，他们基本承担起本地区教育的基础作用。

明洪武八年（1375年）朱元璋"命天下立社学"，"延师儒以教民家子弟"❶。按明制乡里每五十家设社学一所。至弘治十八年（1505年）仅在贵州卫（今贵阳）建有社学24处，近700生童入学。在天柱县，万历二十五年（1597年）建兴文社学、钟鼓洞社学。清沿袭明制，各地均兴建社学，仅黎平府沿亮江两岸就建有数所社学。社学与书院最大不同之处在于，社学更重于启蒙教育的层次，故办学更贴近于乡村基层；生活在广大村社里的广大秀才及生员等"未入仕"乡贤下层❷，因熟知本乡民风社情，往往成为社学教育的倡导者、组织者与教师，如清嘉庆十四年（1809年）创办的黎平县竹坪大寨社学，就是由乡贤吴唐应首倡，现存一块"破天荒碑"❸记载了竹坪乡社学肇始的过程。

地名曰竹，继之以平。夫竹得平，必挺然殊茂，文秀蔚起。居此馆者，亦应如斯也。己巳年于舌耕此，见人民殷富，子弟明敏，爰将向来文风询诸父老，每以鲜识诗书为辞。因谓之曰：乡学未立，专业无所，竹犹未得其平，故无斐然之盛，如竹箭之有筠也。父老然之。是岁季冬，鸠工集木于寨之北，建树房屋树橡，傍山而居，义取诸静，离寨独处，业取诸专。又有小溪旋绕左右，足以洗濯心胸，洵读书之佳境也。而今后，俾第子皆造焉。肆业有所，竹果得平，猗猗之美，未必不以此举卜之也。居此馆者，共勉乎哉。

由"破天荒碑"记载可见，乡贤吴唐应有感于虽然乡民生活宽裕，但地方缺失诗书礼义，文化落后，切盼通过办学以期"文秀蔚起"。立志在乡创办学堂，该社学自创办起，乡童入学绵延不断，直至民国时期，前后有文秀才、生员等29人于学堂任教。

明代隆庆年间镇远府就有义学。明代黔东南地区义学尚见记载的先后有黄平

---

❶ 明太祖实录·卷九六，洪武八年正月丁亥.
❷ 张仲礼将乡贤群体区分为上层与下层. 参见张仲礼. 中国绅士——关于其在19世纪中国社会中作用的研究 [M] // 张仲礼文集. 上海：上海人民出版社，2001：7-9.
❸ 杨军昌，张德. 侗寨竹坪"教育现象"述论 [J]. 贵州民族研究，2004（12）.

州、麻哈州、思州府、天柱县、黎平府。清初政府鼓励在苗疆办学。雍正"改土归流"后，到乾隆早期，清廷多次强调设立义学的重要性，"训诲新附苗民子弟，实为整励苗疆之要务"。咸同之后巡抚林肇元上《下游苗疆新办苗弁、义学疏》提出"苗疆初定、应办善后各事如苗弁、义学、屯田，为风俗学校防御攸关，均属当务之急"；时入黔的湖南道员陈宝箴也上《代办苗疆善后事宜》疏，提出"欲永结苗患，必先化苗为汉，除令剃发缴械外，欲令其习礼教，知正朔，先自读书能汉语始"。鼓励乡贤在苗疆兴办民族教育，"募能汉苗语言而知书者数十人为教习，或一大寨或数小寨设一义学"，"使苗族子弟如学读书习汉语，年长者家隙时也令学汉语"。同治十一年（1855年），清廷又下达苗疆善后事宜上谕，明确规定建立学校❶，由此乡贤们在苗疆各厅开办义学。清一代贵州有义学301所❷，在黔东南地区，雍正时新置清江厅至咸丰光时已办有义学至少7所，黎平府城内就有义学10所。

黔东南民间还有大量私塾。时人读书，大致都经历了幼年私塾、县学、府学或者书院授学的过程。私塾称谓不一，有家塾、设馆、众馆、义馆等多种名称。据载明洪武四年黎平府偶里乡就开办有私塾，清乾隆三十年（1765年）时偶里乡有文昌学馆等私塾17所❸。仅天柱县有私塾200多所，学生4000余人；锦屏有私塾111所，学生千余人❹，塾师多为举人、秀才等中下层乡贤，也有回乡进士、著名学者设馆授徒。黄平县杨再先献家为馆，子弟考中生员、举人后又代为塾师，成为黄平著名的私塾。矢志教育的乡贤，在基层办学大都志向远大，致力于将学校越办越好，提高乡村塾学层次。咸丰年间开泰县人（今锦屏县）石国华，求学时在黎阳书院师从胡长新，后在古州司东高（今黎平县孟彦镇大稼乡）高孙村开馆私塾。到光绪三十一年（1905年）冬天，又联合潭溪司（今锦屏县新化镇）古桥寨塾师欧永深一起，在黎平城办振文义学，俗称"苗书院"，宣统三年（1909年）改为第二高等堂。

---

❶ 孔令中.贵州教育史［M］.贵阳：贵州教育出版社，2004：89-93.
❷ 任可澄，杨恩元纂.（民国）贵州通志·学校志四·义学［M］//中国地方志集成·贵州府县志辑.成都：巴蜀书社，2006：564-570.
❸ 偶里乡人民政府.锦屏县偶里乡志（未刊稿），2012：202.
❹ 黔东南苗族侗族自治州地方志编纂委员会.黔东南苗族侗族自治州志·教育志［M］.贵阳：贵州人民出版社，1994：12.

三、乡贤兴学活动的特征

在乡间从事兴学教育的乡贤群体，虽然大都是普通的或一生未曾入流的各种生员，但不乏出仕为官的回乡士绅，其中还有官至督抚或司职六部上层品官。前者长期留居乡间，他们是乡村儒学的化身与文化知识的杰出代表，也是一方道德力量的楷模，在终身矢志于本土社会建设中，他们的学识与人格魅力，使之更有坚韧不拔的砥砺办学志向；后者在长期的仕宦生涯中积累了丰富的社会阅历，建立起各种政治关系，由于有着浓重乡邦情怀，回乡后便可利用自己的社会经验与政治资源，在为乡邦教育兴学竭尽全力时，表现了更突出的主动性、建设性。因此，乡贤的兴学活动不仅有着浓厚的人格品性的色彩特征，更有着浓厚的社会性特征。这些特征主要体现在如下方面。

第一，乡贤的阅历与智识，使之在面对复杂政治局面时，往往能够审时度势，做出明智选择。黔东南社学与义学的创建，就受益于乡贤间的智慧与胆识。乾隆十六年（1751年）贵州布政使温福条上《黔省应行更复各事宜》，称"苗地遍立社学，无知愚苗开其智巧，必将奸作百出"，建议将已办的社学和义学"徐行裁汰"。清廷准议，命"应将苗疆所设各社师已满三年者均以无成淘汰，未满三年者届期亦以无成发回，渐次裁撤"❶。这一政策对于刚经历了"改土归流"而新建的清江厅来说，显然影响到社学与义学的存亡与发展。出于对振兴文教的责任心，竟然在官府压缩义学的教育政策下，仍然"顶风"创办义学，如清江厅柳义学。

乡贤熟知本乡社情民情，面对复杂的政治社会环境多有切身体会，无不为改善本乡社会落后面貌谋略出路与措施，其中教育可以改善村民的政治地位，竹坪大寨社学的举办即是这一政治思考的结果。竹坪大寨位于黎平府南部，距府城40千米，由于"山高皇帝远"的政治环境，往往成为政治监督的失控区，胥吏常常利用特权鱼肉当地村民。竹坪大寨乡贤吴唐应，虽然痛感胥吏通过征收税粮

---

❶ 贵州民族研究所. 清实录·贵州资料辑要：高宗实录[M]. 贵阳：贵州人民出版社，1964：21-22.

鱼肉乡民的恶行，又苦于乡民缺少知识文化而无力控官的迥况，为此首倡在乡举办学校，期望一方面通过教育培养提高乡民文化知识，另一方面可以通过文化知识来捍卫自己的政治利益。于是协商寨中各房族头人，达成创办社学的共识，在嘉庆十四年聘请潭溪乡贤杨映云到社学任教，聚徒授课，这所辐射四邻乡寨的竹坪社学，终有清一代就有9名生童考取文秀才。当地村民为缅怀吴唐应办学"以破天荒"的创举，在乡为他铭石树碑立传。

振兴文教的责任心使乡贤们更多的是向政府表达合理意愿，争取合理的待遇。上述竹坪社学办学至嘉庆二十三年（1818年），适逢所属黎平府三年一次的乡试人才选拔，在全府16名乡额中，规定"城内一半，城外一半"。吴唐应等认为名额划定有严重歧视城外"苗民"之嫌，遂联合各地款首坚决抵制，拒绝应试，联名要求黎平知府将乡试名额与皇粮缴纳比例挂钩，考虑到乡试任务与皇粮缴纳任务的必须完成，黎平知府不得不将乡试名额分配改为"择优录取"。

第二，乡贤为官的经历与社会阅历，赋予了自身较为显著的政治地位，使他们更易于与官府建立密切的关系，交道地方官员，并利用这一政治资源为举办学校提供有利条件。首先，绅与官本身同体。绅是在野的官，官是在朝的绅，政治生理同体的身份，兴学活动中大都有超凡的信心与魅力，易于为乡邦教育赢得巨大社会声誉。乡贤周瑛与兴隆卫学指挥使狄俊、经历李文祥气息相通，一方面他们两次共同兴建卫学，另一方面周瑛自主创办草庭书院，草庭书院在贵州明代书院建设中，赢得"气象宏远，规模广大，诚一方之伟观也"的盛赞。正德四年周瑛儿子周希明主讲草庭书院时，鉴于书院巨大社会声誉，谪戍贵州的王阳明也乐于留居草庭书院，传业讲道数日。其次，乡绅与官方联系促进乡学的发展。官绅交谊对于学校的发展，尤其在初创时期得到了官方支持。刑部观政邹元标，因张居正事惹祸谪戍贵州都匀卫，与麻哈州居乡官宦艾事蕃、艾士美弟兄交好，留下了"携手同登第一峰，共开眼界荡心胸，归来把酒酣陶醉，忘却江山几万重"的友谊篇章。❶友情所致，邹元标曾到麻哈州初创的静晖寺讲学六年。偏桥岁贡生李嵩山，隆庆年间出任江西泰和县教谕时识拔郭子璋，后回乡聚族授教。万历年间郭子璋巡抚贵州十年，得益于李嵩山与郭子璋师生之谊，郭子璋多次听取李嵩山合理建议，如罢盐监，打通诸葛洞三重险滩，河运到黄平旧州，更为偏桥办学

---

❶ 唐树义.黔诗纪略［M］.关贤柱，点校.贵阳：贵州人民出版社，1993.

提供帮助。最后，由于官绅气息相通，申请政府支持显得更为便利。麻哈州艾茂（1722—1800年）乾隆十六年辛未科进士，出任国史馆编修。乾隆二十二年辞官曾在贵山书院任教九年，与学政洪亮吉相谊，后回乡一边著述开馆授学，得到洪亮吉的肯定与赞许。黎平县胡长兴（1818—1884年）曾是郑珍在古州厅榕城书院任职时的士子，人品学识深得郑珍赏识，在致巡抚贺长龄信中说"此子如不废学，将作黔东鸡冠，惟得此一士，是当告语尔。"❶胡长兴道光二十六年中举（1846年），次年中进士，立志返乡致力于振兴乡邦教育，出任黎平府黎阳书院山长，因其与各级官员的关系，使其在教育实践中得到许多支持。咸丰元年胡林翼出任黎平府，与胡长兴关系交好，都"本诗书为治术"的观念，气息相通。胡长兴被胡林翼誉为"流风善政，在黔南者卓然可传"，胡长兴为黎阳书院营造良好的教育环境，书院得到"肄业助以膏火，人人争自濯磨，士气为之一振"的称誉。❷

第三，清代书院多为官办或"官督绅办"，除政府拨给经费外，筹措资金主要由官绅捐建，捐款与捐田收取地租维持教学活动。例如，道光年间贵州巡抚贺长龄写有《士民捐建书院疏》中讲道："黔地苦文教未兴，或数厅县无一义塾"，并报请清廷予以奖励："经臣批查查议……定例凡士民人等捐修公所实于地方有裨益者，由督抚县提；捐银千两以上请旨建坊；不及千两者交地方官给匾如有应行旌表而情愿议叙者，由部核议。"为此自捐年俸及养廉银，士民涌捐银11831两。张瑛出任兴府府知府间，写有《请变通书院详情文》士绅"劝捐"书院30887两。在黔东南地区，黎平府乡贤张应诏是康熙二十一年中举，曾出任两淮盐运使、鸿胪寺少卿，雍正时告老回乡，在隆里所重建龙标书院，将秘书所藏图书60余种2370多卷全部捐书院。镇远乡贤谭均培，同治元年中进士，官至江苏巡抚，回乡将家藏4000余两银子书籍捐书院。❸黔东南捐资助学者除在职官员外，身份为进士、举人等出身乡贤居多。表2中各时期书院，有记载由乡贤出资捐资兴建的至少有半数以上。黄平新州人朱定元（1688—1758年），康熙五十二年（1713年）中举，到雍正五年（1727年）间都在家乡辟龙渊书院讲学十四年。乾隆五年（1740年）官至山东巡抚，后至都察院左副都御使。后回乡

---

❶ 政协黔东南州委员会.黔东南人物（1368—1911·明清卷）[M].昆明：云南民族出版社，2013：794.
❷ 胡林翼.胡林翼全集[M].上海：大东书局，1936.
❸ 黔东南苗族侗族自治州地方志编纂委员会.黔东南苗族侗族自治州志·教育志[M].贵阳：贵州人民出版社，1994：32.

时购置十几挑书回乡讲学，乾隆为此书学馆名"敕书楼"。乾隆时在清江厅创办义学，就是由生员、监生、国学等身份乡贤首倡并捐资❶。清江厅柳霁书院也是乾隆时由乡贤倡办，捐资者中，化首绝大多数是有功名的知识分子，其中有贡生、监生、廪生、生员14人。在其他捐献者280人中，有贡生6人、监生8人、廪生4人、生员11人、文童2人。其中监生吴昌璧家族，捐献银两田亩折合白银共计3364.4两。在经济欠发达的黔东南"苗疆"腹地，真可谓慷慨壮举。

第四，乡贤是乡村道德力量的化身与知识的杰出代表，他们对乡村建设有着天然的责任感与使命感，因而在兴学造福一方时，往往是世代上下几辈皆从事乡村教育。下面是明、清时期矢志于民间乡村教育的黔东南部分"教育世家"兴学事迹。黄平兴隆卫家自周瑛创办草庭书院，其子希默、希谦，孙竽、笈，曾孙良卿三代人举于乡试，三代人也都传承周瑛书院薪火，在乡传业授道；五开卫乡贤龙氏家族，龙起福黎科府学，弟龙起雷万历十七年进士，官至大理寺评事，侄龙作霖万历三十七年酉科解元，家族成员出仕为官或不仕，但回乡后皆为家乡教育做出贡献；黎平府何腾蛟家族，祖父何志清，嘉庆时贡生，开县主簿，嘉靖年间捐资建校，父何东风万历时期的贡生，曾任楚雄府兴州学正，回乡后办"西岩精舍"书院；黄平王垈康熙三年（1664年）进士，其祖父拔贡、父廪生，康熙二十六年中举，三十六年进士，曾孙培元道光庚子科举人，玄孙己酉科举人，六代来孙炳坤光绪壬午科举人，侄伟士乾隆辛未进士、修士乾隆已本解元，侄孙孚镛乾隆丙午进士；另有两人分别为乾隆道光时举人，计七代人在乡从事教育活动。"教育世家"承载了民间乡村教育，使之薪火不灭，成了乡村教育的脊梁。

---

❶ 安成祥.石上历史［M］.贵阳：贵州民族出版社，2015：88.

※规制与教化：清水江文书的社会教育内容探析[*]

清水江文书，又称"清水江民间契约文书"或"锦屏文书"，主要是指明末以降止于20世纪50年代约400年的历史长河中，清水江流域中下游锦屏、天柱、剑河、黎平、三穗一带苗侗等族人民为了经营混林农业和木材贸易而形成的民间契约和交易记录。有专家推测清水江流域各县遗存的这类契约文书多达50余万件，是20世纪继甲骨文、汉晋简帛、敦煌文书、明清档案、徽州文书之后的中国历史文化上的第六大发现，被中外学者赞誉为"世界记忆"和"全球重要农业文化遗产"的代表作之一，并于2010年2月被列入《中国档案文献遗产名录》。

清水江文书除以山林经营和木材贸易而立的契约文书为主外，还有田土买卖、纠纷诉讼、分家析产、日常收支、婚姻习俗等方面的契约和记录以及其他历史记忆与公私交往的文存，如族谱、诉讼词稿、账簿、官府文告、书信、宗教科仪书、唱本、誊抄碑文等。种类繁多，数量巨大，涉及面广，特色明显。这些文书除具敦煌、徽州等文书的基本要素外，既在内容事项的表述上尽显地方特色与民族特色，又在形成与保存上具有鲜明的归户性特征，如锦屏加池苗寨四合院姜姓一家即保存有自清乾隆至20世纪50年代初，跨越7代人的1200余份契约文书，堪称清水江文书之珍品。作为民族区域历史上经济社会发展产物的清水江文书，无疑是当今不可多得、弥足珍贵、独特的民间文献遗产，是研究少数民族地区社会、经济、文化、教育等极具价值的可靠的资料宝库。

---

[*] 本文发表于《贵州大学学报》（社会科学版）2017年第4期，作者为项目负责人杨军昌教授、成员杨蕴希（湖南师范大学教育学在读博士）。标注有"国家民委民族研究项目'清水江流域少数民族教育文化研究'（2015-GM-139）"字样。

国学大师梁启超曾曰:"二十四史是二十四家帝王将相的家谱,是一部帝王将相改朝换代的历史。在这些正史的宏大叙事中,只有重要历史人物的活动场景,没有普通民众的点滴记录。这种缺少普通民众在场的历史,是苍白的、单调的。"❶ 孟子邦国学说所言的"诸侯三宝"——土地、人民、政事的"人民"的反映,即强调要将国家民众的数量、分布及其生产生活的历史与状况予以了悉,以便于国情的把握与社会的治理。而要使书写的历史具有"人民性"、社会的治理具有针对性,对于地方文献的收集及其考察研究无疑是为最佳的途径选择。清水江文书这一宝贵的文献档案来源于民族社会,是清水江流域经济社会发展历程的活态记忆,是苗侗等族普通百姓生产生活的最真实写照。通过对文书的研究,可以窥见流域明末至民国后期的经济社会发展轨迹,复原流域活生生的、丰富多彩的民间社会生活,同时使不同时期流域社会的诸多内容得到客观的反映。无疑,流域文书文献的书写和大量存世与流域中原文化的传入和教育的兴办相辅相成,而文书中也有与教育本身密切相关的具有规制性、教化性特质的内容,对深入认识清水江流域民族社会的发展历史尤具意义和价值。有鉴于此,本书特就清水江文书的社会教育内容做初步的整理、分析,以作引玉之砖,并求教于方家。

一、爱家爱国

爱国主义是一个国家的人民对自己祖国的深厚的热爱之情以及在此基础上的爱国言行。清水江文书中,不管是文契或是石契,文书中不管是红类或是白契,都有爱家爱乡爱国内容,其中,尤以各类族谱、家书最为典型。天柱蓝田彭城堂侗族《刘氏族谱》之家规认为:"国以民立,民以国存,苟无国何有家,苟无家何有身?故人不爱其身,与不爱其家等,不爱其家与不爱国等。然则吾人欲爱其身,必自爱家始,欲爱其家,必自爱国始。人民与国家有皮毛相关之谊,国如皮也,民如毛也,苟皮之不存,毛将安附?"❷ 家国是"大家"和"小家"相互依存,互为基础的紧密关系,国由许多小家组成,众多小家撑起一个国家;而

---

❶ 梁启超.饮冰室文集:卷十三[M].上海:广智书局,1902.
❷ 刘秋美,王芳.彭城堂《刘氏族谱》的教育价值[J].教育文化论坛,2015(2).

国家的稳定与繁荣是小家幸福的基础,亦即小家是国家的最基本元素,国泰是家安的前提。对此,一些家书也做了类似辩证性的表述,如民国年间天柱《龙氏家书》曰:"根伤枝枯,舟覆人没,国灭家亡,此必然之理也。夫国以民而立,民以国而存。民为国之基本,国为家所托庇。其关系之密切,正不啻皮毛之相附……人而不爱其家则已,人而欲爱其家,必当以爱国为先,断不可先其所后,而其所先也。"❶ 进一步说:"国家之安危,国民之安危焉。国家之荣辱,国民之荣辱在焉。国家之休戚,国民之休戚关焉。故国强则民强,国弱则民弱,是国之盛衰也。昔顾炎武有言曰'天下兴亡,匹夫有责'。可见民之于国,不能如越人视秦人之肥瘠,莫不相关也。凡为国民,当以爱国为天职,视国为己任。"族谱、家书具有寻根、留本、清缘、备查、增知、育人、血肉联情,承前启后等作用,也留给后人以知识、精神、思想、品德、情操、理想。爱家、爱乡、爱国教育成了清水江流域苗侗等民族的一项重要事程,也是流域民众对国家认同的重要体现。

二、务本成才

关于务本成才,古往今来有许多名人对之阐发高论,有很多学人对之不懈地论说,也有不少的人们一直在这条路上奔跑着。作为清水江文明重要载体的清水江文书,在务本成才上也有着多方面的言说。在传统农业社会,耕读传家,是中国人理想的家庭生活方式,"耕",是本分,即事稼穑,丰五谷,养家糊口,以此安身立命;"读"则是指读书,读可知诗书,达礼义,修身养性而立高德。诚所谓"耕读传家久,诗书济世长"。家谱是家族的家书,家训是家族的法规,在清水江流域各氏各宗的谱牒编纂中,都十分注重家训的制定,并通过之达以对族人耕读传家、务本成才观念的灌输和行为的教化。

如锦屏《龙氏宗谱》家条第四款曰:"勤耕读,王道必先厚生群,黎莫先生正德,故豳歌月令,知稼穑之艰难,春讼弦,立儒宗之典制。况礼义生于富足,俯仰有赀则从善自轻,诗书尽可传家,性情既驯则赀财可保。谚云:有田不耕仓

---

❶ 天柱《龙氏家谱》,民国三十年铅印本。

廪虚，有书不读子孙愚。凡我族中子弟，朴者安于畎亩，务宜易耨深耕，秀者泽以诗书，犹当探微抉奥，庶几世泽可绵，书香永绍矣。"❶ 又如，天柱彭城堂《刘氏族谱》"族训十六条"之四曰："盖闻养民之本，在于衣食。衣食之源，在于农桑。农桑者，乃衣食之所由出也。一夫不耕，或受之饥；一女不织，或受之寒。古之天子，教民稼穑，为天下兆民图其本也。夫衣食之道，生于地，长于时。聚于力，本务所在，稍不自力，坐受其困。故勤则男有余粟，女有余布。不勤则仰不足以事父母，俯不足以储妻子，其理然也。凡我族众……"❷ 两则内容，显示了各族在谱牒编纂中均注重对族人"重农桑以足衣食"观念的灌输，并以之作为成才的训条，以教化、规范族人。关于"读"，在天柱《龙氏家书》有较为系统的反映。该《家书》认为："世间最尊重者，莫如读书也。人不读书，则义由何而知，其理由何而明？欲求义知理明，不可不读书矣。夫读书者，人生一大紧要耳。何者？若书不读，则一义不知，一理不明，皆昏昏昧昧，知识未开，不知成何等人物，有何益乎？"❸ 关于学之于成才，《家书》基于"岱华之峰，非可一跃而登；江汉之涯，未可一跨而达。必也次第以升，循序而进。然后峰可登，涯可达"的逻辑，认为"身体为求学之基本，才能为求学之工具，勤勉为求学之方策"。三者兼备，是为成才之要素。"然有三者，而不将持之以恒，则或佐或辍，勤始怠终，亦未有能意其学。此学之所以贵有恒也"。之于"学贵有恒"，《家书》进一步阐发曰："人而读书，欲进步，即不可以无恒心也。人苟无恒，则贪心生，必为君子取笑。则诚心失必为小人所斯，心可不有恒耶？恒心何在？心在专而不在放，在内而（不）在外，痛心砥砺为宗旨，用心研求为主义。心有定在，不（为）外物摇夺，此乃恒心之谓也。不独一人宜有，即人人要宜有者。彼曰有恒心，此曰有恒心读书。如是目的自臻，日进无穷，诚学者之幸福也。"耕读传家既可营生活命又可养性修身，是中国传统农业社会家庭、家族家规家训中的核心内容。在清水江流域，不仅谱牒中视耕读传家为必入的"法条"，而且在苗侗等族的宗祠中也是不可或缺的规则而书于祠联或刻于石碑或制成匾额，起着教化后人做人第一、道德至上、劳动为本、勤俭持家的教义作用，可谓流传深广，深入民心。

---

❶ 锦屏《龙氏宗谱》卷一《条款》，道光十五年刻本。
❷ 天柱彭城堂《刘氏族谱》卷一《族训十六条》，民国十一年刻本。
❸ 天柱《龙氏家书》民国三十年铅印本。

三、规范行为

规范行为是社会成员在社会活动中应遵循的标准或原则，是引导、规范和约束社会成员的明文规定或约定俗成的标准。在清水江文书中，在这方面体现为以族规、家规和习惯法为宏观和以个体或具体事项为微观两个层面的系列规制上。于前者，族规是家族在编纂族谱时极为重视的内容。在清水江下游族谱中的族规大致有义庄规条、族学章程、祠堂权力、行为禁戒、劝说训语，这五类之间往往兼而有之。如，天柱《蒋氏族谱》训言中强调孝、悌、忠、信、耕、读、勤、俭、礼、义、廉、耻、酒、色、财、气、赌、贼18个方面的规范，要求本族人人人执行、户户遵守，"以敦村寨风气之纯正，人心之向善，秩序之井然"❶。类似规范，其他宗谱、族谱也十分重视。如前述的彭城堂《刘氏族谱》"族训十六条"即有"敦孝悌以重人伦""笃宗族以昭雍睦""和乡党以息争讼""重农桑以足衣食""尚节俭以惜财用""隆学校以端士习""黜出异端以崇正学""明礼让以厚风俗""务本业以定民志""息诬告以全善良""诫匿逃以免株连""完钱粮以省科催""联乡村以弭盗贼""解仇忿以重生命"等内容，既有对个体的要求，也有对社会成员集体的规范。再如天柱《陈氏族谱》订有特训族人践行"先国课、重慈爱、敦孝思、务侍老、敦友爱、睦宗族、和邻里、训子弟、守耕读、务勤俭、谨赌博、□行诅、隅廉耻、惩小忿、远奸佞、慎婚姻、肃闺门、守丧礼、正妻妾、清过继、严随母"❷等行为规范。这些族规内容，总体精神是在明伦理从孝悌上，教导族人遵从父母长辈，长幼有序，不能混淆尊卑；在崇厚道从忠义上，告诫为官族人，廉明奉公，不得借职权之便危害一方；在正体统上，训诫族人行事流程不得逾越规矩，随意为之；在是非曲直上，强调直言不讳，不能口是心非为尚直道；在行为上，训诫族人不要无事生非，要以善良、淳朴之心对待他人。这些从各个方面拟定的行为准则，在基层社会组织中的人际关系秩序维系上始终产生着积极的作用。

---

❶ 天柱《蒋氏族谱》卷一《谨识传家十八训》，道光二年刻本。
❷ 天柱《陈氏族谱》卷二《家规条约》，民国三十年铅印本。

实际上，清水江文书的核心组成，借由流域林业生产与木材贸易而产生的众多契约文书即为该领域约束、规范人们行为的形式表达。该类文书按约束范围分为户契和寨契，按族别分为苗契和侗契，内容大致分为山林土地买卖、佃山造林、拆分山林和家产、分配出卖山林银钱、山林管护、乡规民约、山林纠纷调解、山林登记8个类别，书写格式相对规范，记述内容包括立契主题、立契人、立契原因、山林土地的来源、地名、地界四至、买主或佃主、价务、买卖双方的权利和义务、中间人（公证人）、书契人、立契时间、执契人等，是流域林业生产中户与户之间买卖的进行、纠纷的排解、权属的认定、秩序的维系、规则的遵从等的契约规则。特举一例为示：

立分合同字人岩湾寨范德贤。有山贰块，地名冉柳金。上乙（乙同"一"，下同）块界止：上凭德连之田，下凭廷元之木，左右凭岭。下乙块界至：上凭绍淹田沟，下抵岩良（梁），左凭路，右凭岭。佃与蒋封山种地栽杉，迨今杉木成林，立分合约。此贰块之木分为五股，地主占叁（三）股，栽手占贰（二）股，二比心平意愿，不得异论。此木俱要栽手日后逐年修理，不得荒芜。如有荒芜不修理者，栽手并无毫分。今恐人心不古，立此合同字纸，二比各存乙纸存照。

代书　范献瑚
凭中、佃山人　马献书
合同二纸　各执乙纸日后为据（半书）
嘉庆二十年二月初九日　立❶

在清水江流域，类似的大量涉及山林权属转移、佃山造林、木款山股分配、借贷、清白等林契，使不同家庭、家族和村寨的经济权属得到了确定，林业生产和木材市场得到了有序地进行和有效的调节管理，本地的山主、外地的栽手及其商人等的社会经济行为得到了规范约束，不仅使流域范围大规模的人工造林、木材贸易活动得以长期有序进行，而且使自然资源得以长期合理循环利用，促进了流域社会发展的进程。

---

❶ 王宗勋.加池四合院文书考释［M］.贵阳：贵州民族出版社，2015.

四、兴学办学

在清水江文书中，兴学办学内容较为丰富，包括捐资助学、兴办学校、聘请教师等。其中，既有石契的刻录，也有纸契的记载，还有官家的告谕。关于石契，李斌、吴才茂、龙泽江等学者曾有较为全面的调查和研究，已搜集到事关教育的碑刻28通。有如清乾隆二十一年（1756年）天柱坌处抱塘村的"凤鸣馆碑记"、乾隆四十七年（1782年）锦屏高柳的"书房碑记"、嘉庆九年（1804年）铜鼓江口向家寨的"青云馆碑记"、嘉庆十一年（1806年）娄江村的"功德碑"、道光十八年（1838年）剑河柳霁的蔚文书院碑、道光三年（1823年）平秋石引村的"石引学碑"、咸丰三年（1853年）的"培元书馆碑"、民国四年（1915年）天柱民中的"人文蔚起"碑、民国六年（1917年）邦洞小学的"亘古于兹"碑等。❶碑刻字数长短不一，但内容不外乎办学缘由、建校过程、学生就学、捐资、师资及管理等，大多载录了当地兴学办学的历程和艰辛，如乾隆四十七年（1782年）天柱竹林《启秀斋碑记》记载：从雍正十年（1732年）当地头人倡导"捐田建学""众倡捐金"起，乡民"不惜锱铢"，又"同堡之人咸乐相助"，"遂成社学一区"。到乾隆十七年（1752年），又"筹资建造学馆两进"，这些碑刻是清水江重视文化教育且文化教育事业渐次发达的历史见证，是流域教育发展最直接的重要的露天"永久"档案文献。

而于纸契，则多述及办学之校址、学田、捐献、膏火等内容。此类文书在流域的清代的义学、社学、书院以及民国时期的乡村办学过程中有大量呈现。兹以文书两份列出，以示其貌。

立卖地基字人王洪泰，今因祖人遗下书院背园地，上下一连七块。其地四至：南抵墙外脚，北抵学堂操场，东抵墙外阴地墙角，西抵老路，四至分明，欲

---

❶ 李斌，吴才茂，龙泽江.刻在石头上的历史：清水江中下游苗侗地区的碑铭及其学术价值［J］.中国社会经济史研究，2012（2）.

行出卖。……劝学所执事郑大兵、龚其昌、张懋修承买为中学堂地址。三面议足买价钱正玖壹钱壹佰贰拾肆仟捌佰捌拾文。其钱亲领入手，领不另书。自卖之后，任凭执事人照墙打墙修造，卖主不得异言。恐口无凭，立卖字为据。

凭中人　饶占春
凭族人　王兴聘
民国二年五月九日王宏泰亲笔 ❶

该文书反映了民国初年，在改书院为中学堂的大背景下，王洪泰将持有田土出卖与中学堂事宜。一方面表明当时天柱教育已随时代变迁而进行由旧而新的剧烈变革，另一方面也反映出当时地方对学校规模发展的重视和努力。购买田土而充校址之文书，则为地方之于教育的重视并具备一定办学实力的反映。

立借洋元字人地良龙德芳，今因家下要洋元使用无所出处，自愿将到土名屋角田壹坵，上下抵姚皆林、姚皆焕田，左抵胡姓田，右抵山田，四至抵清。自出借到高酿高等学校，乘借洋元陆拾陆元五角正。其洋每月佳（加）叁（三）行息，息汗（本）两季付清，不得有误。恐口无凭，立有借字为据。

保人　代笔　姚皆林
民国戊寅年旧历五月二十五日立借 ❷

该文书显示的是民国十七年（1928年）5月25日龙德芳以田做抵向高酿高等学校借洋元并付息事，从一个侧面反映了清水江下游地区的天柱一带民众向学、政府劝学、社会助学的教育环境，从中可窥见天柱在历史上能长期保持教育事业兴旺之因由。

---

❶ 张新民.天柱文书［M］.南京：江苏人民出版社，2014.
❷ 张新民.天柱文书［M］.南京：江苏人民出版社，2014.

五、易子而教

易子而教是传统中国社会古老而久远的习俗。易子而教的作用有如张新民先生所云："一是用以满足父子血缘至亲关系脉络下，固有文化传统可以容许其相互不责善的条件预设；二是能够通过名分及相应伦理关系的置换，实现严格'教训''责治'子嗣的目的诉求。"❶ 作为华夏民族多种施教方法之一的易子而教的风俗，在20世纪50年代仍尚存于清水江流域并在清水江文书中有所反映。如《□□□□□胥志里将亲生子大绅过继与胥志德书》曰：

立继过房字志里，口有亲生子名大坤，现年十六岁，情愿与志德名下为继子，自后教训，听凭责治。此系自出两愿，各□（自）□（无）悔。恐后无凭，立继过房书，永远存照。

继父　胥志德　代笔　潘年蘩
（凭中）胥志高　胥志道　潘万铨　李定华
□□□□□年□月□□日立继
□□□□□□□（半字）❷

文书表明，胥志里希望其十六岁的亲生儿子有新的管教条件或管教环境，以过继继父胥志德名下为嗣子，过继之后的胥大绅则必须以嗣子的身份，接受嗣父的"教训"与"责治"。从例子看出，清水江流域以易子而教为根本诉求的继嗣文化现象，主要是在宗亲房族各个支裔的内部进行。易子而教本身就决定了宗亲房支内部存在着互助关系，说明乡村社会尚存在一种以恩养或义教为目的的养子制度。这种制度注重的是嗣父对嗣子的严格管教，突出嗣父的"教训""责

---

❶ 萨波奇·本采.旋律史［M］.司徒幼文，译.北京：人民音乐出版社，1983：301.杨军昌，杨蕴希.清水江流域状元文化及其对民族社会的现实教育价值［J］.中南民族大学学报：社会科学版，2016（1）.刘黎明.论西方自然主义教育家对教育科学发展的历史贡献［J］.贵州大学学报：社会科学版，2014（5）.王宗勋.加池四合院文书考释：卷四［M］.贵阳：贵州民族出版社，2015：399-456.

❷ 张新民.天柱文书［M］.南京：江苏人民出版社，2014.

治""责权"。在一定程度上反映了清水江流域传统乡村长期具有的耕读传家的"重教"传统。

六、生态教育

生态教育是清水江文书的重要内容与价值所在。清水江流域在解放初期生态环境的优良状态具全省之冠,其中锦屏等县的森林覆盖率保存在90%以上。郁郁的森林、优美的环境,既与苗侗等民族的地方性知识、民族习惯法、民族宗教信仰与禁忌、林业经营管理制度等密切有关,又与以文书为载体的生态文献及其教育并由此人们始终坚守生态环境保护的理念紧密相连。以有"中国环保第一村"之誉的锦屏苗寨文斗为例,该村以森林知名,以木材贸易闻名,但该村并未如有些村寨那样无休无止地向自然索取而使美丽的环境遭到毁坏,青山绿水变成荒芜,而本着人与自然和谐,既靠山吃山,又养山育山,使得绿树满山、鸟语花香的村落环境数百年来保持不变。究其根由,就是村寨至今保存着的数以万计的清代山林契约和上百块习惯法性质的古石碑的作用所致,从大量发黄甚至破损残缺的文契和布满苔藓的古碑中,即可窥视该村曾经有过的木材生产和贸易的辉煌,同时也可以领悟这里之所以青山常在、古树满坡的缘由。以下分别从寨契、户契示例说明。

立于乾隆三十八年(1773年)仲冬月的"六禁碑"是典型的寨契,其由文斗两寨"公议"而成,先为纸写,再为石刻立于寨中,是为家家户户、老老少少人必遵守的以保护环境为主要目的村寨规约。其碑文如下。

一禁:不俱(拘)远近杉木,吾等所靠,不许大人小孩砍削,如违罚银十两。

一禁:各甲之阶分落,日后颓坏者自己补修,不遵禁者罚银五两,众兴补修,留传后世子孙遵照。

一禁:四到油山,不许乱伐乱捡,如违罚银五两。

一禁:后龙之阶,不许放六畜践踏,如违罚银三两修补。

一禁:不许赶瘟猪牛进寨,恐有不法之徒宰杀,不遵禁者,众送官治罪。

一禁：逐年放鸭，不许众妇女挖阶前后左右锄膳（蛐蟮），如违罚银三两。

乾隆叁拾捌年仲冬月
姜弘道书撰 立❶

"六禁碑"对村寨环境、林木、生产、庄稼、牲畜、卫生防疫、道路以及经营等进行严格的规定。碑文虽短，但条如法律，内容简明扼要，通俗明了，惩处措施又极为严厉，轻则罚银而且数量悚人，重则"送官治罪"以示警诫。在"六禁碑"旁，有一块比"六禁碑"晚立12年的石碑，专对"六禁碑"内容做"此本寨护寨木，蓄禁，不许后代砍伐，存以壮丽山川"的补充。240多年来，"六禁碑"一直对社区成员的生产生活发挥着规制性的影响，正是其生态教育警示作用和文斗苗族民众对上述规约的代代相沿恪守，亦即其让文斗寨内外700多株巨大苍翠的古树荫蔽至今，让文斗曲直有致、里通外达的数百年青石板路让人称奇，使文斗成了今天社会各界大加褒扬的环保典型而有"中国环保第一村"的美誉。

有必要提及的是，除文斗外，在清水江流域类似"六禁碑"内容而发挥环保教育的碑刻性寨契可谓随处可见，所刻内容涉及公山管理、风水林培护、水源保护、开田垦土、古珍奇大树保护等诸多方面。以风水林培护石契为例，在清水江江流域就有风水培植的植树造林碑，如锦屏平鳌"功德流芳碑"（乾隆四十年，1775年）、九南村"□□思功植树护林碑"（嘉庆二十五年，1820年）、天柱雅地"禁伐碑"（光绪二十五年，1899年）；"水口"风水保护封山育林碑，如天柱石洞冷水小杨村"水口封禁碑"（嘉庆十四年，1809年）、麻江谷硐大冲"永垂不朽护林碑"（民国八年，1919年）、锦屏铜鼓垄路"永远禁止碑"（民国二十三年，1934年）；"龙山"风水保护的封山碑，如锦屏钟灵冲寨"龙山禁碑"（乾隆六十年，1795年）、黎平南泉山"永远示禁碑"（道光七年，1827年）、凯里龙场鱼洞"永垂不朽"碑（民国二十六年，1937年）；"坟山"风水培护碑，如天柱蓝田贡溪"封禁碑"（道光六年，1826年）、剑河久仰摆尾"坟山风水禁碑"（咸丰四年，1854年）、锦屏启蒙高增"亘古昭垂禁砍阴木碑"（民国六年，1917

---

❶ 该碑立于文斗上寨凉风亭旁。碑文在多个文本中有录入，如姚炽昌采辑，锦屏县志办1997年内部印刷的《锦屏碑文选辑》；王忠勋、杨秀廷编辑，锦屏县志办2005年内部印刷的《锦屏林业碑文选辑》；贵州省地方编纂委员会编著的《贵州省志·文物志》等。

年)；"神树"管护碑，如锦屏启蒙鹏池"禁条告白碑"(嘉庆四年，1799年)、锦屏河口瑶光"河村保障神树碑"(光绪五年，1879年)等。这些碑刻，内容具体，指向明确，强调人人遵守垂范，严格对违禁者的"罚银送官"处罚，对民族乡村生态环境的保护和人们生态意识、环保理念的树立与增强作用重大。大凡今清水江流域有上述碑刻的地方，几乎都是一方生态胜景，令人驻足和感怀。

户契，在文斗苗寨，绝大多数与山林权属、林业生产、收益分配有关，均为私家珍藏，在家庭生产生活中始终有着规范性的作用，其中不乏具有环境保护的意义和价值。如下契。

立佃种地栽杉木字人鸠榜杨荣发，今佃文斗下寨姜世官、世凤弟兄之山一块，地名鸠榜小地，名冉奢歪。界趾(至)：上凭田，下抵路，左凭姜开□之山为界，四至分明。此山地主栽手分为五股，地主占叁(三)股，栽手占贰(二)股。其山限制五年成林，若不成林，栽手无分，另招别人，自栽杉日后不得荒芜，务要勤俭耕种。日后栽手要卖，先问地主，不收，方卖别人。恐口无凭，立此佃字栽杉木永远存照。

杨荣□ 代笔
光绪二十年十月初十日 立❶

该契说明文斗由于环境适宜林木生产，尤其是杉树的植种，这一资源经由地主、承佃人(栽手)通过契约的达成得到了充分、有效的利用，其中规定的自协议签订起的"五年成林"，既是该地良好土地气候资源环境的反映，又是协议签订直接目标的体现；"若不成林，栽手无分"，是为对栽手佃种目标能否实现的明确约束，而"另招别人"意为该处具有植树获利以资生计的吸引力；"自栽杉日后不得荒芜，务要勤俭耕种"既是对承佃人的告诫，也反映地主对山地绿树成荫、青山满目的期待；"日后栽手要卖，先问地主，不收，方卖别人"，即是对栽手出卖股权时的秩序约束，反映地主对土地的出佃对象、能否出佃有着明确的主动权，而这种权利的因由即在于"不得荒芜"山地和承佃人能否"勤俭耕种"的生态情结。上述类似的契约文书犹如雨后春笋，产生并留存于民间。流域以契约

---

❶ 陈金全，杜万华.贵州文斗寨苗族契约法律文书汇编——姜元泽家藏契约文书[M].北京：人民出版社，2008.

形式而规范的长期进行的规模人工造林，不仅使自然资源得以长期合理循环利用，而且是一种原始、自发的生态环保行为，是清水江流域苗侗等族生态智慧的综合反映。可以说，清水江文书是贵州高原山区的绿色文化宝藏。

七、社会教育内容之作用

匈牙利著名学者萨波奇·本采曾说："控制人类的主要法则可以从地表的山岳水域分布图中求得。因此首要的是考虑世界上山系和水系与文化产物的发展的关系。"❶ 他认为，山是拦阻或保存文化的，而水则是传播和扩散文化的。我国的文化区域往往与"水"发生着密切的联系，"清水江流域是黔中大地上的文化富矿区，不仅千百年来孕育于其间的多姿多彩的民族文化已是遐迩闻名、世所瞩目，而且其一头一尾享誉寰宇的状元文化❷、清水江文书文化的知名品牌也为长江的任何一级支流所罕见"。❸ 地域性、时代性、民族性、档案性等特征强烈的清水江文书"是流域民族文化宝库之重要组成，是流域各民族共同的历史文化遗存，当然也是流域各民族时代文化的重要组成部分，是各民族引以为自豪和骄傲的文化品牌"❹。数以50万余份的文书遗存，是清水江流域苗侗等民族民众在特定的历史与自然环境中发展经济、维系秩序、规范行为、珍视环境、团结诚信的生存发展智慧，也凝集着汉文化对清水江民族地区影响的漫长历史印记，特别是流域内苗侗等族人民的民族国家认同的过程，其中内含的教育内容、教育学意义的价值，是流域各民族在争取图存发展、建设美丽家园中，自觉接受主流文化并使自己文化自觉创新的实践中积淀起来的经验表现，是流域各民族规范社会秩序、

---

❶ 萨波奇·本采.旋律史［M］.司徒幼文，译.北京：人民音乐出版社，1983：301.
❷ 杨军昌，杨蕴希在《清水江流域状元文化及其对民族社会的现实教育价值》（中南民族大学学报：社科版2016年第1期）一文中认为清水江流域状元文化因流域麻哈州人夏同龢摘取光绪戊戌科殿试魁首而以形成。这一文化"有着求学上的勤学拼搏、精神上的与时俱进、学术上的经世致用、行为上的兼济天下、艺术上的情操陶冶、品德上的守己律身等丰富内涵，同时具有地域性、民族性、传承性、社会性、遗存性等显著特征"。该文化"是清水江流域各民族共同的历史记忆，是少数民族多元文化灿烂星河中一颗璀璨的明星，代表着中国传统儒家文化在少数民族地区传播的新高度，是清水江流域民族、国家认同的代表性体现"，是流域"内涵丰富、特色鲜明、影响深远的教育文化品牌"。
❸ 杨军昌，杨蕴希.清水江流域状元文化及其对民族社会的现实教育价值［J］.中南民族大学学报：社会科学版，2014（5）.
❹ 杨军昌，杨蕴希.清水江流域状元文化及其对民族社会的现实教育价值［J］.中南民族大学学报：社会科学版，2014（5）.

正人心、淳风俗、增才智、树情操的智慧结晶，是流域活生生的丰富多彩的社会生活的知识性呈现。其在长期"明主治吏不治民""皇权不下乡""教化之权，常不在上而在下"的基层社会治理历史中，既是流域民族社会创设的一种自我治理有效形式，又是流域民族社会特有的社会教育活动体现。

教育是一种传递知识，培养德性等的活动。"教育即生长，教育即生活，教育即经验，教育即发展"❶。一个民族的教育与民族的经济社会发展是互为因果的，与民族的文化是一脉相承的，而教育的形式是多层次多类别的，受教育者受教育的场域是无处不在的。作为汉文化传入，流域私塾、书院、社学、义学、各级官学等教育的发展和流域生产生活的实际需要等共同催生而出的清水江文书这一规制性极强而又被广泛认可与遵从的文类，其教育的意义在于社会的层面以及人的综合素质养成，既有强制性的效果，又有潜移默化的影响，同时具有代际传递的功能。正因如此，其在一定程度上又不断地激劝着流域民众重学向学、办校兴学的热情，也因教育的发展，而使流域经济、文化落后的面貌逐渐得到了改变，尤其是在人们普遍"向化"的基础上，民族气节、家国观念、自律守规、诚信向善的人文精神得到了传承和增强。这里试举两例以明之，其一是流域文书之珍品——"抗日绝命家书"。抗日战争期间三穗县共有5177人从军杀敌，其中，滚马乡下德明村从军的国民革命军陆军第13师74团2营4连上士班长吴瑞于1937年9月14日奔赴前线的深夜写了《禀父书》《致兄书》《与妻书》三封绝命家书，表达了"国家危亡，男女有责""要与日寇拼命到底""倭寇不灭，誓不生还"的决死斗志。10月16日，吴瑞在上海嘉定广福与敌人血战，壮烈殉国，年仅24岁。2015年8月28日三穗县人民政府在吴氏祠堂内建立了"抗日烈士吴瑞三封绝命家书纪念碑"❷。从相关资料可见，吴瑞的家国情怀、从军报国和决死抗日"绝命家书"写出的基础无疑与民族社会的教育有关，绝命家书本身所体现的爱乡爱国教育价值不仅在抗日战争时期，而且于当代以及将来都是激励人们奋发有为、为民报国的极好素材。其二是"清白文书"。该类文书在流域各地均有出现，仅加池苗寨四合院发现的就有28份，如"错砍杉木认错书""姜朝英求

---

❶ 刘黎明. 论西方自然主义教育家对教育科学发展的历史贡献［J］. 贵州大学学报：社会科学版，2014（5）.

❷ 耿秀福，张美美. 我县举行抗日战争胜利70周年纪念活动暨抗日英雄吴瑞三封"绝命家书"揭碑仪式［EB/OL］.［2015-09-01］. www.gzss.gov.cn/info/20064/232133.htm.

谅错书""姜义宗偷盗戒约"❶"皆里衣强山场股权清白书""杨惟厚失火烧山认错书""姜炳魁南污粟山场清白字"❷等。"清白文书"为文书中的稀品,是对违约违规行为整治的表达以及往后行为规范承诺的"法文",是文书本身教育作用的呈现,而之又用文书的形式予以表达,无疑使得文书的教育意义更为彰显、更具威慑力,对教育人们清白做人、诚信处事和有错必纠、知错必改意义重大,无疑这是今日清水江流域青山绿水、民族团结、民风淳朴、社会和谐的社会土壤和文化软实力。

总体来看,清水江文书的教育内容对于维系清水江流域民族社会的和谐与发展、民族人口的素质提高、民族文化的传统保护、民族地区的山清水秀,产生了重大的影响。当然,积淀于各类文书中的具有教育价值的规范抑或是教育本身内容,尽管因为时代的局限不可避免地存在一些缺陷与不足,如宗族化、强制性的成分存在,但文书作为一方内涵丰富、特色鲜明、影响深远的文化品牌,其对当下清水江流域民族社会的健康有序发展和全面小康建设,特别是对人们的综合素质的提高、传统良风的发扬仍然不失积极的教育意义和价值,值得人们认真总结和研究。

---

❶ 戒约,这里并非共同议定的要遵守的条款,而是指在清水江一带,以乡规民约等寨契、文书等户契文基础,由犯事人书写具有较强约束力的行为改正保证性文书,主要适用于偷盗、赌博、通奸、虐待老人、毁坏公物、破坏风景等行为。

❷ 王宗勋.加池四合院文书考释:卷四[M].贵阳:贵州民族出版社,2015:199-456.

※清水江流域民族教育文化遗产与乡村旅游融合发展试论*

我国是一个具有悠久教育文化历史的文明古国,不同时期的教育活动内容丰富、异彩纷呈,经过历史的积累与沉淀,形成了内涵丰富、形式多样、特色鲜明的教育文化资源宝库。其中具有历史、科学、艺术等价值的教育文化遗存,亦即教育文化遗产,"是我国教育文明在传承中积淀的精华,是中华民族教育发展记忆的实证,是传承民族文化教育的重要载体"❶,是自然人到社会人形塑的重要文化资源,是中国文化遗产的重要组成部分。不可忽视,在文化与旅游融合发展、旅游已成不少地区文化产业乃至支柱产业的时代大潮中,教育文化遗产资源在其中有着重要的地位和影响。作为基层和群众的创造成果的乡村旅游,在新的时期,如何向纵深、特色、品牌发展,是乡村旅游从业者、管理者,以及学界值得关注的重要问题,其中,高度重视民族教育文化遗产资源的开发、整理、打造,促进其与乡村旅游结合发展,不失为一项拓展文化与旅游深度结合的可行、有效路径。

一、教育文化、教育文化遗产与乡村旅游

自有旅游活动以来,旅游与文化就从未分离。文化是旅游的灵魂,旅游是文化的载体,文化有利于提升旅游的魅力,旅游有利于增强文化的活力。旅游的优

---

* 本文发表于《西南民族大学学报(社会科学版)》2018年第5期,作者为项目负责人杨军昌教授和杨蕴希博士。

❶ 王雷.中国教育文化遗产:内涵、价值与传承[J].中国教育科学,2015(4):179.

势体现在市场，文化的优势体现在内涵。站在旅游的角度看，抓住文化就抓住了核心价值；站在文化的角度看，抓住旅游就抓住了一个巨大市场。旅游与文化是相互嵌入、融合发展的关系。所谓融合发展，即是按照文化与旅游的发展规律进行有机结合，不仅让传统文化资源"活化"，而且还能进一步提升旅游的人文品质和精神内涵。不仅有助于加快文化产业发展、促进旅游产业转型升级，满足人民群众精神文化需求，拉动经济增长，而且有助于中华优秀传统文化的传承、保护和发展，提高全社会成员的文化素质，同时扩大中华文化的影响，提升国家软实力，促进社会和谐发展。为此，2009年文化部和国家旅游局联合出台了《关于促进文化与旅游结合发展的指导意见》，在此引领下，云南、河北、山东、广东、贵州等省区市相继出台了相关文化与旅游融合发展的纲要、意见、规划等。

作为文化重要组成部分的教育文化，在文化体系中具有至关重要的地位。教育文化与教育活动相伴随，与各民族的生存环境紧密相关。关于教育文化的概念，目前尚无一个被公认的界定，但本文认为，教育文化是一个民族在长期的教育实践中不断积淀的教育哲学、教育理念、教育制度、教育内容、教育方式方法以及各类教育设施的总和，并以教育物质文化、教育制度文化、教育观念文化等三个层面体现出来。其与教育活动相伴随，与各民族的生存环境紧密相关，是文化教育的载体和基础，是使人成才与实现人生价值的精神引领，是培养杰出人才、实现人的全面发展的保障。而教育文化遗产，即为各个地方在教育发展历程中逐渐形成的具有历史、科学、艺术、教化等价值的、包括物质和非物质在内的教育史事遗存，具有存史、寻根、求据、励志、教化等功能与价值，是民族文化遗产宝库中的重要组成部分。在当代，一个国家的教育文化及其遗产同时也是一个国家综合实力的重要体现。

乡村旅游是以乡村独特的自然环境与文化资源为依托，利用城乡差异进行规划设计和组织开展的、集多种功能于一体的旅游形式。乡村旅游源于古人求生存、谋发展的捕猎和驯养活动，而其作为一种正式的社会休闲活动则出现于18世纪后半期欧洲的"浪漫旅游者"的活动，之后随着铁路等交通的发展，乡村旅游逐渐成为西方发达国家大众化的社会活动。我国现代意义上的乡村旅游开始于20世纪90年代初的北京、广东、上海、山东等地的乡村旅游活动，兴起于世纪之交的"生态旅游年""民间艺术游""中国百姓旅游年"等活动的推动，特别是从2004年起，中央"1号文件"持续重视"三农"问题，而作为其解决助推剂的乡村旅游便受到各地的高度重视并蓬勃开展。

　　乡村文化体现为生产形态、生活方式、社会风尚、制度习俗、人文景观、村落建筑、节日庆典等诸多方面，是产生乡村旅游的关键因素，是乡村旅游得以发展的核心资源。乡村旅游有着观光、休闲、娱乐、度假、考察、采风、修学、购物等多种形式和功能，因而其本质是乡村文化旅游。发展乡村旅游的过程是乡村管理部门和经营单位发掘、推介、生产、开发、经营与销售乡村文化的过程，也是旅游者了解、享受、消费乡村文化的过程。[1]但凡在乡村旅游开展的地方，对于乡村文化的利用，几乎都集中于音乐、舞蹈、习俗、服饰、节庆等显现的载体与内容的体现，而于其乡村文化体系中的重要组成部分——乡村教育文化遗产，是现代乡村旅游的活的灵魂，其可为乡村旅游彰显地方的历史与人文，为乡村旅游注入动力、丰富内涵，体现和发挥乡村旅游的教化功能，有利于推动乡村旅游业的结构优化和定位调整，促进旅游者综合素质的全面提高。遗憾的是，当前的乡村旅游，大多未将乡村教育文化纳入关注的视野，引起足够的重视，其结果是不仅未能较好满足旅游者获得精神的力量、心灵的陶冶、情操的升华等旅游的价值诉求，而且也在很大程度上使旅游地的文化因缺乏核心的成分、有价值的品牌而没有吸引力和知名度，从而影响旅游综合实力的提升、市场竞争力的增强和发展持续性的后劲。这种现象不得不说是当今乡村旅游发展的一大缺憾。

二、清水江流域教育文化遗产

　　清水江流域面积1.72万平方千米，流域人口约450万，其中苗、侗等少数民族人口占总人口的75%。是全国苗、侗、布依、水、瑶等族的主要聚居区和苗侗文化中心区域，有着丰富的文化资源，是民族教育文化遗产的富矿区。在唐代，流域就出现了学校教育与社会教育并存的局面，其中以著名诗人王昌龄在流域隆里"龙标书院"的讲学活动最为著名。宋代以降，流域内不仅设有学宫、学馆、书院，还有社学、义学和私塾，从流域麻哈州走出的光绪戊戌状元夏同龢及其状元文化是为流域文教之风浓烈的折射。其他有如流域中原文化与民族文化交

---

[1] 朱湘辉，刘凌凌.浅议乡村文化与乡村旅游的良性互动[J].价格月刊，2008（12）.

融并存、民族传统社会教育的制度性坚守、人与自然和谐相处的生态教育贯制、珍贵历史文献"清水江文书"所体现出的教育史事等,反映了流域教育文化的多样性、特殊性和重要性。❶ 可以说,历史悠久、内涵广泛、形式多样的流域教育文化,成就了至今仍遍存于流域大地的教育文化遗产。这些教育文化遗产,不仅具有教育历史寻根、经验作证、传承求据的价值,而且于当今蓬勃兴起的乡村旅游都具有重要的意义和作用。

清水江流域的教育文化遗产包括物质文化遗产和非物质文化遗产两部分,是清水江流域民族教育特色、民族文化特色的重要标志。其中清水江流域的教育物质文化遗产,是清水江流域先人在各种教育活动中创造或者与先人教育活动有关的、不能再重新创造的具有历史、艺术、科学价值的历史遗存,是流域教育史上有形的文化载体和苗、侗等民族文化教育的一种象征,是流域教育发展的历史见证。主要包括:一是古教育遗址、建筑、碑文、石刻等,如锦屏龙标书局(唐)、黄平草庭书院(明弘治)、镇远紫阳书院(明嘉靖)、麻江三台书院(清康熙)、锦屏龙标书院(清康熙)、黄平龙渊书院(清乾隆)、天柱凤山书院(清道光)、剑河柳川书院(清乾隆)、施秉凤翔书院(清咸丰)、台江莲花书院(清光绪)、施秉马溪文昌阁(清咸丰),以及施秉《创建偏桥卫学碑记》(明正德)、《新建偏桥卫学碑记》(明崇祯)、镇远"重修镇远府学记"(清康熙)、剑河"创建蔚文碑"(清道光)、天柱"凤鸣馆碑记"碑(清乾隆)等碑刻;二是与重大教育事件或著名教育人物有关的具有教育意义或史料价值的教育遗迹、实物或代表性建筑,如黄平周瑛"草庭书院"(明景泰)、凯里孙文恭公祠(明万历)、锦屏王昌龄状元桥(明万历)、黎平吴唐应"以破天荒"(清嘉庆)、麻江夏同龢状元第(清光绪)、天柱江东杨灿章进士第(清光绪)、天柱蓝田杨氏"诗书第"(清光绪)等;三是教育历史上各个时期珍贵的教育艺术品、教育工艺美术品,如镇远"惜字库"(清乾隆)、天柱瓮峒惜字塔(清咸丰)、垒处化字塔与"培元宝藏"碑(清道光)、惜字炉(清嘉庆)等;四是教育历史上各时期重要的教育文献资料,包括手稿和其他文献资料,如麻江《艾氏家集》、锦屏龙氏《迪光录》、三穗滚马抗日英雄吴瑞《绝命家书》以及在流域流传的《劝学歌》(民国)、《红军识字课本》(民国)等;五是反映各时代各民族的教育制度的代表性实物,如天

---

❶ 杨军昌.清水江流域少数民族教育文化[J].教育文化论坛,2015(2).

柱《凤山书院条议章程》（清道光）、《凤山书院新订章程》（清光绪）、《白云书院非斋学约》（清光绪）等。

教育非物质文化遗产特指以非物质形态存在的与教育过程密切相关、世代相承的关于建校兴学、教师学生、教学教法等传统教育文化表现形式，在流域体现为教育文学、教育艺术、体育竞技、教育礼仪、教育民俗、教师教学技能等组成，主要存在于私塾、宗祠、书院、义学、官学以及生产生活等文化空间之中，是传统文化教育与民族文化教育多样性的体现。在清水江流域，教育非物质文化遗产主要表现有：教育文学上的教育传说，如明代嘉靖年间黎平府第一举人、隆里所王大臣赴云南"好与破天荒"的赶考；教育故事如清末宣统二年黎平府王开媛女士冲破"女子无才便是德"的枷锁而开办女学的经历；教育诗词、对联如锦屏隆里古城的龙标书院、状元桥、状元祠、鼓楼、城楼自明而今的名士贤达的题咏等。此外，教育文学方面尚有数量无计、内容丰富的教育歌谣、教育谚语在流域苗侗社会传承不衰。教育民俗上的民间向学风尚如在明清民国时期地方绅士、民众倡办兴办、捐资投劳而建义馆、私塾、书院、学校等的蔚然成风；教育世家的教育经验与教育智慧如黄平清代康熙进士王枟子孙连续六代代代中举"六代科第蝉联"科举盛况之教育家风；宗族办学、乡贤兴学等如清乾隆年间天柱地垄彭氏宗族成立"文昌会"兴办"起秀斋"学馆而至一族人文蔚起。教育礼仪上的学礼、知礼、懂礼、讲礼、行礼如家庭、宗祠、学校等场域中《家规》《族规》《校规》之于个人修为的规范及其于人的各个生命历程践行的规则。体育竞技上的传统武术如流传于民间与学校的非遗项目月牙铛、勾镰、苗族武术等。

三、清水江流域乡村旅游的状况分析

清水江流域主体区域是有着"人类疲惫心灵的最后栖息地"和"歌舞之州、森林之州、神奇之州、百节之乡"美誉的黔东南苗族侗族自治州，原生态民族文化享誉中外，有世界非物质文化遗产侗族大歌，有国家级非物质文遗产53个项目72个保护点，是名副其实的世界原生态民族文化博物馆。黔东南州每年有喜庆节日200多个，是世界著名的"百节之乡"，各种节日活态地传承、展演着民族风情和璀璨文化。黔东南是国家28个重点林区之一，森林覆盖率65%，有国家和省级自然保护区27个、国家地质公园1个，空气负氧离子含量是全国平均水平的22倍，是"天然氧吧"。黔东南州有大小河流2900余条，主要河流有清水江、都柳江、舞阳河三大干流，河水清澈见底，水质均达到国家Ⅰ、Ⅱ类标准，是长江、珠江上游重要的生态屏障。目前黔东南州有276个中国传统古村落，占全国传统古村落的10.8%，占贵州省的65%。其中有30个村寨，被世界旅游组织评选为世界级乡村旅游村寨，是世界乡土文化保护基金会授予的全球18个生态文化保护圈之一和联合国推荐的"返璞归真、回归自然"全球十大旅游胜地之一。处于流域源头或上游的其他县市，也是自然风光秀美、民俗风情浓郁、民族文化丰富的乡村旅游资源富集地，如贵定县因拥有"一水（洛北河）两洞（牟珠洞、燕子洞）三山（云雾山、斗篷山、阳宝山）四寨（音寨、晓寨、猛壤寨、杨家寨）"的生态画卷和历史文化、佛教文化、贡茶文化、民族文化的交融发展而被授予"中国最佳休闲旅游县"和"中国最佳生态文化旅游目的地"等称号。概言之，清水江流域拥有发展乡村旅游的得天独厚的环境与优势，从某种程度上来说，流域的乡村旅游资源具有国际价值和世界意义。

20世纪末，流域的一些乡村在政府的主导下开始了乡村旅游的历程，并逐渐形成了系列各具特色、业态各异的乡村旅游品牌，如朗德民俗村、西江千户苗寨、隆里生态博物馆、石桥古法造纸、贵定"金海雪山"、都匀斗篷山生态示范区、"高原桥城"、凯里云谷农业观光园、巴拉河民族风情旅游带、麻江宣威蓝莓园、黎平肇兴侗寨、镇远铁溪养生、剑河展架南加渔家乐等，乡村旅游正在以蓬勃发展、方兴未艾之势而备受省内省外、国内国外所瞩目。据有关统计表明，"十二五"期间，流域主打原生态民族文化旅游的黔东南就接待游客达1.56亿人次，旅游总收入达1307亿元。其中，境外游客达102万人次，占贵州省境外游客的26%，年均增长18.6%。2015年黔东南州接待游客12605.39万人次，同比增长27.5%，旅游总收入406.3亿元，同比增长23.16%。2016年黔东南又顺应旅游发展潮流，提出了创建中国民族乡村全域旅游示范区、谱写乡村旅游发展新篇章的目标；都匀、贵定、福泉等流域县市也在全域旅游大背景下，着力推进乡村旅游的发展步伐。

毋庸讳言，流域的乡村旅游中，也未走出前文所云的其他地方忽视教育文化遗产资源在乡村旅游发展中的价值的窠白。一方面，开发和主打的重点多为风景名胜、村寨建筑、节庆节日、音乐舞蹈、婚俗服饰、农耕生计等文化和景观。已开发的乡村或打造的景区也多在规划中缺乏整体的构思、特色的提炼、人文的融入而呈现出同质性强的歌舞表演、农家乐、长桌宴等形态，丰富多元的文化内涵未得到深度地发掘和创意性的提炼，人无我有，人有我优，各具特色，相互辉映的特色旅游品牌打造不多，影响力不强。另一方面，由于流域显现的、有影响力的、大众化的显性文化如歌舞、服饰、节庆等的多彩多姿与原生态魅力，乡村旅游的开发重点及其游客的视野多在于此，而于长期滋养、浸润着流域苗侗等族同胞生命历程、道德人伦与成长发展，以及民族社会淳风良俗、和谐与共的教育文化则由于显性文化的遮盖而往往不为人们重视；又由于其价值发挥的潜移默化、润物无声的特性而于经济效益优先的产业化发展的乡村旅游主体来说又对之缺乏深刻的认识和长远的考量，以致不少地方乡村旅游发展的势头与效益的呈现难以实现一定的预期，休闲、观光、文化领略与人的价值追寻、人格塑造、精神陶冶的诉求和期待的功能无法得到应有的体现，这是依托资源、可持续发展乡村旅游值得认真思考的问题。

四、流域教育文化遗产与乡村旅游融合发展的意义与路径

2014年，国务院出台的《关于促进旅游业改革发展的若干意见》针对我国旅游业发展的问题及其前景，强调旅游业开发要更加注重资源能源节约、生态环境保护和文化传承创新，以实现旅游可持续发展。2017年是联合国确定的"国际可持续旅游发展年"，确定的目的"旨在增进各地人民之间的了解，提高对各种文明丰富遗产的认知和对不同文化的内在价值的珍重"，"促使旅游发展在全球经济、社会和环境三个重要支柱领域的实现可持续发展中做出更多、更大的贡献"。❶这里，展示出的旅游发展的前景不仅在于追求产业性质的经济效益，而且同时并重社会与环境效益，重视对"文明丰富遗产的认知"和"文化内在价值的珍重"，重视文化在旅游中融入和作用发挥。文化与旅游的融合是旅游可持续发展的有效途径。教育文化遗产是一个民族文明史的重要承载物，凝集着一方学校教育、社会教育、环境教育和实现人的全面发展的时代印迹和智慧，是文化遗

---

❶ 张广瑞."可持续旅游发展"需要大家共同努力[N].中国旅游报，2017-01-04（003）.

产宝库中的重要组成，其对于乡村旅游发展的意义在于其是乡村旅游发展可持续的动力源、软实力，而乡村旅游是乡村教育文化得以发掘、传承和弘扬的重要形式，是教育文化遗产价值及其功能得以发挥的有效载体。具体来讲，一方面，教育文化遗产是乡村文化遗产体系中历久弥新、价值深远的部分，是彰显乡村旅游内涵的重要核心资源，是乡村旅游的灵魂所在，是乡村旅游获得生机、丰富内涵、铸造品牌、提升品位的重要软实力，可为乡村旅游彰显教育文化的历史价值、科学价值、艺术价值和生命价值，体现和发挥乡村旅游的教育功能，促进旅游者与乡村民众综合素质的全面提高。另一方面，乡村旅游的发展，可使乡村教育文化遗产得到系统、深入的发掘、整理和研究，强化人们对乡村教育文化之于人的全面发展的价值的认识和尊重，促进教育文化遗产的传承、保护和其有效地释放文化价值正能量，并在其中获得创新发展。概言之，清水江流域丰富而又具有民族、区域特色的教育文化遗产资源融入流域乡村旅游是发展所趋，是题中之意，既是流域乡村旅游持续发展、不断向前的软实力，也是流域教育文化遗产资源得到开发、价值得到发挥、内涵得到丰富的重要平台。

流域教育文化遗产与乡村旅游融合发展，应坚持保护为先、文化为魂、群众为本的观念，树立改革创新、特色化建设、差异化发展、持续性保护等意识，应在认识地情、厘清资源、明确方向的基础上，对其实践路径做必要的探索。在此，谨提出如下看法，以作引玉之砖。

第一，地方旅游政策和规划的制定要有利于教育文化遗产与乡村旅游的融合发展。目前，流域各地都在依托生态和民族文化资源发展文化旅游产业，并将之与扶贫工作相结合，提出了相应的产业发展目标。如 2016 年 3 月，黔东南州文化旅游产业发展和改革领导小组做出决定：在乡村旅游发展已有的基础上，采取有力措施，把黔东南打造成为中国民族乡村旅游示范区，实现全州乡村旅游井喷式增长的大跨越、大突破。❶ 政策是方向是保证，规划是蓝图是路径，流域各县市乡村旅游的发展离不开政策的制定与规划的编制，而在其中，尤要避免一哄而起的"盲目主义"，各地一是的"本本主义"，照搬照抄的"拿来主义"，要在识清地情、明了方向、把握特色的基础上，高度重视包括教育文化遗产在内的文化资源的认识、开发、利用、保护和开新，深刻认识教育文化遗产与乡村旅游融

---

❶ 杨正清，刘军，王佳丽. 把黔东南打造成为中国民族乡村旅游示范区［N］. 黔东南日报，2016-03-09.

合发展的意义与价值，切实提出发展的政策支持内容，如用林用地、基础设施配套建设以及信贷、融资、税费等，科学规划融合的手段、路径和品牌的创意与打造，以促进乡村旅游全面、可持续发展目标之实现。

第二，深入挖掘乡村教育文化遗产特色内涵，优化乡村教育文化遗产的保护和利用环境。如前所述，流域教育文化遗产形式多样、内涵丰富，而各地的存续状况又不尽相同而各具特色，因此，在乡村发展旅游的过程中，必须认真挖掘、分析、评估乡村的历史发展过程与社会文化，特别是家庭教育、学校教育、宗族（社会）教育的发展历程以及与之相关的重要人物、重要建筑、重大事项的资料、存在物、遗迹遗址及其影响、价值，充分体现乡村各具特色的教育文化内涵与魅力。在此基础上，通过宣传教育、政策保护、村规民约规范、规划制定、开发评估、树立乡村本土文化自信心自豪感等措施，优化环境，有效地传承、保护其中具有可持续发展旅游的核心遗产资源，把握好开发利用的速度、程度和规模，尽可能再现教育文化遗产的氛围与场景，如私塾教育、宗祠教育、勤学苦读、建校兴学、科举题名等，并以此为载体，丰富旅游项目，提升旅游竞争力，以实现教育文化遗产资源与乡村历史文化、民族风情、乡村原始风貌、文化生态和自然生态等旅游资源的永续合理利用，确保乡村旅游产业可持续发展。

第三，充分利用教育文化遗产资源，打造教育文化遗产旅游品牌，开发教育文化遗产特色旅游产品。旅游品牌打造，是乡村旅游突出特色、提升品位、扩大影响的必不可少的举措。可将流域内乡村旅游已开展的乡镇中的教育历史建筑如宗祠、社学义学、学堂学校、会馆书院等进行修葺、打造，并在其中展示当地教育发展的历程以及本乡本土乡贤名士、教育教学人物、黎民百姓之于教育的贡献和业绩，使之成为当地教育文化的展览中心和传承基地，这类资源在流域各地可谓丰富厚重，如前述的"草庭书院""孙文恭公祠""龙标书院"，以及贵定云雾万寿宫（书院）、天柱蓝田"诗书第"、黎平竹坪"以破天荒"亭等。也可将流域历史上著名教育人物尚存至今的故居或创办的教育场所建成教育主题纪念馆，如麻江夏同龢状元故居、天柱江东杨灿章进士牌楼、教育名士王天敏故居、教育家周恭寿故居等。还可将一些具有教育意义的乡村公共建筑赋予教育的意义和价值，如三穗县滚马乡下德明村吴氏祠堂内竖有"抗日烈士吴瑞三封绝命家书纪念碑"使吴氏祠堂成了一方进行爱国主义教育的基地。相应的体现教育意义的旅游项目、产品也应跟上，有条件的乡村，制作一批有代表性和震撼力的影视、动漫、舞台剧，以及大型演艺节目等作品，以形成乡村旅游特色品牌。当然，品牌的打造、产品的开发，需要地方政府、旅游、文化、教育等部门的政策与项目扶持，也需要社会力量的介入与参与，应在科学规划的基础上逐步推进。

第四，注重乡村旅游开发队伍建设，积极引导乡村民众参与乡村旅游发展。乡村旅游的发展，关键在于人才。这里的人才，既指经过专业学习的从事乡村旅游的职业人员、基层干部和部门职工，又指乡村从事旅游的经过一定业务培训、熟悉乡村自然环境、历史文化、民族习俗的当地旅游从业者。作为一项综合功能的产业而言，无疑需要前者的政策把握、规划制定和具体工作指导，但乡村旅游是依托乡村资源展开的活动，需要村民对自我文化的认识自觉从而积极、能动地挖掘、研究和保护乡村文化资源，同时，也需要村民生计观念的转变和发展乡村旅游热情的提高并创造性地有效实践。乡村旅游的发展离不开人才队伍的建设，更离不开旅游在地民众对生计的思想转变与观念更新、对本土文化价值的认识与自觉、对发展旅游的热情与身体力行。乡村民众成为乡村旅游发展的主体和生力军，乡村文化才有可能最大程度保持其原生态与特色，包括教育文化遗产在内的各种旅游资源才有可能最大限度地得到保护和利用，也才可能使乡村旅游永葆其乡村特色，实现有序和可持续发展。地方政府和旅游、文化部门要根据乡村旅游发展实际，编制本地区的文化旅游人才培训规划，定期组织文化旅游从业人员进行业务培训，打造和培育高素质、专业化的文化旅游人才队伍。同时以各种有效的形式，定期或不定期地培训从事乡村旅游的村民队伍，全面提升乡村民众从事乡村旅游的文化素质和工作技能，推动乡村旅游健康、特色与可持续发展。

本文最后认为，乡村旅游是基层和群众的创造，乡村旅游资源丰富、形式多样，是文化传承、精神陶冶、经济发展的有效方式，是进行多种教育的天然课堂，也是民族地区贫困群众脱贫致富的重要渠道。积极开发农业多种功能，挖掘乡村生态休闲、旅游观光、文化教育价值，建设、打造形式多样、特色鲜明的旅游村镇，是国家解决三农问题的重要部署。在贵州建设山地公园大省，全力推进全域旅游的当下，流域各地都在依托特色村镇，利用生态和民族文化的资源优势，因地制宜开展、发展着"村寨+""农文旅"一体化等形式多样的乡村旅游，并产生了积极的经济效益。新的时期，乡村旅游如何向纵深、特色、品牌发展，如何适应旅游者观光赏景色、休闲娱乐、精神鼓舞、情操陶冶等综合诉求，是乡村旅游从业者、管理者，以及学界值得关注的重要问题，其中，高度重视民族文化资源、特别是其中的重要组成部分——教育文化遗产资源的开发、整理、打造，促进其与乡村旅游结合发展，充分发挥其教育的功能与价值，不失为一项拓展文化与旅游深度结合的行之有效的选择路径，有利于实现乡村旅游"树形象、提品质、增效益"的目标，并达到文化传承保护与旅游特色发展、可持续发展的双赢。

※清水江流域少数民族教育文化的社会传承机制及其嬗变和调适[*]

黔东南州境内居住着苗、侗、汉、布依、土家、水等33个民族和2个待识别民族,苗族和侗族人口分别占全国苗族和侗族总人口的1/3和一半以上,少数民族人口占全州总人口的81.9%,在全国30个少数民族自治州中居于首位。黔东南州是贵州少数民族区域最广和人口最集中的地区,是世界苗、侗原生态民族文化遗产保留核心地,被世界乡土文化保护基金会授予"全球生态文化保护圈"(全球共18个,亚洲仅存两个,另一个是西藏),有着丰富的文化资源广博的研究领域,教育文化是其中的重点和亮点之一。❶

一、少数民族教育文化与社会传承机制

少数民族教育(又称为民族教育)是指对汉族以外的其他55个少数民族实施的传承社会文化、传递生产经验和社会生活经验的一种社会活动。它有狭义和广义之分,狭义的民族教育专指对少数民族文化知识的教育;广义的民族教育是指对本民族文化的传承,以及对外来文化引进、消化和吸收的过程,即少数民族代代相传的传统教育和少数民族地区历代兴办的学校教育。狭义的少数民族教育文化由"家庭教育""社会教育"和"宗教教化"三部分组成;狭义的少数民族教育文化的"社会教育",是指少数民族的子女在其成长的过程中,通过经常参

---

* 本文发表于《教育文化论坛》2015年2期,作者为项目负责人杨军昌教授和课题组成员黔东南州委党校陆桂林副教授。

❶ 杨军昌.清水江流域教育文化[J].教育文化论坛,2013(3).

与本民族成员举行的各种群体生产与生活活动,从而习得了本民族的语言能力、道德规范、生产技能、体育文化技能以及其他风俗习惯等。人们通常所言的少数民族教育文化是指狭义上的少数民族教育文化的"社会教育"部分。"机制"一词最早源于希腊文,原指机器的构造和工作原理。将"机制"一词引入社会学、文化学领域,是指以一定的运作方式把事物的各个部分联系起来,使它们协调运行而发挥作用。有鉴于此,我们认为,文化的社会传承机制是指在一定社会、文化机体内各构成要素之间相互作用的过程和方式,是各少数民族教育文化在代际纵向传递过程中相互作用的重要方式。历史上,黔东南州由于地理上的偏远封闭,少数民族教育文化的"社会教育"主要是通过社区这一重要传承场,传统、沿袭保守家法,培养本文化的继承人和接班人,在尊重传统文化根本价值与意义的基础上进行改良与创新,从而习得传统文化,而社区民众是少数民族教育文化传承的根本力量,起着官方组织不可替代的重要作用。

二、少数民族教育文化的社会传承机制

在传统社会中的主要类型在黔东南州这一多民族地区,少数民族教育文化的社会传承方式类型多样,如民族禁忌、民族习惯法、民族风俗、宗教信仰等。

1. 民族禁忌

民族禁忌是一种文化现象,亦是一种文化的保护模式,是千百年中在民族内部,通过社会舆论给社会成员施加影响,或通过社会成员对禁忌或有违道德后果的恐惧,或通过社会成员美好愿望的追求,影响人们的生产和生活,并在人们头脑中形成牢固观念的"神秘化"现象。如黔东南州侗族在"土王"之日不能动土,妇女不能触摸铜鼓,严禁姑娘在夜间梳头发等。黔东南州丹寨孔庆、雷山大塘等地的苗族还有在"六月六"用百草扎成小药包挂在儿童身上"避邪"之俗。民族的禁忌要求本民族成员严格遵守,否则将受到处罚和制裁。在黔东南州的一些苗族、侗族、水族、布依族视寨子后山为"龙脉","龙脉"是禁区,任何人不得在此挖土,也不得在其中砍树,如有人挖动禁区的土或砍里面的树,逢寨内有人或牲畜生病,便会归罪于他,要杀猪杀牛"安龙谢土",让他付出沉重代价,让其心生敬畏。如连续三次"安龙谢土"后寨中仍有人生病,才顺其自然。

2. 民族习惯法

少数民族的行为规范大多不成文法，不成文法的规定即习惯法。在黔东南最为典型的以苗族的"议榔"为核心的社会控制制度（包括"理老""寨老""议榔"和"神判"）和侗族的"议款"活动，以及苗族和侗族的寨佬制。

（1）苗族的社会控制制度。

理老制。"理老"苗语称"利娄"，由精通《贾》和各种古理古规，能说会道，办事公正的人担任，主要负责财产、山林、婚姻等民事纠纷和械斗、群殴、凶杀、强奸等治安案件的"裁决"和"执行"，在苗族社会具有半专职"法官"的职能，是为社会公理服务，是代表一种社会的公理而存在。

议榔制。议榔是苗语"构榔"的音译，意为"集中起来制度规矩"，其以地域为基础，在一定地域内由村寨首领们共同议定"乡规民约"，并杀牛祭祖后使之变成"神"的意志。这种依靠"泛神"机制来实现对社会控制的社会制度，是20世纪50年代以前黔东南州苗族社会管理的重要支柱，现依然可以作为法律的重要补充，成为村民自治的重要内容。

鼓社制。苗族鼓社是由共同源于一个男性祖先而结合起来的关系十分密切的血缘集团，每三年举办一届鼓社节，其最高权力机关是全体社员大会。举办鼓社节时男女老幼都要参加，举行祭祀央公、央婆等祭祖活动，选举新一届鼓头，讨论鼓社规约，决定发展生产、婚姻调整、内部关系协调、安全保障等重大事项，亲属称谓制度、祖先崇拜、地域观念以及人们在生产、生活中所体现出来的互助精神是其重要支柱。

神判制。神判是与"议榔"文化相伴相生的另外一个亚文化范畴，也是"习惯法"文化的重要组成部分。在"榔"内部的各村寨之间发生了纠纷或违约之事，要由理老评判，但对一些是非难以弄清、证据难以取得的纠纷和案件的裁决，要靠"神判"的方式解决。"神判"方式多种多样，有捞油锅、赌咒等。当今社会"神判"已绝迹，只留下一个动听的名词。

（2）侗款。

侗款是侗族以地域为纽带的村寨内部或村与村、寨与寨之间的地方联盟组织，即款组织，是侗族制度文化最集中的反映。"款"有大、中、小之分。小款由一个或几个自然村寨组成，"款首"是自然领袖。"小款"一般一年议一次，由各户户主参加，商讨款内生产、治安、防火、婚姻、家庭等事宜，款约共同遵守,无一例外,谁犯款规,照约赔罚。"大款""中款"则为侗族局部地区的村寨联盟。侗款是侗族的主要"议款"活动,是侗族的"习惯法",其对于维护侗族社会内部的安定,强化道德观念和惩恶扬善等方面起到积极的作用。

(3)寨老制。

寨老制是黔东南州广大苗村侗寨一重要的社会制度文化。寨老是广大苗族、侗族、水族等民族村寨的自然领袖(苗语称"寨老"为"构昂"或"娄方构昂",意为方老寨公),他们在寨子中德高望重,有些是群众公推,有些是自然形成,主要负责处理本寨内部事务以及与外寨的关系,如主持制定带头村寨社区社会治安、公私财产伦理道德的乡规民约,调处村民内宗族之间纠纷,主持召开村民大会,制裁违背村规民约的人和事,代表本村寨调处与邻村寨之间的矛盾和纠纷等等。寨老一般不脱离生产,有事理事,没有俸禄,也没有特权。当然,当下一些寨老也可能是村干部,还有可能是国家退休干部或村中致富带头人,他们在本村寨或邻近村寨较有影响力。

3. 民族风俗

民族风俗是指一个民族在某一方面的独特生活习性或社会习惯,而且能够一直沿袭下去,主要有节日文化、礼节文化、饮食文化、恋爱文化等。相对于在某一区域内有较强"硬约束力"的"民族习惯法"而言,它具有一定的"软的约束力"。

(1)民族节日。

黔东南州因"小节天天有、大节三六九"被誉为"百节之乡",如过"七月半"(农历七月或七、八月之交)时,凯里、黄平、施秉、雷山、丹寨、麻江等地的苗族,在水稻扬花的秋夜,男女青年集中在一起,点上几炷香,烧上几张纸钱,由一个或几个男女青年用毛巾蒙住脸,坐在凳子上,由几个人用簸箕扇风使其处于昏睡状态,由一人或数人与其对唱,谓之跳"稻花神"。据说,人的灵魂受簸箕风扇以后可以升天,到祖先居住的地方去访问,众人可通过该人之口咨询运程流年及婚嫁、姻缘等大事,有一定的神秘色彩。

(2)饮食文化。

黔东南州少数民族口味嗜酸喜辣,日常生活离不开酸,有"三天不吃酸,走路打趔趄"之说。不管是苗族侗族还是其他少数民族,黔东南州的各族同胞都嗜辣,大众汤菜以辣子调制的"蘸水"调味。由于居住地的地理条件较差,劳动强度大，多半借酒来舒筋活血，消除疲劳，也养成嗜酒的习惯。"酸汤鱼"是苗族较出名的风味名菜，也是黔东南苗族饮食文化的代名词，"凯里酸汤鱼"现在已经风靡全国。"烧鱼（即烤鱼）""红肉""牛瘪"和"羊瘪"是南部方言区侗族的传统风味佳肴。牛瘪、羊瘪吸收百草溶剂，具有药效作用，现已开发成为黔东南州独具特色的民族名菜肴。

（3）恋爱文化。

黔东南州特色较为鲜明的是侗族的"为顶""行歌坐夜""爬窗探妹""玩山凉月"等。"为顶"是南部侗族村寨男女青年之间互相结伴走寨，互相探访，交友联谊的一种集体性的社交活动，亦叫"吃相思"。活动时间为每年农历正月间，一般都在七天以上。"行歌坐夜"是侗族南部方言地区男女青年最为普遍的一种社交活动，供这种活动的场所叫"歌堂"，每当夜晚来临，居住在附近几家的姑娘们聚集在"姑娘头"的家里，一起纺纱、做针线、唱歌或闲谈，这时本寨不同房族的青年后生或外寨来走寨的青年后生便三五一伙地弹着琵琶（或拉着牛腿琴）来到姑娘们相聚的地方，对歌娱乐，以歌传情。"爬窗探妹"是榕江县七十二寨的一种社交方式，每当夜深人静时，青年男子便架着木梯站在姑娘闺房窗外，隔窗和姑娘对歌，谈情说爱。"玩山凉月"是北部侗族（包括天柱三穗及锦屏部分地方）男女青年的社交、娱乐活动。玩山是男女青年在喜庆节日、劳动之余或赶场路上趁相见之机，男青年悄悄向女青年"约日子"，把姑娘从家里唤出来，双方在姑娘家附近的楼脚边或寨内的仓脚边或附近的大桥上谈情对歌。

4. 宗教信仰

信仰是人们精神世界的主要载体，是人们精神生活的依托和归属。黔东南州少数民族多信仰原始宗教，主要是自然崇拜、图腾崇拜、鬼神崇拜、祖先崇拜等。

自然崇拜。黔东南州少数民族崇拜自然的主要对象有天、地、日、月、巨石、大树、竹、山岩、桥等，如黔东南的侗族以山神、土地神、水神、井神、树神、石神、火神、雷神作为崇拜的对象，他们认为，这些东西具有灵性，可以保佑人得安康，特将这些自然拜祭为"保妈"或"保爷"，诉求护佑。为感恩这些"保护神"，拜祭人的姓名与托护物的名称通常一致，如拜祭的是石头其名加一个"石"字，如拜祭的是树木其名则加一个"树"字，人们期盼自己如同大自然物一样硬朗，生命久远。故当逢年过节，要祭以鸡、鸭、鱼、蛋等，以示谢意，常年香火不绝，以祈其保佑。

图腾崇拜。黔东南州少数民族图腾崇拜比较普遍。如瑶族崇拜狗，在历史上长期的狩猎活动中狗是他们祖先最忠实的伙伴，瑶族不但不吃狗肉，还在服饰的领边、袖口、裤沿和胸襟两侧绣上色彩鲜明的花纹图案，上衣则特意剪成前短后长，妇女将发结梳成角状再覆以花帕腰带，臀部掉下一截以喻狗尾，儿童戴狗头帽穿狗头风衣，以示对狗的纪念。最为突出的是苗族的图腾崇拜，由于苗族支系繁多、分布广，他们崇拜的图腾有多种，如枫木、蝴蝶、神犬（盘瓠）、龙、鸟、鹰、竹等，苗族先民把枫木作为图腾进行崇拜，认为自己的祖先源于枫木；另外他们还把蝴蝶作为图腾，认为其祖先姜央是"蝴蝶妈妈"所生。苗族也非常崇拜水牛，在雷公山一带（即雷山、凯里、台江、剑河等地）的苗族所戴的银帽就是水牛角的模型。鬼神崇拜。黔东南州少数民族信鬼尚巫源远流长，现在仍较普遍，所信的鬼神多达几十种。他们把鬼分为善、恶两类：认为善神能赐福于人，为此应该经常祭献；恶鬼则与人作祟，降灾降祸，应当祈解和驱逐。认为要达到此目的，就要通过巫师实行巫术。巫师是沟通人与鬼神的中介人，有较高的文化素养，受到少数民族群众的敬重。巫师实行的巫术主要有占卜、禳解、招魂等。如现在黔东南的不少侗族村寨，仍有不少群众认为世上存在着一种凡人看不到的神灵群体，凡人有灾病是恶鬼在作弄，须请巫师求善鬼保佑平安，或驱赶恶鬼才能让灾病者康复。

祖先崇拜。如同其他民族一样，在黔东南州少数民族中十分盛行祖先崇拜。如苗族将姜央作为自己的始祖，在每个鼓社都设"鼓石窟"，供奉"央公""央婆"。为了祈求祖先神灵的庇佑，不少苗寨在鼓社节期间杀了大批的牛来祭祖。侗族则非常崇拜"萨"，传说这位"萨"是古代侗族的一位女英雄。黎平、榕江、从江等地的侗寨都建有"萨"的神坛，神坛有专人看护管理，每月的初一、十五都要烧香敬茶，每年的新春是寨人祭"萨"的日子，届时举行盛大的祭典。平时寨中男女歌队出行，戏班演出，举行芦笙赛会或进行斗牛活动等，都要事先到"萨"坛前祭祀，以祈求平安顺利。

5.碑刻记录传承

清水江流域碑刻众多，内容广泛，其中学校教育类数量不少，仅在天柱就有17通碑载内容涉及捐资助学、兴办学校、聘请教师等，以此传承、彰显兴学重教育之风。对于办学的认识，清乾隆四十七年（1782年）《起秀斋碑记》就认为"学校立则人才兴，人才兴则国家盛，理所固然"。而于乡梓，是应"家有塾，党有庠，州有序。所以崇教化而作人才，兴礼仪而美风俗"，"益教化行，虽中材可进于君子，愚柔可变为明强。学校之系于人讵浅鲜哉。"为了办学，捐资、集资办学踊跃，上碑载曰，在乾隆二十八年（1763年）"共得银二百余两，陆续置买田地约计二百余稿"，"乡民子弟有志学文者俱入学肄业"。《文昌会碑》记天柱竹林地垄人"恐后人艰于就学，特置产业为聘师之资"。天柱邦洞《亘古於兹》碑记载："凡该区以前指定之木桐地租、狮子口木捐、本地屠捐、牛捐以及各庵谷、永定为洞第一国民学校常款，不得任意挪移，亦不得籍（借）口争回。"这些碑刻既记载着当地的教育发展史迹，也传承地方民众的向学风尚。❶ 而学校的开办，为清水江流域苗侗子弟实现"朝为田舍郎，暮登天子堂"的梦想创造了机会，一些家族因此而人才辈出，如地垄彭氏族学开办后，"未几载，果尔斌入庠者相继二十余人"。同时也因此加速了清水江流域地区民众对儒家文化的认同。❷

三、少数民族教育文化社会传承机制的创新

历史上每一种相对独立的文化体系都会有一种本能的排他性，加上相对封闭的社会环境，如同黔东南少数民族教育文化一样，教育文化在代代相传过程中持续地保持着它的稳定性、完整性和延续性。但历史是不断向前推进的，在历史长河中产生的一些文化因子（或现象）因为不合时宜，在逐渐的淡化甚至自我消亡。如黔东南州苗族地区原来较为流行的"吃枯脏"，每次过节要宰杀大量的牛，造成了极大的浪费，活动时间又长，给群众造成一种沉重的负担，甚至有"一年吃枯脏，十年背苦账"之说。近年来，广大少数民族群众为摆脱贫困纷纷外出务工、经商，没时间过长久的节日，加上党和政府对"节约"的大力宣传，引导群众移风易俗（如不过"吃枯脏"），得到广大少数民族群众的理解、拥护和支持。而在当下，在以工业化、城镇化为主要载体的全球化浪潮中，加之现代交通、现代传媒的高度发达，多元文化的大量涌入，包括黔东南州在内的少数民族地区由传统的封闭社会进入了开放的社会环境中，传统的文化传统传播土壤发生了改

---

❶ 李斌，吴才茂，姜明.记明朝以来清水江下游天柱地区碑刻的分类、内容与学术价值［J］.贵州大学学报：社会科学版，2013（3）.
❷ 蔡敏，李斌.清代清水江流域村落的兴学活动［J］.贵州大学学报：社会科学版，2015（1）.

变，形成了多元文化传承场的重构和叠加，少数民族教育文化的社会传承方式也在不断地变化，不断与时俱进地形成新的传承机制。

申报非物质文化遗产名录。非物质文化遗产名录是为保护非物质文化遗产，通过申报、审批而确定的名录。非物质文化遗产又称口头或无形遗产，是相对于有形遗产（即可传承的物质遗产）而言，它包括各种类型的民族传统和民间知识，各种语言，口头文学，风俗习惯，民族民间的音乐、舞蹈、礼仪、手工艺、传统医学、建筑以及其他艺术。当前，侗族大歌是黔东南州唯一的世界非物质文化遗产，也是贵州省唯一的一项世界非物质文化遗产，同时，黔东南州还有国家级非物质文化遗产52项68个保护点（分别占贵州省74项125个保护点的70.3%和54.4%），数量居全国同级单位之首（苏州第二），有省级非物质文化遗产代表作名录175项206个保护点，分别占贵州省440项568个保护点的39.8%和36.3%。按照联合国教科文组织《联合国教科文组织宣布人类口头与非物质遗产代表作条例》和《保护民间创作的建议案》的要求，被批准为世界级、国家级或省级等非物质文化遗产名录的民族文化，可以争取到相应的保护物资、保护资金等。

申报和建设民族文化生态保护实验区。民族文化生态保护区是以保护非物质文化遗产为核心，对历史文化积淀丰厚、存续状态良好，具有重要价值和鲜明特色的文化形态进行整体性保护，并经文化部批准设立的特定区域。它是参照国家自然保护区模式而采取的一种民族文化保护方式。2012年12月31日，黔东南州申报的"黔东南民族文化生态保护实验区"由文化部正式审议通过，黔东南苗族侗族自治州成为贵州省首个列入国家级文化生态保护实验区的地区。依托国家政策，黔东南州可结合州情实际，大胆探索，可在建设文化生态保护实验区内以"暂行规定"形式，公布该保护区内建筑的式样、卫生的管理、民族节日，以及行为规范，运用基层政权的强制力对民族文化从整体上进行保护。

建立生态博物馆。生态博物馆是指将某一特定地理区域（如民族村寨）建设成为对物质文化与非物质文化遗产进行挖掘、搜集、整理、研究、陈列、保管和展览的基地，通过在重复展示中重新链接民族文化传承链条，从而达到保护民族文化的目的。是20世纪以后发展起来的一种原住民文化保护模式。黔东南州生态博物馆层次丰富、类型众多，国际性命名的有"锦屏隆里生态博物馆""黎平堂安生态博物馆"；国家命名的有"中国贵州雷山上郎德生态博物馆（已被国务院批准公布为全国重点文物保护单位）""雷山西江生态博物馆"；社会力量命名的有"黎平地扪侗族生态文化博物馆""锦屏文斗生态博物馆",以及"黄平飞云崖民族节日博物馆""台江刺绣博物馆""黎平铜关村侗族大歌生态博物馆"等专业博物馆;岜沙、小黄、银潭、占里、季刀、南花、卡拉、石桥等上百个民族村寨也正等待命名。❶

发展文化旅游。文化旅游是黔东南州现代服务业的龙头产业,也是黔东南州最具优势和最具人气财气的产业。旅游产业是关联性极强的"朝阳产业",具有"一业兴、百业兴"的特征。旅游与文化相互融合、相得益彰、不可分割,文化是旅游的灵魂,旅游是文化的重要载体,没有旅游的文化就没有活力,没有文化的旅游就没有魅力,抓住了文化就抓住了核心价值,抓住了旅游就抓住了一个巨大的市场。被誉为民族文化"金山银山"的黔东南州,聚居苗、侗、水等33个民族和2个待识别民族,其以苗、侗民族文化为代表的原生态农耕文化富集,且在全国乃至全球都具有唯一性。在由传统农业社会向现代工业社会转变的进程中,让民族文化的保护弘扬与传承者的职业事业有机衔接起来,让广大群众实现就地就业、就地发展,让传承人因生活生产条件得到改善过上更有尊严的生活,少数民族教育文化才得以持续发展繁荣。

建立少数民族文化数据库。近年来,黔东南正通过利用现代技术手段,对民族文化进行文字、图片、音频、视频资料数据全程、全景式收集整理,创建集文字、图片、音频、视频资料数据的非物质文化遗产数据库,对即将消失的文化进行抢救性保护。同时还开通了"黔东南人民网""黔东南文化网""黔东南州旅游政务网""黔东南州旅游资讯网""淘宝多彩贵州旅游馆黔东南州旅游商品分馆"等信息平台传播、展示着黔东南州的民族文化,2014年年初,黔东南州民族职业技术学院开发的全国首个少数民族技术文化数据库正式上线。此外,黔东南州正筹建旅游电子商务平台、旅游信息基础数据库、旅游信息检索服务平台等,为保护和传承少数民族传统文化引入新的信息化技术,产生了积极的影响。

打造民族文化展示交流平台。近年来,黔东南州借助"多彩贵州"、中国国际酒博会、贵阳生态文明论坛、中国(贵阳)国内旅交会、中国东盟教育活动周、中国(贵州)国际民间工艺品博览会、中国·凯里银饰刺绣博览会等重大活动,展示和宣传少数民族文化;组织百家中外旅行社走进黔东南、百千米跑国际

---

❶ 周新颜,杨玉平,李筑,杨志刚.体验生态博物馆[N].贵州日报,2008-10-17.

挑战赛、巴拉河消夏旅游季、第五届黎平·中国侗族鼓楼文化艺术节、中国·雷山苗年节、侗族大歌传承保护发展百村歌唱大赛、四十八寨歌会等活动；打造"凯里苗侗风情园"，打造雷山、台江"银饰刺绣一条街"和"雷山控拜银匠村"等产销链；正筹建黔东南苗族侗族自治州非物质文化遗产展示馆、重点县非物质文化遗产专题博物馆或展示馆，作为非物质文化遗产研究、收藏、利用、展示、科普、教育、培训、交流、传播的重要平台等。通过建立民族文化的展示展演平台，来保护和传承少数民族民间文化。

开展民族文化进课堂活动。早在20世纪80年代初期，我国著名侗学专家、榕江县文化馆张勇同志率先在侗族较为集中的榕江县车江乡车民小学，实施民族优秀文化进课堂的实验，把侗族音乐引入小学的课堂。进入21世纪以来，特别是2003年《贵州省民族民间文化保护条例》颁布实施，贵州省教育厅、贵州省民宗委联合下发了《关于在我省各级各类学校开展民族民间文化教育的事实意见》的文件以后，黔东南州各县、市对民族民间文化进校园的问题十分重视，台江、黎平、从江等县纷纷成立民族民间文化进课堂领导小组，各县教育局、民族局结合本县民族文化资源的实际，制定民族文化素质教育实施方案，一些地方因地制宜、因校制宜开展教学，如凯里市舟溪逸夫中学自编的"大课间芦笙舞"、凯里七小的"民族舞蹈韵律操"、台江中学的"多声部苗歌"等深受学生喜爱。目前，黔东南州开展民族文化教育学校达1005所，占黔东南州学校总数的56.18%，每年参加民族民间文化教育活动的学生已达40多万人。

四、少数民族教育文化的社会传承机制在新常态下进行调适的探讨

1. "新常态"少数民族教育文化传承场的变迁

文化传承场是一个特定的时空中各文化元素之间相互作用所形成的一个综合场，它是一个文化的存在形态，是一个有向心力的、动态的和有机的系统。在当前的工业化、城镇化、现代化的新常态下，多种因素在演变，时代背景、社会环境发生了广泛而深刻的变化，进而影响了文化传承的土壤和环境。

（1）从乡村走向城镇，从注重精神追求走向注重物质生活改善。黔东南州少

数民族文化丰富，但民族村寨的广大村民群众经济上还较为贫困。摆脱贫困、发展致富，是各族人民共同的心愿。虽然，一些地方政府也曾考虑给传承人一个称号，发给徒弟生活费的方式来扶持，但数字太小、对象太少，治标不治本，未能与市场有效对接，喜欢的人不多，做得越多浪费越多，失传的也越多。为解决吃饭问题，为不断提高经济收入和生活水平，广大民族村寨的村民群众纷纷外出务工经商，有的甚至举家外出，青壮年人打工或经商挣钱，老人照看小孩或做些临时工，除春节期间部分群众返乡外，村里平时冷冷清清。

（2）从长期的封闭环境走向开放环境，从单一的文化背景走向多元的文化背景。随着交通的日益便捷，网络媒体的日渐普及，外出打工经商潮的日趋扩大，现代学校教育的大力推行，外来文化的不断涌入，传统封闭的农耕环境变为开放的现代社会，文化从单一形态变为多元共存。如传统的侗族村寨由丛林、河流、稻田、花轿、鼓楼、侗衣、鱼塘、禾晾、祭萨堂、侗语等文化事象组成，现在却发生了很大变化。如在民族语言方面，现在即便走到最偏远的少数民族村寨，若非逢年过节，除了部分妇女和老年人外，其他人穿的都是汉族服饰，说的是汉语，部分小孩由于父母外出打工经商出生在省外或在省外上学，不要说少数民族语言，有些连黔东南州地方汉语方言都不会说，只会说普通话，社会教育逐渐失去了其所依附的土壤。

（3）从传统农耕社会的无序化走向工业化、城镇化的标准化，从文化的"个性化"走向文化的"趋同化"。在全球化时代，人类社会由分散独立和个体间对立的初级形态演进到整体关联和相互影响，工业化体现为机械化、标准化、批量化；工业文明相对于以传统方式生存的偏远山区民族成为一种新质的文化，生产系统化、规范化、目标化，生产高效率，并形成新的价值观念、文化观念、生活态度及生活方式，具有强大的诱惑力。这些与农耕社会的无序化相矛盾、相冲突，难以使民族传统得以传承，在强大的现代文化的"碰撞"下，传统文化显得势单力薄，渐失发展的内源性动力和独特个性，趋同化现象愈加明显。

（4）从传统教育模式的多元化走向现代教育的一元化，从非主流文化教育的碎片化走向主流文化教育的系统化。历史上传统的农业社会，各民族教育文化在固定的、封闭的民族社区小环境中自我独自传承，家庭和社区对儿童的教育，虽然这些习得通常是零散的和非正式的，但此种方式使每个人自出生起他们便接受家庭、社区和本民族的文化。从全州范围来看，整个黔东南州"大杂居、小聚居"的民族分布状况，又表现为文化教育的多元化。在现代教育的普及下，少数民族学生从惯常环境转入陌生环境，为适应主流社会提供了条件。"普九""普十二"的不断推行，在不断减少了汉语文化和现代科技知识文盲的同时，却增加了民族语言和民族文化的新文盲，这不能不引起我们的关注和思考。

2. 少数民族教育文化社会传承机制在新常态下的调适探讨

工业化、城镇化、全球化的不断推进是人类社会不可逆转的发展潮流，其带来的社会环境的变化也是不可改变的，要求我们自身要积极调整，主动适应，才能不断适应发展的新常态，才能更好地传承少数民族教育文化。

（1）开展生产性传承。坚持以人为本，依托民族文化资源禀赋，让文化与市场对接，发展民族文化产业，民族文化被市场所认可和接受，夯实坚强的物质基础，反哺文化的挖掘与保护，形成经济发展与文化保护传承的良性循环，尤其要充分利用民族文化来发展特色文化旅游，把黔东南的文化旅游做大做强。

（2）推进智慧传承。广泛运用广播电视、互联网、计算机、移动通信等现代技术手段，传播少数民族语言、少数民族礼仪、少数民族歌舞和少数民族历史风俗等影像资料，并将录制的少数民族教学、少数民族歌曲放到网上供人下载和学习，利用网站、博客、论坛等网络媒体广泛转载相关信息，推进少数民族教育文化传承的"信息化""智慧化"。

（3）实施社区传承。在推进工业化、城镇化的同时，根据不同民族外出务工、经商、就学、工作等聚居、杂居的特点，推行当地社区教育，以社区为载体和空间进行传承，使少数民族教育文化活动逐渐变成社区内所有社会成员的"公共事务"，将传统文化展示"民族文化"的功能转变为展示"社区文化"，如通过"大妈广场舞"方式传承等。

（4）突出学校传承。在中小学继续推行"民族民间文化进课堂活动"的同时，还要推进职业院校民族民间文化传承创新工作，让民间艺术、工艺等进入教育课程，成立专项基金保障民族文化特色专业建设，鼓励民间艺人、非物质文化遗产传承人参与职业教育教学，鼓励和支持学术团体、科研机构、企业和职业院校，定期举办多种形式的民族民间文化教育研讨交流和专题培训活动，充分发挥学校教育的主渠道、主阵地作用。

※从碑刻看清代清水江流域的乡贤与乡村社会生活

——以地坌彭氏为中心的考察*

乡贤虽为时下兴起之概念,然乡贤之谓,古已有之。❶所谓生于其地而德业、学行著于世者谓之乡贤。从定义上理解,乡贤必须具备两个条件,"生于其地"是为籍贯限定,"德业、学行著于世"则是"贤"的标准❷。实际上,乡贤并不是一个规范意义上的名词,而是一个社会学上可描述的范畴,其范畴可界定为那些在一定地域范围内德高望重,能力突出并致力于当地政治、经济、社会、文化公益事业之人❸。这类人广泛存在于古代中国的乡村社会里,对乡村社会生活影响甚巨。有关其研究,主要集中在明清时代,且多与宗族、祭祀、教育以及乡村建设等联系在一起。例如,常建华就清代山西洪洞苏堡刘氏的宗族建设历程进行了研究❹;赵克生就明代乡贤在庙学中的祭祀成为一代制度进行了分析❺;李秀菊等就乡贤对地方教育的影响进行了研究❻;刘华明则集中论述了明代苏州的乡贤,对其在地方社会的功能进行了全面的分析❼。通过这些研究成果可知,整体研究与区域

---

* 本文发表于《凯里学院学报》,2018年第4期,为项目组成员、凯里学院李斌教授、吴才茂教授撰写。

❶ 只是在不同历史时期其表现形式有差异,例如在先秦表现为"乡师""乡大夫",秦汉表现为"乡老",魏晋为"名士"。参见王春娟,秦行国.乡贤在传统社会的历史形态及其差异[J].齐齐哈尔大学学报,2017(11).

❷ 张会会.明代乡贤祭祀与儒学正统[J].学习与探索,2015(4).

❸ 张兆成.论传统乡贤与现代新乡贤的内涵界定与社会功能[J].江苏师范大学学报,2016(4).

❹ 常建华.捐纳、乡贤与宗族的兴起及建设——以清代山西洪洞苏堡刘氏为例[J].安徽史学,2017(2).

❺ 赵克生.明代地方庙学中的乡贤祠与名宦祠[J].中国社会科学院研究生院学报,2005(1).

❻ 李秀菊,邹小宁.乡贤与地方教育[J].吉首大学学报,2017(6).

❼ 刘华明.明代苏州乡贤研究[D].苏州:苏州大学,2016.

研究已经逐渐兴起，但亦可看到，有关区域乡贤的研究，多集中于华北、江南与华南地区，至若清水江流域，清代以来，具备乡贤特征之人，在乡村社会多有存在，正是这群人的存在，把整套儒家系统在边疆之地建立起来。兹即以清水江流域天柱县竹林乡地坌村发现的20余通碑刻为中心，并结合彭氏族谱等民间文献，分析彭氏家族移民至边疆地方社会之后，奋力科举，终至科甲蝉联的历史过程。取得科举功名之后的彭氏族人，成为乡贤，他们热心乡村教育事业，积极参与修桥铺路、设渡济人、建庵立庙等地方社会各项公共事务，在乡村社会生活中起着举足轻重的作用。

一、彭氏移民及其科举之路

据天柱地坌《彭氏家谱》（民国二十五年刻本）记载："我始祖彭锭公于大宋末年由江西吉安府太和县乔迁湘西渠阳府所属之伍塘冲"，并娶妻生子，从此定居下来，成为"靖属会地之开基始祖"。"太和"（一说泰和）传说也就成为清水江流域苗侗族源传说的普遍模式。彭锭的第四子彭惠义，"于元世祖六年甲申岁（1265）由寻兄南来，乔居沅州，嗣后没葬渠阳靖州西门外十里塘"，是"沅辰天四房开基始祖"。明洪武初年，彭惠义之四世孙彭寿由湖南靖州之观保渡口乔迁贵州天柱县由义里之菜溪寨（清水江边一村寨，今竹林乡菜溪村）居住。据记载，彭寿"跋山涉水拨楚来黔，天柱落籍菜溪乔迁"❶，彭寿成为菜溪彭氏的开基始祖。此后，经过数代的繁衍生息，彭氏宗族壮大，"吾族始祖自寿公落籍菜溪，相传数代，子孙繁盛。""族众则分居，木大则分枝，水大则分流者，家国一理，山川皆然也。""枝开叶盛，族大丁繁"。从彭寿第四世孙开始，彭氏支分地坌、菜溪、尧田、双溪、高朗等地，其中彭美凤分徙尧田（今竹林乡尧田村）；彭美胜并美玉、美珍兄弟于明末迁徙地兴团（即今竹林乡地坌村）开基，成为开基始祖。

定居地坌的彭氏族人主要是彭文贵之后，其第六世彭氏族人有：彭继荣（1545—1614年），文贵长子，号美胜；彭继耀（1552—1623年），文贵次子，

---

❶ 天柱（民国）《彭氏族谱》卷之首《彭寿公落籍菜溪赞》。

号美玉；彭继宗（1557—1621年）；文贵三子，号美珍。第七世族人有：彭述汉（1590—1669年），继荣之子；彭述诰（1588—1668年），继耀之子，号勳典，讳慎徽，邑庠生；彭述谟（1603—1678年），继宗之子，号丕显，榜名勳谟，文庠生。第八世族人有：彭常好（1635—1721年），述汉之子，号乐天；彭常仁（1639—1688年），述诰长子，榜名彭兴，字翼远，文庠生；彭常义（1645—1710年），述诰次子，榜名彭第，字超远，优廪生；彭常礼（1649—1726年），述诰三子，号瀚达，榜名彭洙；彭常智（1655—1732年），述诰四子，号沛远，榜名彭泗，"业儒"；彭常信（1667—1730年），述诰五子，号南序，榜名彭郊；彭常让（1677—1765年），述诰六子，号难京，榜名彭祁，恩赐耆员；彭常德（1647—1729年），述谟长子，榜名彭达，武庠生；彭常静（1652—1721年），述谟次子，号定远，榜名彭清，武庠生；彭常辉（1658—1728年），述谟三子，号卜年，榜名彭发，庠生。

"诗书传家"是传统社会每个家庭与家族的理想，清水江流域少数民族亦无例外。要想"诗书传家"，则须重视教育。彭美珍在其子彭述谟刚成人时就让其入塾读书，"甫成人即令就学。公性敏，读群书，过目不忘，为塾师所器重，年方弱冠，名列黉宫"，后成为文庠生。彭氏非常重视立德、立功、立言，"敦孝行以尽子职，德也；创学馆以育人才，功也；辑帝训以广教化，言也"❶，且言行一致，"倡造文武学馆，并捐产业入。"❷到了清初，彭氏第七世即迁居地坌的第二世彭氏族人中就有3人通过科举考试，成为生员，其中彭述贤（榜名勳朝、字廷佐）成为生员。因"时未归黔，入湖南靖州学"❸，这是地坌的第一位有科举功名的彭氏族人；同辈族人中还有彭述谟（榜名勳谟、字丕显）、彭述仁（榜名介寿、字纶音）也先后成为文庠生。之后，彭氏家族耕读之风愈盛，迁居地坌的第三世族人中有7人成为文武庠生，其中彭述谟有3个儿子成为庠生。长子彭常德（1647—1729年），武庠生，榜名彭达；次子彭常静（1652—1721年），武庠生，号定远，榜名彭清；三子彭常辉（1658—1728年），庠生，号卜年，榜名彭发，彭述谟家被称为"四世书香"❹。同族的彭述诰"勤于诵读，性颖异，甫讲便通文

---

❶ 天柱（民国）《彭氏家谱》卷之一《皇清待诰封修文郎堂伯祖丕显公传》。
❷ 天柱（民国）《彭氏家谱》卷之一《善行传》。
❸ 天柱于明万历二十五年（1597年）建县，隶湖广靖州直隶州。清雍正四年（1726年）改隶贵州黎平府，雍正十二年（1734年）改隶贵州镇远府。
❹ 天柱（民国）《彭氏家谱》卷一《皇清待诰封修文郎堂伯祖丕显公传》。

理,使得久于其业"❶,其子中有2人成为庠生,彭常仁(1639—1688年),述诰长子,榜名彭兴,字翼远,文庠生;彭常义(1645—1710年),述诰次子,榜名彭第,字超远,优廪生。自此之后,彭氏宗族历代都有族人通过科举考试取得生员资格❷。可以说,从第7世开始,彭氏家族日渐"耕读传家",成为清水江边"宇内望族,诗书传家"❸的典型。

二、彭氏乡贤与崇文重教

明初以降,王朝国家在西南边疆大力实施学校教育,民间办学风气亦日趋兴盛,捐资助学、延师办学,涵濡渐染,人文蔚起。清水江流域众多村寨的人们认识到学校的重要性,纷纷创办私塾、族塾,这种风气持续到民国。办学首遇经费问题,其解决方法主要有倡设文昌会筹措经费"轮流生息"、通过捐赠并"陆续置产"。

《文昌会碑》记载了乾隆二十八年(1763年)彭姓族人捐赀设立文昌会的历史,生员彭兴的"先伯父立馆后,恐后人艰于就学,特置产业以为聘师之资。僭(犹)虑所出无几,师奉有空,于乾隆二十八年丙戌,约十六人各出赀一两作会,曰:文昌。盖欲裕文教之昌明,聊修祀典于万一耳,爰以会轮流生息,陆续置产,并先年所遗田为每岁束修之费,逐年帝证(递增)之需,诚一举而两得者也。"参与设立文昌会的首会是彭丕显、彭慎徽,另有彭定远、彭翼远、彭纶音、彭鳞拔、彭乐天、彭廷正、彭卜云等出赀作会❹。

《起秀斋碑记》记载了乾隆初年,彭氏在国家倡导、地方官员支持、族人踊跃捐资的背景下,捐赀办学的过程。"家有塾、党有庠、州有序","崇教化而作人材,兴礼仪而美风俗,意甚善也!"通过"教化","虽中材可进于君子,愚柔可变为明强,学校之系于人讵浅鲜哉。顾州县设学多在城中,乡民子弟住居辽远,未免负笈之烦,并苦薪米之费……一区择学优行端者充为社师,凡乡民子弟有志学文者俱入学肄业是亦!三代党庠术序之法,俾穷乡僻壤咸知向学之意"。

---

❶ 《文昌会碑》(乾隆五十七年),碑现立于天柱县竹林乡地垄村风雨桥头。
❷ 详细记载可见(民国)《彭氏家谱》卷之首《绅士类》。
❸ 《彭氏族谱》卷一《商贤词谱序》。
❹ 《文昌会碑》(乾隆五十七年),碑现立于竹林乡地垄村。

倡首彭勷谟"不才，生当圣明之世，仰沐国家教养之恩，愿与邻里乡党共相劝勉。"乾隆二年（1737年）冬，地坌"旧无学馆，就僧庙读书，以寺宇狭隘，且近居民，时多往来之扰，复有梵偈之哓，苦无静功"。于是，文庠生彭勷谟与乡贤耆老及有识之士"捐田建学"，"遂成社学一区。其学舍三进，每进三间，内立先师位，中为讲堂，前为门面，斋分左右，厨灶器具咸备。且其中凿石为泮，取思乐泮水之义也。引活水入池，取朱子源头活水来之意也。"在"兴学造士"过程中，彭氏族人是几代人共同捐献，倡首生员彭勷谟率儿子生员彭逵、生员彭清、彭癸，孙相辅、相翼、朝端、正端共同捐银70两零5钱；信士彭勷典率儿子彭兴、彭弟、彭洙、彭泗共同捐银70两零5钱，另有彭美华捐银13两、生员彭勷朝捐银12两、彭奇德捐银6两2钱、彭乐天捐银4两5钱、彭凤梅捐银2两6钱、彭廷正捐银2两2钱等，总共费用195两并碑费在内。彭氏族人在其中起主导地位，倡首举优生员彭勷谟（号丕显）、劝首信士彭勷典（号慎徽）、卜择生员彭勷朝（号廷佐）。据《起秀斋碑记》统计，彭勷典与彭勷谟两人捐校址捐田捐银的具体情形为：捐中田8坵，共禾15稝，共粮1升1合9勺4抄8撮4圭7粒2粟外，两人还分别与儿孙一起各捐银70两5钱。❶彭氏族谱记载：彭氏购买田8坵，载粮3升7合5勺，"系真公与彦魁公二人在馆训课，各捐束修谷三年聚成，契买此业。"❷这些学田，保证了起秀斋的正常教学。

据《学田碑记》记载，雍正十年（1732），彭美玉、彭美珍各出本银2两，彭勷朝出银1两，"约定逐年生息，以为异日建学之资"。至乾隆十七年（1752），彭勷谟、彭勷典"另出家资建造学馆两进。从前所出之项仍然生发，至乾隆二十八年共得银200余两，陆续置买田坵约计200余稝。俾将来聘师有资，兴贤易易斯成，法良意美，与窦氏之义，方若合符节矣！械朴菁莪，千秋遗爱，腾蛟起凤，百代流芳。"❸

类似起秀斋，由乡贤倡捐的学堂在清水江流域为数不少，如竹林乡棉花《青龙书塾》（乾隆五十三年）记载了棉花坪"延师训读，非就僧寺即假民房，学者苦无肄业之区"，百姓共同商议，"各捐锱铢，卜其基于青龙之所"，设立书室，名曰：青龙馆。"不特为息心养正之堂，而且作培植风水之室。自是，而乡之子

---

❶ 《起秀斋碑记》（乾隆二十一年），碑现立于天柱竹林乡地坌村。
❷ 天柱（民国）《彭氏家谱》卷之二《修建志》。
❸ 《学田碑记》（乾隆四十七年），碑现立于竹林乡地坌村。

弟读书其中者咸乐学业有基，崇教化，作人才，由小成以入于大成，有造而进于有德，地脉钟灵，人文蔚起。"到了民国年间，《书塾碑记》（民国三十年）又记载了民众捐资重修棉花坪的青龙书塾。竹林乡竹寨《振英堂碑》（嘉庆十三年）叙说了民众捐资、择风水宝地建振英堂的故事，"学校之设由来久矣。今我竹寨素有学地，奈因年朽坏，凡延师训课，非假僧寺即借民房，学者苦无肆业之区"，乾隆四十六年民众捐资"作飞山神会生发，置买田产"，以作"建竖书室之费，卜其基于村边庙祠之左，脉自龙凤山叠嶂而来，前有笔峰特立，左有青龙绕护，右有白虎水环，四周润达，堪羡文明。"竹林乡杨家村《唐氏家塾》（道光五年）记载，嘉庆八年，杨家"寨中虽有旧馆，历年湮远，柱宇歪斜，板壁腐朽"，村中有识之士"乐捐锱财，重修整顿"，并预言："自是兴学造士有地、有资，则后日人文蔚起，夫岂不有光于吾党也哉！"竹林乡新寨村《永垂不朽》（道光十二年）记载了原来的书屋"颇窄"，于是民众"捐资"增修凌云馆，"较前宽敞过半，幽静更倍之，永足为养蒙之所、作圣之堂，可谓尽善矣。"竹林乡秀田村《重建桂林斋碑》（咸丰四年）讲述了唐氏族人办学的故事，嘉庆元年，"约众设文昌会，捐资生放"，到了道光十一年，在原振英馆的基础上，"依旧址，鸠工庇材"，重建桂林斋，"由是养正有资，陶成有籍，英材蔚起"。

三、彭氏乡贤与地方社会公共事务

彭氏宗族积极参与地方公共事务，并且逐渐成为一种长期的宗族行为。同时，通过参与地方公共事务，提高他们在乡村社会的威望和号召力。彭氏宗族参与地方公共事务主要体现在修建路桥津渡、捐建庙宇以及捐资办学方面。

（一）路桥津渡

菜溪地处清水江下游，地垒地处支流沿岸，整个地区大小支流交汇，山林间遍布无数条溪沟，为满足群众的日常生产、生活所需，生活在此地人们把架桥、修路、设渡看成是修阴功的三大壮举，清水江流域有众多的碑刻记载此类壮举，诚如一碑刻所言："尝思阴功之说，一架桥、一修路、一义渡，只三者实济人利，

大开方便之门也。"❶

1."数百年崎岖之路忽变为王道之平平，千万人往来之冲永歌乎履道之坦坦"

道路与民众日常生活息息相关，路的好坏关乎民众的幸福指数，因此，有识之士常常不遗余力倡修道路，花阶或花街路则是最有档次的。清水江流域一带，自古山路崎岖、林木深幽，又兼"雨稠水泛"，土路泥泞，民众苦不堪言，严重影响了正常的生产生活。地坌地处山区，交通极为不便，因而修路历来便被视为公共事业中的大事，是行善积德的好事，彭氏宗族大力参与其中。《一路福星碑记》记载了地坌村民在彭氏带领下修路的相关事宜：

阴骘文曰：修数百年崎岖之路，帝有明训，路之修功之积也。辛酉年夏六月，余因均摊携粮务，跋岩公墓山，气喘足衰，登龙神倦憩树下，走扇眺麓渡头一冲，山低无碍，平而且直，路形如书，不觉击节欣，此诚天造地设也！竭更便之，会众议均毕，遂与李公言其形似，并率副倡首，而公亦慨然乐世，观迹志，若合节，即诹日募众，茶山、油树、田坵，业人俱不自惜，众力合辟，不数日自而康庄以成。俾弹泥涂泞滑，因募众捐赀甃石，而人性皆善，乐助非一，愈引愈长。十三年来，不辞劳瘁，冒雪冲寒，共得五百余金，修砌将近三十余里。曲者直之，坡者平之。始于辛酉之夏，竣于癸酉之夏。巩固乐颂荡平也。余以为非，众善士之善根畅发，何由坎如抵而如矢哉！乃搁笔书之，并记三至以传高人贤士之令德于不替云。生员彭勷朝拜撰，玄孙宏选敬书。

捐款人中，彭氏携妻带子甚至孙子辈共同参与捐钱，彭美玉妻李氏、子慎徽捐30两；彭美珍妻李氏、男生员彭功汉，25两；彭美贤妻潘氏，13两；生员彭勷朝银8两，彭乐天银2两，彭朝天及母李氏1两6钱，彭相明携妻吴氏1两4钱，彭美凤1两3钱，彭达先与母袁氏1两3钱，彭氏日、彭石兰2两，彭氏晚女巳梅2两，彭天禄携孙松云1两2钱，彭颢朝携妻吴氏1两2钱。❷据《一路福星碑记》统计，碑上捐资人名有117人，其中50人是彭氏宗族的，在捐资的170两1钱6分中，彭氏就占102两7钱5分，尚有7人无法统计，其中4人是彭姓。由此可见彭氏族人的参与力度。彭勷典"将游僧所化茶叶售卖得钱生放，以为每年修路田，自头冲口修至高寨溪。"彭勷朝（述贤，廷佐）"开关垣途三十余里，并置

---

❶ 《功垂不朽》（民国九年），碑现立于锦屏县大同乡锦所村寨边。
❷ 《一路福星碑记》（道光十七年），碑现立于竹林乡地坌村。

业产以为每年砌之费，碑叙可查。"❶ 彭勷典"廷佐体文帝之训，自菜溪渡口以至大墓，修数十里崎岖之路。"❷ "辛酉（乾隆六年）秋，与舅氏春荣公募辟此冲成路，砌以石阶。"据《墩步永安》记载：彭勷朝"佩文帝修路之训，存与人为善之衷，募众修砌，远近通衢，自菜溪以及会属之地，约计数十余里矣。"❸ 道路的修砌，非一朝一夕之功，亦非一己之力可以成就，需要合力共同修筑。

2．"溪涧之间架桥梁，庶免病涉之患"

与道路相比，桥在民众日常生活的重要作用甚至犹有过之。清水江流域一带溪流广布，常常因水涨隔断交通，民众多"病涉"。因而桥梁的修造，亦是社会生活设施修造中的重点。地垄有一重要桥梁是龙形脚桥，它是通往远口的必经之地，往来行人"川流不息"。清雍正七年（1729年）曾修建木桥，后毁坏。乾隆十八年（1753年），在原址基础上修建石桥，此桥到现在还完好。据碑刻记载："公曰：匪桥何济。自于雍正七年（1729年）布有木梁以济行人，经年易圮。公又曰：匪石桥焉能坚。乃捐金，约同人选匠，沿溪口石，工昉于癸酉（753年）冬底，甲戌（1754年）春而告成。"❹ 彭氏族众包括彭勷谟祖孙三代、彭慎徽父子等捐钱，其中有5名生员，彭勷朝、勷谟还共同赋诗一首以示祝贺。

3．"江河之处修舟渡，方解望泽之叹"

由于清水江水面宽阔，无法修桥，两岸交往靠摆渡。清水江流域义渡多为集资兴办，也有少数是个人的善举。各渡多有山场、田丘等财产，用于支付渡工报酬、船只修补和制造。在菜溪的清水江畔，彭氏族人看到："黔、楚、闽、粤商贩往来至此冲口，望洋却步，虽其上距里许有公渡，然中隔一涧，每至春夏江水泛涨，汹涌难越，且溪畔陡峭，不可扳援，行人病涉不知几何！予循名求实，请命于父，商诸兄若弟，各捐银两置田造舟，起屋宇于江之左岸，柴山草场园圃皆备，俾舟人食田操舟，人至即渡，永无逗留，是岂予之忧然此事哉！但轸念望若之苦，聊效一苇之便。期不召渡头之名，河伯有知，当亦量予之片念云。"彭氏族人率领子孙甚至曾孙捐资，据《修渡碑》载：信士彭美珍及妻李氏，子生员勷谟，媳蒋氏，孙生员达、清、发，孙媳李氏、刘氏、袁氏，曾孙相辅、相翼、相虞、相德、相举、相扬、生员相唐，捐银88两；信士彭美玉及妻李氏，子勷典，

---

❶ （民国）《彭氏家谱》卷之一《善行传》。
❷ （民国）《彭氏家谱》卷之一《大浩封岳翁慎徽公传》。
❸ 《墩步永安》（乾隆三十九年），碑现立于天柱县竹林乡地垄村风雨桥头。
❹ 《龙形脚石桥碑》（乾隆年间），原无题额，碑现立于天柱县竹林乡地垄村龙形脚石桥头。

媳蒋氏，孙生员典、廪生第、孙洙、郊、泗、相；孙媳李氏、袁氏、李氏，袁氏、潘氏、袁氏捐银88两，玄孙宏彬（男）、开海、开钟、开口另捐渡船一艘，并盘二碑。信士彭乐天及妻唐氏、谢氏，子相和、相敬，媳唐氏、杨氏，孙守先、大元，捐银22两。信士彭美华及妻刘氏，子述天、述配、述言、述杰、生员介寿，捐银14两2钱；生员彭勷朝及妻李氏捐银1两2钱。❶

乾隆十八年（1753），彭勷谟在菜溪清水江畔创设渡口，并制定渡规，涉及渡田及渡田管理、过渡秩序、船只维修与更换、渡夫招雇及操作程序等，共16条。儒学生员彭勷谟，号丕显，"佩文帝造渡船以济人渡之训，创设斯渡"于乾隆十八年，"每思渡之设也，以济人为事，其人亘古络绎不绝，其渡亦亘古振兴不朽，岂仅视为一时一世之事哉！是渡也。舟子之日食虽足，造舟资费未敷，以故从前以来屡次更造，逐年油皆出资用，虽云无几烦费，靡有穷期，恐难继之后人。兄尝以此系念，欲为善终之举，可以之图，未果，生怀斯愿，没不恶心。时嘱予钟其事。予唯唯从命，不竟茌苒，迄今痦瘵难释，靡谅已力之微，必体吾兄之悉"，"捐辐于乾隆四十二年辛酉岁七月初七日，契买"田土，并刊碑一一载明。"以上数规承行责任在渡夫，支项催督在施主"，"倡设优生员彭勷谟。重事增捐堂弟彭勷典，号慎徽顿首拜撰"，"此碑因前碑朽坏；孙相辅、相翼、相得、相举、相虞、相扬，生员相唐等重修"。❷

对于地坌村的小溪，行人往来不便，于是，修跳墩以便行人，彭卜云"心先人之心，事先人之事，又以本团过溪之处为大路，紧吃关途，墩小水急不便。率由特募合团信善捐资修砌，梭石跳墩一十八步。俾往来者有步履之安、无蹇裳之患，则行路者固颂前人之明德于不衰，济川者又歌后裔之遗泽于无既矣，阴功继美，因探本以序之。"捐钱的有彭卜云6两7钱、彭慎徽2两4钱、生员彭清捐银1两、信女彭门唐氏银1两等，总计石墩两头石板并碑共18两2钱8分，彭卜云又外修庙前詹阶银1两6钱。❸

（二）"建庵修寺"

"立庵以尊佛"，清水江流域除了讲究风水外，就是对神灵的莫名崇拜，所

---

❶ 《修渡碑》（嘉庆十九年），原无额题，碑现立于竹林乡地坌村。
❷ 《渡规碑》（嘉庆十九年），原无额题，碑现立于竹林乡地坌村。
❸ 《墩步永安》（乾隆三十九年），碑现立于竹林乡地坌村。

以供奉香火、祭拜神灵的庙宇比比皆是，主要有飞山庙、土地庙、南岳庙、天华山公庵、净神庙、太平庵等庙宇。飞山庙又名威远侯庙，是供奉湘黔边地区杨氏祖先杨再思的寺庙。据《庙田碑记》记载，"吾村之西有庙焉，曰：飞山"，是"渠阳之土神也。"虽然修建了飞山庙，但"尚乏祀田，每缺香灯"，于是生员彭第的先人"累年建醮余赀，或数分或数钱不一，悉行生息"，"得银八两，俱付"彭第，彭第"继放得银五十五两，乾隆丁亥（1767）冬，买田一契，以为飞山香灯"，所剩一两暨近年建醮余资"复行生息，共得银一百二十五两。己亥（1779）冬买田一契，辛丑（1781）春买田一契两处"。彭第经手的飞山庙庙产就有三契，"共上中粮五升四合口二撮九圭七立一粟二黍"，另有"一百八十两捐入庙中，招人以朝夕供奉。庶香灯不缺，有以答神庥于万一耳"。❶彭勤典"把历年建醮余银陆续生放，得银四十余两，契买土名飞山庙脚水田三坵，计粮五升五合，捐入庙中，以为飞山公主香烟之资"。

土地庙是民间供奉土地神的庙宇，是乡村分布最为广泛的祭祀建筑，能够"福庇生民，保障一方"，现在天柱几乎家家户户门前都有大小不一、模式不同的土地庙。天柱县竹林乡地坌村的土地祠，除本村绅民捐修外，还有附近村寨共同修建，据嘉庆七年（1802）土地祠碑记载，原来的土地祠"多历年所，风雨漂（飘）摇"且已"倾圮""睹四壁之萧条，目坛墙之非昔，讵无亵渎神灵之感，我等往来目击心殷，缘先年首士彭公美珍于太平庵累年设醮所余之费，逐年生息，厥后弃世，付众继放，迄今获十有余金。我等公同聚议，共发诚心，将此项另建石坛，安妥神位。"于是，命匠"修砌神台"，"合竖祠宇，庶二老安贞永绵血食，而我本境士女、上下行人咸歌康口阜于无暨矣。"❷

除本寨捐款外，"惠塘、翁冲、老引坡、遥田、花鳅、上下妈羊、岩田、丫义坡、皆牙、老谢等寨众银建立"土地祠。嘉庆七年壬戌岁五月吉日立，祠价22两。此祠地兴团、惠塘、翁冲、老引坡、遥田、上下妈羊、岩田、丫义坡、皆牙老谢等寨众银建立，但祠价未敷，乡耆彭慎徽捐银1两3、生员彭清捐银1两、生员彭兴捐银1两、廪生彭第捐银1两、生员彭尚唐捐银1两等。❸

南岳庙，供奉南岳忠静助国侯王之神位，据《合修南岳庙石阶及大门碑记》

---

❶ 《庙田碑记》（乾隆五十四年），碑现立于天柱县竹林乡地坌村风雨桥头。
❷ 《土地祠碑》（嘉庆七年），原额题，碑现立于天柱县竹林乡地坌村风雨桥头土地祠左侧。
❸ 《土地祠碑》（嘉庆七年），原无额题，碑现立于天柱县竹林乡地坌村风雨桥头土地祠右侧。

记载了乾隆年间曾修南岳庙石阶及大门,"吾村之东有南岳古庙,庙门之左有入寨古阶,乃庙基实处,高虽土势揭而神像起尘,风雨漂而板壁易坏,兼之阶级小而步履不便,柴门毁而暮夜提防,事两全须当并举,因募合团各捐己赀,剖石阶,卖木砖修之砌之,俾殿宇巍然壮观,门阶焕然丕振。"彭慎徽作为倡首信士并捐银12两,生员彭清捐银2两5,生员彭介寿捐银4两,还有10余名彭氏族人捐钱。❶据《万古不朽》记载,南岳庙"咸同苗乱"时被毁,光绪年间重修。"村之东南岳一庙,幸有先祖创建于前,吾遂不敢不重修于后耶"。❷

天华山公庵,是湘黔边地区48寨共同祭祀的庙宇,创建于雍正六年(1728),殿中供奉有释迦牟尼、观音、八大金刚、四大天王、十八罗汉等神像。其祭祀圈涉及地坌、菜溪、鲍塘、三门塘、大冲、银洞、龙家冲、坌处等48寨的民众。

雍正年间,在修建天华山庙宇的过程中,彭氏族人积极参与其间。据《善表佛天》记载,修建方式有众施主合修正佛像,也有个人或几人联手修建佛像,李春荣、生员彭勷朝、彭勷谟修三官帝,菜溪彭美玉修左观音菩萨,彭慎徽、李希圣修梓潼帝君,李春荣、生员彭勷朝妻李胡氏、彭奇德、胡连臣修右地藏。除直接修建佛像外,彭氏乡贤还踊跃捐献田地,彭美华、彭美珍捐天华山顶背下田14丘,册载禾60稛2手;生员彭勷谟施架子田;彭美玉、男慎徽施架子冲下田5丘,册禾22稛5手;彭美玉又妻李氏、男慎徽捐瓦厂坳3垱,册禾2稛;彭美玉又妻李氏、男慎徽施庵脚盘田五;李希圣、彭慎徽同捐本庵右处坡茶树1块,茶子15箩茶树;生员彭勷朝捐花粟半坡第2垱半垱,等等。❸

地坌村还有净神庙,据乾隆三十七年(1772)的《永垂千古》碑记载:"仝建飞山庙于地坌象形,共建净神庙于螺丝形",雍正甲寅(1734)"踊跃重修庙宇","乾隆壬辰(1772)冬月口商良规捐锱作会,四姓迁头,本银二十两加两行息轮流支放,本存生发利充公用,永为是庙春秋二祭之资"❹。

太平庵,明末清初之际,在村侧建有一庵称太平庵,清咸同时期被毁,光绪戊戌年间重修,"我地兴团(即地坌,引者注)太平庵自兵燹以后,众捐资已竖

---

❶ 《合修南岳庙石阶及大门碑记》(乾隆三十九年),碑现立于竹林乡地坌村。
❷ 《万古不朽》(光绪三十三年),碑现立于天柱县竹林乡地坌村风雨桥头南岳庙前。
❸ 《善表佛天》(无立碑年代,应为清朝)、《口修宝顶》(嘉庆二十一年)统计,碑现均立于天柱县竹林乡天华山公庵里。
❹ 《永垂千古》(乾隆三十七年),碑现立于天柱县竹林乡地坌村风雨桥头。

内进五间，数月落成，前碑即篆，迨至光绪戊戌（1898）新正余，因发心与合村父老酌谪倡邀善事，醮建三元，就会抽资配建前厅左右两厢，兼之增修内进"，倡修生员彭灏源撰写碑文并书，监生彭宏魁捐项并木钱 3230 文，生员彭灏源捐项并木钱 2850 文、监生彭宏彬捐项并木钱 2012 文，彭开源捐钱 1560 文，彭刘氏银香捐钱 1300 文，生员彭守桢、生员彭守白、监生彭守第、耆员彭守敏等各捐 640 文，另外还有不少彭姓民众捐款。❶

四、研究结论

　　清代清水江流域碑刻资料丰富，这些"碎片"文献反映了当地的诸多历史信息，而制造这些碑刻之人，往往就是一方乡贤。乡贤作为地方社会举足轻重的人物，他们对乡村社会生活的影响甚巨，对乡村建设起着积极作用。具体到天柱地坌的彭氏族人，其迁徙与组建村落社会的历史，与清水江周边村落类似，不仅富有丰富的迁徙史信息，也有具体建设乡村社会活动，其中起到中坚作用的，当然是获取了科举功名的读书人。具体而言，彭氏移居地坌之后，经过 7 代人的繁衍与积累，至清代前期，开始出现与科举功名相关的人员。值得指出的是，彭氏族人科举功名基本上处于"秀才"这一级，并无突出成就者。也正是这种居住在乡村社会的生员，其主要精力与社会贡献，多集中在乡村建设上。教育成为其最为关心的问题，这不仅因为他们实现不了更高一级的科举功名而寄希望于后来者，也肩负着传播儒家学说与伦理道德的使命。于是，他们不遗余力的出资建学，营造崇文重教的社会风气。当然，作为乡贤，重视教育之余，乡村社会里的其他公益事务，也是他们施展影响的主要领域，举凡筑路架桥、修渡建庙等社会公益活动，无不看到他们忙碌的身影。通过这些社会公共事物的组织与参与，彭氏乡贤牢牢控制了地坌村落社会的公共权力，使乡民社会生活始终在一个有序的轨道里运行。

---

❶ 《元善资培》（无立碑年代，应为清朝），碑现立于天柱县竹林乡地坌村风雨桥头。

※从千户指挥到科举世家

——以凯里顾氏移民家族的科举之路为例[*]

元明更迭之际,来自四面八方的各类移民不断来到清水江流域,诚如专家所指出的那样,"至于驻防军队、屯垦的士兵和平民,以及因战祸、灾荒和苛政由中原地区逃亡到少数民族地区的大量汉族难民,他们虽然生活在少数民族地区,但是他们在少数民族社会的包围中却维系着一个或多或少的汉族社区。这样的汉族社区虽然社会生活各个方面必然要受少数民族社会生活的影响,但是他们融合于当地少数民族的过程却要长得多。"❶ 作为从江南远道而来征苗的军事移民,如何适应当地生活并扎根下来,如何转型,这值得思考。顾氏便是一个典型案例,入黔顾氏四世祖顾旻在明景泰年间因"征苗有功",在香炉山设立指挥所,顾氏由此开始世居香炉山,并且"世袭指挥千户爵"。至五世祖顾良相时,因军事失利而潜入苗疆,由此开始了清水江上游凯里地区顾氏亦汉亦苗的故事。

一、从"汉"到"亦汉亦苗":顾氏的移民

1. 顾氏移民及其世袭

香炉山,地势险要,"在清平县东南,屹立凯里之西,形如香炉,高万仞,盘旋而上,有田有井,可容数万人。"❷ 因形似香炉,常年云雾缥缈如烟而得名。

---

* 本文发表于《教育文化论坛》2018年第6期,作者为项目组成员、凯里学院李斌教授和贵州大学研究生院程颖助理研究员。

❶ 谷苞.在中国历史上为数众多的汉人融合于少数民族[M]//费孝通.中华民族研究新探索.北京:中国社会科学出版社,1991:81.

❷ (清)徐家干.苗疆闻见录[M].贵阳:贵州人民出版社,1997:598.

海拔 1233 米，四面峭壁崭绝，景致奇特，据《黔阳第一山》碑［碑刊于光绪甲申年即光绪十年（1884 年），现立于凯里市炉山镇香炉山西北山腰处］记载："其峭壁端方，烟云缭绕，倏忽变幻，不可捉摸，荟萃众山之景"，被"颂嘉名为黔阳第一山"，与贵阳之黔灵等名山齐名。香炉山迭垒三层。第一层有明代苗族起义首领阿榜故居遗址，昔日塘房集市遗迹。第二层名叫二屯崖，是环山一周的台地，面积约 0.14 平方千米。明崇祯十五年（1642 年），在修建香炉山城时，建有东、北、西三道城门，还有香炉塔、城隍庙、观音阁、顾氏宗祠和苗族义军军营等遗址。南面有自第二层到顶层的"九十九磴坎"，大有"一夫当关万夫莫开"之势。顶端筑有"南天门"，系石拱大门，曾建有阁楼。山的顶层，呈椭圆形，既宽又平，面积约 0.18 平方千米。顶层有苗族义军营盘遗址，明代建有灵关殿、玉皇阁、文庙、武庙等建筑。香炉山的所有建筑均已毁，仅存残墙、石拱门等石建筑的遗址、遗迹。

凯里顾氏其先祖是明初从上海通过军事移民而来的。据《缵绪流芳》（碑刊于 1986 年，碑现立于凯里市炉山镇香炉山西北山腰处）碑记载，入黔始祖夏国公、镇远侯顾成字景韶，原籍江南华亭（今上海松江），洪武八年平贵州，永乐十一年平定思南与思州争端，死后葬于贵阳紫林庵。凯里《炉山顾氏族谱》也记载了顾氏入黔的经过，入黔一世祖顾绲从上海华亭到贵州平定苗乱后，驻守遵义。顾氏原"住江南华亭县朱氏巷，时值明太祖下江南时，即投于麾下。元至正二十八年，从族叔副将军济宁伯顾时随副元帅傅友德浚河运粮，破元大都。洪武四年，又随讨平成都，以功升都骑校尉。洪武八年，朝廷调济宁伯顾时镇守淮安，调景韶公征讨贵州，祖即从景韶公征黔，将黔地苗蛮讨平，以功升授指挥职。至洪武十四年，颖川侯傅友德奉诏征讨云南，调祖从征。将云南平定后，还军贵州。时贵州蛮苗野性时起叛逆，景韶公命祖同镇贵州。旋奉诏征讨蛮苗。蛮苗时归时叛，反复不常。祖连年出兵，将水西、居宗、必登、西堡、沧浪诸蛮洞平悉，威震黔南，以功奉景韶公镇远侯，特授祖镇蛮将军。……痛长子统因国事捐躯，而且乏嗣，乃以祖之次子兴祖承继统嗣。永乐十二年，景韶公薨，主上敕命追赠夏国公除长子嗣侯爵外，荫二庶子指挥爵，故兴祖嗣镇远侯，勇（永）嗣普定卫都指挥金事；兴宗嗣贵州卫指挥千户。祖仍驻守遵义。"入黔二世祖顾兴宗"世袭贵州卫指挥千户爵，镇守贵阳城。"入黔三世祖顾诚"世袭指挥千户爵"，景泰元年，顾诚"作先锋，导兵进击，连破八十余寨。……又由都匀、三蓝、丰宁剿至青苔堡，四路又破二百余寨，群苗畏威，遂缚其酋以降，苗患乃息，大军凯旋。黄镐奏明圣上，留祖守青苔堡，镇摄苗疆，遂家于斯。"入黔四世祖顾旻平定苗乱，在香炉山设立指挥所，顾氏由此开始世居香炉山，"世袭指挥千户爵"。❶ 明景泰年间，"时有耙猪者聚党数万，攻陷独山、都匀，分遣四出，又有韦同烈趁势起于截洞，蹂躏清（平，今凯里炉山）麻（哈，今麻江）。英宗三年夏四月，平蛮将军方瑛率川湘滇黔四省之兵歼灭耙猪，檄祖（指顾旻）会剿清麻二属。同烈战败，退踞香炉山。负隅固守。祖献计云：香炉山高插云端，贼守咽喉，我兵马攻不着，上不能到，求战不得，惟四面驻，围困自破。方瑛纳之，围月余，贼果饿口，祖缚同烈械送京师，协从尽降。方瑛云：香炉山四面峭壁，乃天然之险，为清（平）凯（里）之保障，得香炉山而清凯在握。故历来巨匪动辄先行窥踞，乃条奏命祖移镇香炉山，弹镇苗族，免生逆叛。祖观音洞下创建营房，设立指挥部，遂家于斯。吾族世居香炉山者由祖始焉。"（此与《贵州凯里顾氏族谱》卷二《香炉山支谱》的记载略有出入）❷ 另据碑文（《明武毅将军千户指挥顾公讳旻之墓》刊于1988年，碑现立于凯里市万潮镇青楒坳。）记载：明英宗三年，顾旻"受命移镇香炉山，并遂家于斯。"

顾氏自明洪武开疆驻镇贵州，至四世祖顾旻移镇香炉山，到明末顾承勋共九代，"支庶无稽，自承勋公以下始载支庶，吾族分为四大房自此始也。窃炉山为吾顾氏发迹之地，自入黔四世祖旻公奉敕镇守，遂于观音洞下面建筑营房，设立指挥部，聚戚族而居，有惧匪者往上依之，人烟增至二百余户，当时严一热闹山城。""明末之乱，赖祖承勋公保全，未遭兵燹，迄清雍正乾隆两次混乱，亦旋乱旋治，历明及清，我祖在上，共居九代，至廷字派之时，阀阅出仕，花萼争辉，钦赐五桂齐芳匾额，焕然盛族矣。惟咸丰乙卯之乱，责守无人，山为贼破，屋宇悉毁，迨同治之末，世道肃清，所遗基址即成荒墟，而后人不复再居其上。"

综上所述，顾氏其入黔一世祖是顾絪，任指挥来黔，驻守遵义，被追封为镇蛮将军，死后葬于遵义；二世祖顾兴宗，世袭千户指挥，驻守贵阳，被追封为武威将军，死后葬于贵阳；三世祖顾诚，世袭千户指挥，驻守都匀，被追封为昭勇将军，死后葬于都匀青苔堡；四世祖顾旻，世袭千户指挥，驻守香炉山，被追封为武毅将军，死后葬于凯里万潮镇青楒坳；五世祖顾良相，世袭千户指挥，驻守

---

❶ 炉山顾氏族谱·卷二·絪公事迹传［M］.刻本.1939（民国二十八年）：33-37.
❷ 炉山顾氏族谱·卷二·四世祖旻公事迹传［M］.刻本.1939（民国二十八年）.

香炉山，被追封为广威将军，死后葬于凯里开怀；六世祖顾口（左马右居），世袭千户指挥，驻守香炉山，被追封为武略将军，死后葬于凯里虎庄；七世祖顾德政，世袭千户指挥，驻守香炉山，被追封为振武将军，死后葬于凯里鸭塘香鸡潭；八世祖顾承勋，世袭千户指挥，驻守香炉山，被追封为平蛮将军，死后葬于凯里龙塘对门坡，1976年3月迁至鸭塘香鸡潭。❶ 到八世祖顾承勋时，已是明清鼎革之际，"清帝定鼎，祖乃解甲下山，封以土府之职不受，退耕终老。"

由上述所载可知，明代顾氏共有八世担任过指挥官职，从镇守遵义到贵阳，再到都匀，于四世祖时移镇香炉山，并定居下来，由此完成从屯军到定居的过程。

2. 顾良相军事失利及其潜入苗疆

自入黔一世祖顾组任指挥以来，其后均为世袭千户指挥，从四世祖顾旻镇守香炉山开始，顾氏始定居香炉山。顾旻成为凯里顾氏始祖，镇守香炉山，建筑营房，设立指挥部，"聚戚族而居"，由此，"人烟增至二百余户，当时俨然一热闹山城。"

顾氏宗族后来发生分衍，有一支进入黔东南苗疆地区，即袭爵指挥千户的顾兴宗支系，时间是在兴宗孙入黔四世祖顾旻之时。顾氏移镇香炉山，其子良相承袭父职"千户指挥"。

在明孝宗派大军进剿苗疆时，顾良相作明军向导，不忍屠戮无辜，数万苗民赖他而免遭烧杀。到明孝宗时，"时蛮苗富架、长脚等反，自称都顺王，连陷独山、都匀各处。孝宗七年，镇远侯顾溥奉诏为平蛮将军，充任总兵官，率兵八万来黔，会同贵州巡抚、都御使邓廷瓒及兵备副使吴倬分路围剿。溥至清平，祖绾指挥印进营缴云：世承先德，嗣此卑官，有名无实，无事亏克斗粮，有事檄先征剿，祈兄销此苦差，沐恩非浅。溥不准，代咨巡抚，饬清平县历年照例给粮，并檄作乡导，引先锋官向麻哈小径征剿，克期会兵都匀。至枧腰寨，祖禀云：此地均系熟苗。先锋官云：既是熟苗，赐尔黄旗一面，凡是熟苗，插旗识之。祖得旗，遍插由枧腰寨、老虎苗、干塘、白午、舟溪、青杠林、前郎、瑸硐坝构一带，以故数处之苗民均免剿戮，救活命数万。及回兵至近家河，有苗发矢中先锋

---

❶ 道光《清平县志》记载了顾氏先祖的墓葬地点，姓名即墓葬地与《顾氏族谱》略有出入。顾组（《清平县志》记载为顾恒）墓在遵义，顾兴宗墓在图云关，顾诚墓在图云关，顾旻墓在老董，顾良相墓在开怀，顾口（左马右君）墓在虎庄，顾德政墓在上鸡滩。

前旌。先锋官怒云：尔言熟苗，何故放箭杀？欲绑祖斩。祖禀云：俟卑职问之。遂单骑进寨，责诸苗曰：我救尔等活命，何故放箭害我？军官震怒，我死尔众寨之命不保矣。众苗大惧，同绑放箭者齐跪军前，诉说因射飞鸟误中前旌，即将放箭者斩之而释，于是大军悉会都匀、富架，父子束手受诛，各处悉平。廷瓒与溥会奏，将都匀改设流官，置一府二州三县，授从征将士土府、土司职爵，世守各地。"（后修的顾氏各族谱中有顾良相相关传略的，均有记载）❶正是基于众苗寨"数处之苗民均免剿戮，救活命数万"，故苗民对良相尤为崇敬，一直持续至今，"每年春秋二祭，视腰寨人担柴、老虎苗人荷鱼前助祭。虽沧海桑田，历年六百有奇，尚不忘保全活命之恩"。❷

3. "亦汉亦苗"

由于顾良相参与到吴姓和蒙姓土司间的纷争之中，因"私自出兵，惧上峰究罪"，被迫潜逃。据《族谱》记载："后麻哈吴司与蒙司兴兵构怨……祖以兵助吴司，将伊攻败。蒙司挟忿伏兵苦李井，祖不防，回至苦李井，伏兵突起截杀，兵死甚多。祖因私自出兵，惧上峰究罪，故埋名隐姓，逃潜开怀，装为土人，另安家立业，是以传开怀支、凯棠支，均以公为始祖焉。祖埋名去后，六世祖呈报病卒"，❸被迫潜入苗疆，并叫儿子造了一座假坟，谎称自己已死，以掩人耳目。另据墓碑（《明广威将军千户指挥顾公良相之墓》碑刊于1988年，碑现立于凯里市开怀街道）记载，顾良相"因军事失误，惧上究罪，故埋名隐姓，潜逃开怀，取用苗名邦迪，另安家立业"。

顾良相潜入苗疆后，隐姓埋名，采用苗名"邦迪"或"邦丢"（意为傍靠苗族居住的汉人），游走于凯里乡间苗寨，这一带属贵州、四川和湖广三省交界处，以阉猪为业，在党果结识杨阿首。杨阿首的苗名告首，也是汉人，因避祸以补锅为业，娶文姓苗女阿榴，成为赘婿。杨阿首又促成顾良相娶其妻妹阿妯，这样杨阿首、顾良相既是连襟，又是患难之交，遂立言："开怀杨、顾二姓子孙不得开亲（婚配）"，并刻碑立于寨中。❹

顾良相娶苗女文氏后，采用父子连名，他的四个苗族儿子的苗名中也都有一个"邦"音：长雄邦、次松邦、三优邦、四佼邦。因担心被朝廷追责，其子女分

---

❶ 炉山顾氏族谱·卷二·五世祖良相公事迹传［M］.刻本.1939（民国二十八年）.
❷ 炉山顾氏族谱·卷二［M］.刻本.1939（民国二十八年）：43.
❸ 炉山顾氏族谱·卷二·五世祖良相公事迹传［M］.刻本.1939（民国二十八年）.
❹ 顾永昌.凯里顾氏溯源（内部印刷本），2009.

别迁徙各地。长子雄邦迁居凯棠（今凯里市凯棠乡），次子松邦留居开怀，三子优邦迁居丹寨（今丹寨县杨武乡），四子佼邦迁居排羊（今台江县排羊乡）。由此，顾氏由汉而成为苗，并演化为四支，子孙繁衍，成为苗疆中顾氏苗族大姓。苗族父子连名是逆连，即从下而上数，从自己开始，上溯至最早的一代止。据名叫燕宝的顾氏苗族后裔追述，从他数至顾良相，共传了15代。分别是：

燕宝—宝熊—熊养—养略—略绍—绍荣—荣卡—卡金—金留—留香—香鼎—鼎熊—熊邦—邦迪（顾良相）

15代均为双名，代代相传，下一代名的尾音，成为上一代名的首音，从目前健在的燕宝，依次上连，直至明孝宗时的邦迪（顾良相），一以贯之，无一例外。

在今贵州凯里市开怀街道，顾良相的墓碑记载了其亦苗亦汉的故事。据明代贵州指挥千户、广威将军顾良相的墓碑记载：我祖良相公，原籍江南华亭县朱氏巷，乃入黔始祖夏国公、镇远侯顾成六世孙，即入黔一世祖授指挥职、敕赠镇蛮将军顾绲之五世孙也。承袭千户指挥爵，敕赠广威将军，驻镇香炉山。娶王氏，生六世祖顾口（左马右居）。明孝宗七八年间，顾良相因"军事失误，惧上究罪，故埋名隐姓，潜逃开怀，取用苗名邦迪，另安家立业，娶苗女文氏，生六世祖雄邦、松邦、优邦、佼邦，是以传今凯棠、开怀、排羊、八寨等四支顾氏苗族。"因此，顾良相墓碑（《明广威将军千户指挥顾公良相之墓》碑刊于1988年，碑现立于凯里市开怀街道开怀村委旁。又见《炉山顾氏族谱》卷二《良相公事迹传》）的落款是："裔孙炉山支、凯裳支、开怀支、八寨支、排羊支奉祀。"四百余年来，顾氏家族藤蔓瓜瓞，树大根深，滔滔江河，源远流长，虽分苗汉，实为一本，民族融合自公始也。近聚合族，勒石立碑，永志不忘焉。另据《顾氏族谱》记载，顾良相先有汉族王氏妻，王氏育有三子：顾骥、顾骐、顾口（左马右居），其后裔在香炉山形成一支顾氏汉族。五支顾氏，香炉山支出自汉族王氏，其余四支出于苗疆文氏，均奉顾良相为祖，为其血缘子裔。

从上述材料可知，炉山顾氏从顾良相开始演绎了亦汉亦苗的故事，一直延续至今，到1988年时，黔东南州的顾姓已达4万人。❶现在顾姓的具体人数没有统计，据《贵州凯里顾氏族谱·开怀支谱》记载：顾良相之五子松邦，留居开怀；

---

❶ 李保中.我州有四万苗汉系顾成后裔［N］.黔东南报，1988-11-28.

松邦之子板松，由此衍生你板、牛板、厅板三大房。开怀支谱对开怀支顾氏第六十一世至七十五世各辈男性人数的统计，共有5094人。❶

二、顾氏宗族的科举之路

1. 科举功名的获取

清代奉行以宗族制度推行孝治的政策，族学是宗族制度的重要内容之一。《圣谕十六条》有"隆学校以端士习，黜异端以崇正学"，《圣谕广训》有"设家塾以课子弟"，均把设立家塾、教育族人放在非常重要的位置，这也充分体现了清朝"以孝治天下"的文化追求。在清朝政府的大力倡导下，族学迅速在全国各地包括苗疆地区发展起来。

科甲蝉联是宗族兴衰的关键，科举人才的培养是宗族兴旺发达的重要标志。顾氏宗族虽然没有具体开办族学的记载，但从有众多科举功名的人中，可以推知，顾氏非常重视其族学建设。《炉山顾氏族谱》没有明朝时期科举功名的具体记载，据《凯里市志》记载，在明朝有5位顾姓人中举，他们分别是嘉靖壬子科顾尧辅、乙卯科顾尧年和万历癸酉科顾闵、丙子科顾为麟、壬午科顾一麟，估计应该有炉山的顾氏族人，此说有待考证。❷

顾氏宗族中，尤其是炉山顾氏，很重视族学，积极参加科举取士。如炉山顾天性一支，其父顾承勋，承袭千户指挥，生于明末之季，"手不释卷，驭众有方。"明天启初年，清水江上游发生社会动乱，"革夷、山丙、平寨、报消一带土民四处剽劫，聚众扰乱，烽烟满地，上下游均被波及。"崇祯年间，清水江一带"土司劫掠，作恶如故"，贵州巡抚邹文盛等率大军进剿，调随身卫队助顾承勋的团练，并由其指挥。顾承勋"遂集乡勇分两路围攻，将地方风火扑灭。"战后，被授"提督团练、平蛮将军职"。到了清帝定鼎，顾承勋"乃解甲下山，清封以土府之职"，"不受，退耕终老"。❸ 在顾天性的4个儿子中，次子顾懋是贡生，授修职佐郎。三子顾懿"钦崇师道，轻财仗义，耕读传家，教子成名"。❹ 四子

---
❶ 贵州凯里顾氏族谱编修委员会.贵州凯里顾氏族谱·开怀支谱（内部印刷），2010：369.
❷ 贵州省凯里市地方志编纂委员会.凯里市志.北京：方志出版社，1998：935.
❸ 贵州凯里顾氏族谱编修委员会.贵州凯里顾氏族谱·香炉山支谱（内部印刷），2010：8.
❹ 贵州凯里顾氏族谱编修委员会.贵州凯里顾氏族谱·香炉山支谱（内部印刷），2010：83.

顾惠，贡生，授贵阳府教授，"为人忠信明决，常调公局判案，片言可折，狱人咸以循吏看之。钦赐'五桂齐芳'匾，竖于清平城，钦以大宾宴，例赠文林郎。"

2. 科举士绅群体的形成

据《炉山顾氏族谱》统计，清代的十代顾氏族人中有文武庠生145人；清廪生40人；清贡生24人；清监生26人；清文武举人、进士16人，共计有科举功名的人有251人。其功名分类详见表1。

表1 清代顾氏宗族科第功名一览表

单位：人

序号	入黔世系	文武庠生	廪生	贡生	监生	举人	进士	小计	备注
1	9代	4	1					5	
2	10代	3	3	3	1			10	
3	11代	8	6	4	2	4		24	
4	12代	25	6	5	8	2		46	
5	13代	24	7	5	3	1		40	
6	14代	22	3	4	3	4	1	37	
7	15代	28	3	2	8	4		45	
8	16代	7	1	1	1			10	
9	17代	15	5					20	
10	18代	9	5					14	
	小计	145	40	24	26	15	1	251	

资料来源：根据《炉山顾氏族谱》之《清朝文武庠生表》《清朝廪生表》《清朝贡生表》《清朝监生表》《文武举人拔贡进士表》以及世系整理而成。

《炉山顾氏族谱》中没有明代科举功名的记载，但到了清代，则有详细记录。从上表统计可知，顾氏从第9代开始有科举功名的族人，共有5名，分别是文武庠生4人，廪生1人。其中顾天性的4个儿子中，次子顾憼、四子顾惠（道光《清平县志》卷二《选举》记载为恩贡，官贵阳府教谕），均有贡生功名。到第10代，顾氏族人中取得功名的人在逐渐增多，达到10人。第11代有24人。从第12代开始，有科举功名的族人显著增加。第12代有46人，是顾氏族人中科举功名最多的一辈人。

顾氏宗族在第 12 代至 15 代 4 代宗族中所产生的生员以上有功名的族人中，分别有 46 人、40 人、37 人、45 人，共计 168 人，占总数的 67%，是顾氏最辉煌的时期；在第 14 代族人顾衷成为顾氏宗族唯一有记载的进士。从 16 代开始，取得科举功名的人数呈现断崖式下滑，第 16 代仅有 10 人。第 17、18 代分别有 20 名和 14 名族人有功名身份。另外，《炉山顾氏族谱》还显示顾氏族人在清代还有入仕者 40 人，有 9 代忠臣者 18 人。从表 1 可知，在顾氏的举人进士中，出仕的级别也不高，多是知县一级的官员。

三、顾氏宗族转型后的影响

由于对于科举的重视，到了清雍正年间，炉山顾氏家族开始成为科举世家，在培养顾氏家族精英的同时也造就一批社会精英（见表 2）。

表 2　清代顾氏举人进士名录

姓名	入黔世系	年号	科名	公元	功名	仕宦情况	《清平县志》记载	《凯里市志》记载
顾廷玑	11代	雍正	癸卯恩科	1723年	举人	修文县教谕❶，二房	官修文县教谕	雍正癸卯
顾廷璠	11代	雍正	癸卯恩科	1723年	举人	直隶唐山县知事，二房	官唐山县知县	雍正癸卯
顾廷珩	11代	乾隆	庚午	1750年	举人	河南平西县知县，五房	有载	乾隆庚午
顾瀛	12代	乾隆	丁卯	1747年	举人	广西盐正县盐大使，罗阳县知县，五房，1723—1803年	官广东盐大使	盐大使
顾维亮	13代	嘉庆	丁卯	1807年	举人	桐梓县教谕，1764—1832年，顾衷之父，五房	官桐梓县教谕	
顾衷	14代	咸丰	辛亥	1851年	举人	甘肃中卫县知县，鼓浪县知县，1814—1884年，五房		古浪县知县
顾衷	14代	同治	壬戌	1862年	进士			

❶ 道光《清平县志》记载先后有出入，《塚墓》记载顾廷玑为知县，而《选举》记载为修文县教谕。

续表

姓名	入黔世系	年号	科名	公元	功名	仕宦情况	《清平县志》记载	《凯里市志》记载
顾锋	14代	嘉庆	庚午	1810年	武举	五房，1782—1851年	有载	嘉庆庚午
顾炜	14代	道光	庚子	1840年	武举	贵州凯里营把总，三房		无仕宦记载
顾世均	15代	道光	庚子	1840年	武举	贵阳营千总，五房，？—1855年		
顾世卿	15代	道光	癸卯	1843年	武举	永安协盘江镇汛部厅，五房，？—1874年		盘江汛千总
顾世官	15代	道光	癸卯	1843年	武举	贵州古州镇中营游府，五房		凯里营把总
顾廷瓒	11代	雍正	乙卯	1735年	举人	江南三山司巡检❶，福建长汀县知县，二房		无载
顾湘	12代	乾隆	丙子	1756年	举人	都匀府学正，三房		无载
顾炳正	14代	道光	丙午	1846年	武解元	贵阳营守府，四房，1857年在南京阵亡		无载
顾世鳌	15代	咸丰	乙卯	1855年	经魁	贵州棒柞营都司，1829—1865年，三房		无载

资料来源：根据《炉山顾氏族谱》之《文武举人拔贡进士表》《世系》以及《凯里市志》之《明清时期清平县籍进士举人名录》整理而成。❷

顾氏族人尤其是香炉山支对教育相当重视，对文化教育以及科举的不懈追求，产生了众多的知识精英。入黔八世祖顾承勋有 5 个儿子，长子天位（夭亡），次子天性、三子天命、四子天爵、五子天禄，今天的贵州凯里顾氏香炉山支系由此演分 4 支，"自承勋公以下始载支庶，吾支分为四大房，自此始也。"❸

二房顾天性支。九世祖顾天性，顾承勋次子，诰授文林郎。十世祖顾憨，顾天性次子，清贡生，诰授修职佐郎；顾惠，顾天性四子，贡生，授贵阳府教授，"为人忠信明决，常调公局判案，片言可折，狱人咸以循吏看之。钦赐'五桂齐芳'匾，竖于清平城，钦以大宾宴，例赠文林郎。"在十一世祖中，顾惠的 5 个

---

❶ 道光《清平县志》卷二记载：顾廷瓒廪生，繁昌县三山司巡检。
❷ 贵州省凯里市地方志编纂委员会.凯里市志［M］.北京：方志出版社，1998：934-937.
❸ 贵州凯里顾氏族谱编修委员会.贵州凯里顾氏族谱·香炉山支谱（内部印刷），2010：9.

儿子均有科举功名，长子顾廷玑，清举人，修文县训导，例赠文林郎，死后葬于修文；次子顾廷璠，清举人，直隶唐山县知县，例赠文林郎，葬于修文；三子顾廷瑶，清廪生，待赠修职佐郎；四子顾廷瓒，清贡生，江南三山司巡检，例赠登仕郎；五子顾廷珣，清贡生，例赠修职佐郎。十二世祖顾渊，廷玑长子，清文庠生；顾绒，廷玑次子，清马螺司巡检；顾溥，廷璠次子，署铜梁县巡检；顾治，廷璠三子，清监生，捐从九品衔；顾汝，廷璠四子，清监生；顾湜，号三阳，廷瓒长子，清拔贡，四川试州州判；顾涛，字巨源，廷瓒次子，清贡生，待赠修职郎；顾藻，字采渊，廷瓒三子，清庠生；顾法，廷珣长子，清庠生；顾澍，廷珣三子，清庠生。十三世祖顾宗梓（1770—1838年），号楚材，字秀园，涛长子，清贡生，例赠修职佐郎；顾宗栋，藻长子，清贡生；顾槔，藻次子，清廪生。十四世祖顾近光（1808—1857年），宗梓次子，清代贡生；顾锡光（1812—1890年），宗梓三子，清文庠生，"以忠信处世，勤俭持家，尽孝悌于家庭，传诗书于后世，倡修家乘，振理族纲，任阖族长，监视修造宗祠，为全族敬仰。"❶

三房顾天命支。九世祖顾天命，顾承勋三子，清国学生，"性敏捷，究心经史，肄业儒学，诗礼传家，忠信接物，越数世子孙而书香不坠"。❷ 十世祖顾懿"钦崇师道，轻财仗义，耕读传家，教子成名"。十一世祖顾廷链，懿三子，清监生。十二世祖顾洲，顾廷链长子，清监生；顾渤（1757—1836年），顾廷链次子，清国子监加州判衔。十三世祖顾宗元（1785—1830年），顾渤长子，清文庠生，"幼读诗书，二八游泮"。十四世祖顾炳（1807—1860年），顾宗元次子，清代监生。十五世祖顾世澄（1827—1849年），顾炳长子，"酷嗜诗书，文气清朗"，后于胡氏祖母后"岳家舌耕，常往凯月课，屡获特等"，被岳父"荐于凯署授教，兼充幕客"，可惜英年早逝，"诗礼复荷，陶镕报国文章，空嗟草庐，志未逮而身先丧"；顾世元（1865—1908年），"勤耕教读"，甚至顾世朝的原配徐氏（1863—？）"能识诗书"。❸

四房顾天爵支。顾天爵，承勋四子，清代文庠，"励志经史，文列文庠，勤俭持家，教子孝悌"。其后裔相对中科举的较少。入黔十六世祖顾扶基（1880—1934年），四房，号佐臣，世名长子，《炉山顾氏族谱》主撰人，"清朝末期任和

---

❶ 贵州凯里顾氏族谱编修委员会．贵州凯里顾氏族谱·香炉山支谱（内部印刷），2010：28.
❷ 贵州凯里顾氏族谱编修委员会．贵州凯里顾氏族谱·香炉山支谱（内部印刷），2010：83.
❸ 贵州凯里顾氏族谱编修委员会．贵州凯里顾氏族谱·香炉山支谱（内部印刷），2010：83，87，95—96，97.

安团团总，民国成立后，任地二区区长。复修香炉山门洞，重建宗祠，振理族纲，述修宗谱，为乡族所钦仰焉。"顾隆基（1872—1942年），四房，号荣昌，世兴长子，"以贸易营生，白手起家"，"重修宗祠，为全族信仰"。❶

五房顾天禄支。获取功名的顾氏族人不少，如入黔十世祖顾宪，号斌如，天禄之子，清代岁进士。十一世如顾廷珩，号楚奇，顾宪长子，清代岁进士，乾隆庚午科中试第十三名举人，任河南平西县知县；顾廷玫，号文华，顾宪次子，清代监生。十二世如顾瀛（1723—1803年），号凌仙，字云帆，廷珩三子，清增生，乾隆丁卯乡试第七名举人，官广西盐正县盐大使；顾河，廷珩五子，清增生，候选主簿。十三世如顾维毅（1747—1810年），号远斋，瀛长子，清代庠生；顾维棋（1751—1813年），号寿斋，瀛次子，清代岁进士，乾隆庚子科中二十七名举人，"笔力畅沛，文势渊涵，每作文不袭人牙慧语，必出自心而后用之。"顾维新（1755—1822年），号茂斋，瀛三子，清代武庠生；顾维慧（1761—1801年），号智斋，瀛四子，清代庠生，参加童试时，因"文情秀雅，笔力充沛"被考官赏识；顾维亮（1764—1832年），河长子，清嘉庆丁卯科举人，署桐梓教谕。顾维文，河次子，清代文庠生。十四世如顾衷（1814—1884年），号子和，又号炉村，维亮之子，中清道光癸卯科副榜、辛亥科拔贡，清咸丰乙卯科举人，同治元年壬午科进士三甲102名，成为顾氏唯一的进士，据族谱记载："特好诗书，出行街上，目不斜视；及游庠后，越愤苦修，奋志功名，遂食饩。开拔中试后，会点进士。"❷

四、余　　论

检视民国年间和当代编撰的《顾氏族谱》中，有科举功名的主要是炉山支顾氏族人，其他进入苗疆的顾氏后裔没有检索到。当然，顾氏族人中也有部分族人读书和从教的记载，如顾氏开怀支十六世祖王马（？—1950年，王马为父子连名，马勇长子），开怀支厅板房支，"幼读私塾，始经商，后从教。学识渊博，

---

❶ 贵州凯里顾氏族谱编修委员会.贵州凯里顾氏族谱·香炉山支谱（内部印刷），2010：183，200，202。

❷ 贵州凯里顾氏族谱编修委员会.贵州凯里顾氏族谱·香炉山支谱（内部印刷），2010：272，273，276。

通律法，能言善辩，豪门争聘而不就，甘守清贫任教。"❶ 十五世祖五哨，吾雄分支，毕业都匀学府秀才。十六世祖九碾（1866—1922年），汉名顾明基，年幼时家境困难，因勤学好问以及聪明过人，被私塾先生免费收为学生，学习成绩突出，后考取秀才。1890年开始其从教生涯，有许多学生成为凯棠地区清末和民国时期教育工作的骨干，是清末民初开拓凯棠教育事业的开拓者和奠基人。其三子勇九（1909—?）曾作过私塾先生。❷

　　通过接受教育、参加科举考试以获取功名是每个读书人的梦想，这种梦想"促使少数民族地区民众对清王朝及中原主体文化——儒家文化的认同，从而加速了清水江流域的'王化'和'内地化'进程，增强了民族之间的交流与融合，推动了地方社会的进步。"❸ 而对科举的向往使人往往做出违背祖制的事，凯棠支顾氏族人有为参加科举考试而改姓的事，如十三世祖麻令和丢所分别改叫唐成举、周在珊。❹ 正因为有顾氏族人对教育和科举的重视，从而推动了清水江流域教育的普及与发展，以致凯里不远的麻哈在清末出现科考状元——夏同龢。一大批受教育的顾氏族人走出大山、走向社会，成为领导干部，甚至走上正部级领导岗位，成为国家和社会的栋梁。

---

❶ 贵州凯里顾氏族谱编修委员会.贵州凯里顾氏族谱·开怀支谱（内部印刷），2010：314.
❷ 贵州凯里顾氏族谱编修委员会.贵州凯里顾氏族谱·凯棠支谱（内部印刷），2012：53-54，69.
❸ 蔡敏，李斌.清代清水江流域村落的兴学活动——以天柱地坌为中心［J］.贵州大学学报：社会科学版，2015（1）：82.
❹ 贵州凯里顾氏族谱编修委员会.贵州凯里顾氏族谱·凯棠支谱（内部印刷），2012：593.

附 录

※黄质夫乡村教育思想及其在贵州民族地区的乡村教育活动*

20世纪二三十年代我国虽然经历了辛亥革命,建立了资产阶级共和国,但我国依然处于半封建半殖民地的社会,我国的社会经济和文化教育仍然十分落后,救亡图存、建国兴邦两大任务自然而然地摆在了那个时代的中国人民面前。在此背景下,一些忧国忧民的教育家试图通过乡村教育来挽救中华民族的命运,他们从城市走向乡村,不仅创造了各具特色的乡村教育理论,而且开展了独具匠心的乡村教育实践。他们认为,"小农经济生活方式"造成了我国乡村"愚、贫、弱、私"四大弊病,而之又影响着古老中华走向现代化的步伐,而解决的关键在于占我国人口80%以上的农民问题,在于我国农村的发展。于是,他们纷纷试图通过改良的手段来达到教育普及化或职业化,以发展农村生产、改善农村生活、提高农民素质,最终实现救国救民的目的。中国大地上一时开展了轰轰烈烈的乡村教育活动。仅在1931年,全国旨趣不一的乡村教育运动实验区就多达193处,遍及全国各地。❶ 其中,影响较大的有黄炎培在江苏昆山徐公桥的农村职业教育实验、陶行知建立的晓庄师范学校、晏阳初的河北定县乡村教育实验、梁漱溟的河南教育实验、黄质夫在江苏、贵州等地开展的乡村师范教育等。乡村教育运动,在我国教育史上有着重要的地位和影响。

---

* 本文发表于《教育文化论坛》2012年第2期,作者为杨蕴希(时为四川大学汉语国际教育专业在读硕士,现为湖南师范大学教育学在读博士)。

❶ 赵晓春.乡村教育运动主体性价值观及其现实意义[J].教育研究,2006(3).

一、黄质夫乡村教育思想

黄质夫（1896—1963年），名同义，号质夫，江苏仪征人。南京高等师范农艺系毕业。1924年起先后创办江苏界首乡村师范学校，1927年创办江苏栖霞乡村师范学校，主持浙江湘湖乡村师范学校工作。1939年，应教育部长陈立夫之邀请，受任贵州青岩乡村师范学校任校长。黄质夫任贵阳乡村师范校长后，经过调查，他认为要使乡村教育得到广泛、有效的实施，乡村师范学校必须设在贫瘠的边沿山区，以推进乡村教育的发展，提高少数民族的素质，改变少数民族地区贫穷落后的面貌。为此，他亲自到贵州少数民族聚居的都匀、三都、榕江、黎平等县考察并经教育部批准，于1940年年初将青岩贵阳乡村师范学校迁至今黔东南州榕江县，更校名为国立贵州师范学校，并在黎平设分校，直属教育部边疆教育司领导。1945年黄离开贵州后，先后从事农场管理、棉产改进、棉麻指导等工作。1963年病逝。终其一生，乡村教育是其重要的人生实践和重大的社会贡献。

统而观之，黄质夫教育思想是由若干部分有机结合而成的一个相对完整的教育体系，其由先进而独到的教育理论、先进而行之有效的教育载体、先进而实用的教育手段、始终如一的教育目的四大因素构成。

关于乡村教育的目的与人才培养目标。黄质夫在《中国乡村的现状和乡村师范生的责任》一文中指出："我们改造乡村唯一的工具，就是教育。"他认为中国民众以乡村人民为多数，而不识字的人也是乡村人民最多，因此教育必须面向全国人口占绝大多数的乡村，乡村师范应当成为改良乡村的中心。乡村师范学生肩负的任务，就是要"救百万村寨的穷，化万万农工的愚，争整个民族的脸"。❶他针对乡村师范生培养目标这个命题，鲜明地做出了自己的论断："他们毕业后，一定是良好的乡村教师。但是我不仅希望他做一个良好的乡村教师，还希望他们去做浇灌农民知识，改进农民生活的导师，发展乡村社会事业的领袖。"这种集教师、导师、领袖三者为一体的乡村师范生培养目标，就是真正的通才，复合型人才，这是极具创造性的教育论。而怎样才能办好教育？黄质夫一针见血抓住根本："由一流的人做校长，聘任一流的人当老师，创一流的乡村教育，培养出一

---

❶ 杨秀明.黄质夫教育文选[M].贵阳：贵州教育出版社，2001.

流的乡村教师和献身国家民族的栋梁之材"。具备四个"第一流",才能真正能解决教育根本之问题。

关于乡村教育的内容。首先强调教育与生产劳动相结合,即"树人树木,且耕且读"。他认为学习、生产、锻炼要结合在一起,边从事生产劳动边学习,二者不可偏废。他常对学生说:"中国几千年来教育的失败,就在于士大夫阶层读书人只会吃,不会做。"另外他还尖锐地指出:"有的农村孩子在入学前,还可以穿草鞋帮助父母打柴、种田,一旦进了学堂,就要穿皮鞋,梳亮头发,游手好闲。这是中国教育的失败。"因此必须坚持教育与生产劳动相结合,彻底改变封建旧式的教育,培养一代新人。其次是乡村学校应该成为重要的文化改良场所。黄质夫认为:"谈到中国民众,当然要以乡村人民为最多数,而人口绝大多数是农民,也是以乡村人民为最重",所以要"改良农村组织,增进农民生活,普及农村教育,提高农民知识,提倡农村娱乐,培养农民道德","要实现村无游民,野无旷土,人无不学,事无不举的愿望"的最佳工具和手段就是学校。改良乡村,应"以学校为起点"。强调学校为社会机关之一,其所负使命,固不仅教育学生而已,举凡社会文化的推演,精神生活的改进,与夫其他为社会全体谋幸福的事业,学校皆应当领导全体社会分子去努力。

关于"教学做"的方法。黄质夫在教学思想上主张"教学做合一",也就是做什么,就学什么;学什么,就教什么。即为用而学、为学而教、学以致用、教以致用。"做不完,学不厌,教不倦",教、学、做三者之间要相辅相成,不可偏废一方。以此摆脱过去死记硬背、脱离实际的旧的教学思想和方法。他对封建传统教育下培养出来的学生四体不勤、五谷不分的状态深恶痛绝,提倡教育必须与生产劳动相结合,任何人不得例外。

关于乡村师范教师重要性的独特见解。教师是乡村教育的关键。黄质夫认为乡村教育的教师必须是第一流的,其光荣职责和历史使命就是培育出第一流的人才,来建设农村的物质生活和精神生活。他认为"社会上生活最朴质的,最艰苦的要算乡村的一般民众——农工。""我们是实施乡教使命的先锋队,对于增进民众幸福,灌输知识,不仅是义不容辞,尤其是责无旁贷。""负责的实施者,就得亲自到乡村里去,调查民众生活的苦况,考察生产减少的原因,然后设法施以适当的教育。""采取民众勤朴耐劳的精神,明了社会急切的需要,拿来做我们学养的标准,造成实用的人才"。教师不仅仅能胜任教书,还必须是要有良心,责任心和爱心的"第一流的老师任教",否则就难以教出"第一流的人才"。他要求教师"应有严父之心管理学生,更应有慈母之心爱学生""以教人者教已,以育己者育人。"强调教师应该是"冲坚折锐的前线战士""移风易俗的社会教师""筚路蓝缕的开国先驱""继绝存亡的圣贤英杰",❶ 对于教育要有执着和终身无私奉献的精神。

关于应把思想道德贯穿于教育的全过程。黄在德智体美劳五育中,更加重视德育,认为德育仍是各育的核心。他认为教育最根本的问题是把学生培养成什么样的人,这主要靠思想道德去完成。他的德育思想主要有:一是爱国主义教育;二是良好的行为规范;三是主张"硬骨头"的苦干精神。他要求在历史课的教学中,"研究中国政治经济变迁的概况,说明近代中国民族受到了侵略之经过,以激发学生的民族精神,并唤醒其在中国民族运动上责任的自觉。""注重国际形势下的中国地位。""勿忘中国民族自振,自卫的必要"。在地理课教学中,要注意"培养民族精神""培养世界眼光";时刻不忘"天下兴亡,匹夫有责"。

二、黄质夫教育思想在贵州民族地区的实践

抗日战争爆发后,黄质夫辗转来到贵州,先铜仁国立三中任教,继青岩乡村师范学校任校长,再掌国立贵州师范学校前后达 5 年之久。其乡村教育思想及其实践之于贵州教育的贡献,主要是任国立贵州师范学校校长期间,对如何办民族师范学校教育开创了新路。其主要特点概括于下:

其一是明确提出了国师的任务和目标是培养少数民族师资和少数民族地区的建设人才。民国期间,少数民族地区称为边疆地区,少数民族教育称为边疆教育,少数民族称为边民。1941 年黄质夫主持编印的《国立贵州师范学校概况》提出:"本校创办主旨在造就边疆国民教育健全师资和边疆教育建设基层干部人才","与一般师范学校异其旨趣","为培养学生双手万能与生产智能。"同年编印的《国立贵州师范学校之训育与实施》也强调"本校为边疆师范学校,旨在开发边疆建设边疆,实现三民主义国民教育之责任,对学生必须采取最适宜的科学

---

❶ 杨秀明.黄质夫教育文选[M].贵阳:贵州教育出版社,2001.

教育，最严格的身心训练与最实际的职业指导"，使学生达到"手脑并用，劳心与劳力并重，增进学生健康"，并使学生"灼知社会情形，熟悉推广方法，庶使服务乡村教育后，可以改进农村，可以领导民众"，"养成道德上，学术上，职业上最健全的边疆国民教育师资，与忠诚、干练的开发并建设边疆之基层干部。"他坚信，虽然"边疆是穷的，边疆是苦的"，但只要"有苦干穷干的精神"，就"能开发边疆，复兴中华民族。"

其二是从少数民族地区的实际出发，改革师范招生和毕业生分配制度。在学制方面，根据少数民族地区高小和初中毕业生少的实际情况，除师范科外，举办有五年制简师科、初中科、附属小学。招收14岁以上初小毕业生，施行五年一贯制训练，达到四年制简师毕业程度。在黄质夫的努力下，迁校前，"国师""仅有4个班级150多名学生，迁校后，最多时有16个班级、近千名学生，成为贵州省规模最大的一所学校。"根据办学宗旨，"学校主要招收少数民族子弟，学生毕业后大多到贵州及湖南、广西少数民族地方从事教育工作。"

其三是根据少数民族地区的实际改革教学。黄质夫提出，"国师"教务实施的原则要切合边疆环境的需要。因此，在课程方面，除全国统一开设的课程外，"国师"增加了地方行政、民众教育、政治经济、少数民族地区的历史、地理等课程。教材方面，基于"边地环境特殊，内地都市所编的教材未尽使用"的实际，自编了《建设边疆》等数十种教材和补充教材。具体在国文科讲少数民族固有的文艺故事，地理科讲少数民族地区地理，历史科讲少数民族历史和民族伟人史传，博物科讲民族地区动植物，理化科讲民族工业，教育科讲少数民族教育的现状及改进等。在劳动实践中，"学校垦殖了水旱作物26.67公顷，植树3.5万余株，还办了工场，可谓工、农、林、牧、副，一切应有尽有。"同时学校设立"村寨教育实验区"，派出教师和优秀学生到实验区办山寨小学，招收少数民族子女入学。还在榕江县城办夜校，派高年级学生任夜校教训学员400余人。还根据少数民族地区小学师资缺乏的实际，举办国民教育师资培训班，帮助附近各县培训教师。

其四是灌输爱国主义教育，激励民族精神。"国师"创建于抗日战争年代，勿忘国耻，抗战救国的爱国主义教育几乎从未间断。《日寇侵华史》是学生在课堂上学习的必修课，校园内外到处都张贴有抗日宣传画和"抗战必胜""建国必成""还我河山""国土未复土堪忧"等标语，以催人猛醒，同仇敌忾。学校办公楼墙上"我在后方,要凭天良;切莫鬼混,认真救亡","耐得千锤百炼,才能任重致远"等激励师生"卧薪尝胆"的对联,发人深省。黄曾多次在全校师生集会和榕江民众大会上说:"抗战期间,国难当头,前方将士要吃饭,后方如果不努力生产,那么,生之者寡,食之者众,国则危矣!"①号召师生民众加紧生产,共赴国难。

"耕读一堂,得天下英才而教;弦歌四野,树黔南文化之基。"这是时国立贵州师范办公室的门口对联:事实确实如此,"国师"在榕江办学10年,使地处"苗疆"腹地的榕江,成为黔、湘、桂边境民族地区人才培养的摇篮,为黔、湘、桂地区培养了许多优秀人才,"据1947年统计,1940—1947年,国师共毕业学生400余名,几乎全部服务于黔、桂、湘三省少数民族地区。国师学生中,苗、侗、布衣、水等民族的学生占42%。"而国师所在的榕江县毕业的榕江籍学生达200多人,国师附属小学共毕业学生12届,毕业学生500多人。❶上述毕业生,对榕江、对黔、桂、湘边区的各项事业,特别是教育事业做出了重大的贡献。黄质夫的教学实践,不仅对当时贵州等省的少数民族教育起到了积极的推动、促进作用,而且其开办民族教育的指导思想和具体做法,至今仍有借鉴的意义与价值。

三、结　语

教育的发展直接关系到我国未来发展,关系到中华民族的伟大复兴。我国未来发展看教育,而教育的发展在农村,而难点与重点区域在民族地区。我国乡村教育的先驱黄质夫在20世纪三四十年代提出的我国发展的根本在教育,而教育的根本在农村,我国教育应该向广大的农村地区特别是农村少数民族地区倾斜的思想至今仍有极为重要的现实意义。他认为乡村教育是"救百万村寨的穷,化万万农工的愚,争整个民族的脸"的重要途径,其在实践中总结的一系列乡村教育经验和乡村教育理念在当代中国"二元社会"的国情和新农村建设迫切需要发展乡村教育的大前提下更具有其特殊的意义和价值。将黄的教育实践经验及其乡村教育理念与目前贵州民族地区农村教育实际情况相结合,寻找两者的契合点,

---

❶ 安永新,梁茂林.黄质夫——中国乡村师范教育的先驱[M]//肖云慧.黄质夫乡村教育思想研究.贵阳:贵州民族出版社,2003.

去其糟粕，取其精华，推进贵州农村地区特别是贵州民族地区教育事业更好更快的发展，并以此促进贵州经济社会发展的历史性跨越有着积极的理论借鉴意义与实践参考价值。

※清末民国贵州教坛女杰与女子学校教育[*]

从教育的视角考察，清末发端于"壬寅学制""葵卯学制"以停废科举考试兴新学的教育改革运动，改变了中国教育发展的导向，教育体制、培养目标、教学内容、教学方式随之焕然一新。贵州也在这一背景下出现"废书院、兴学堂"的教育改革热潮。其中，大批新式的学堂得以建立，中学教育也在"各府、厅、直隶州均设中学堂"的谕令下逐步发展。旨在培养师资和发展经济的师范与实业教育蓬勃兴起，同时也开启了贵州高等教育的创建历程。

"据地方史料的不完全统计，至辛亥革命前夕，贵州各地共创办各级各类新式学堂840所，"❶初步建立起贵州的近代教育体系。民国肇始，贵州教育事业便在动荡巨变的社会环境中历尽艰辛，艰难前行，承担着社会变革所赋予的历史使命。其间，经历了地方军阀统治时期的缓慢发展、抗战前国民政府对贵州教育的整顿前行、抗战时期的迅猛发展、解放战争时期的渐次衰落等阶段，呈现出总体发展滞后、发展不平衡、地区差异大、办学主体多元化等特征。总体来看，清末至民国时期贵州教育以官方主导为主，教育变革波澜壮阔，教育者、教育对象、教育内容、教学方式在历史的潮流中涤荡迅速，面貌为之一新。不少的政府官吏、地方贤达、志士仁人为贵州教育从封建而近代、由近代而现代的历程中付出了艰辛的劳动，做出了突出的业绩。其中也不乏杰出女性为贵州教育发展做出突出贡献的感人事迹，尤其是在创办女子教育，推动男女平权和社会发展方面影响深远。

---

[*] 本文作者为课题负责人杨军昌教授和时其指导的民族学在读硕士谢芝（现为兰州大学民族学在读博士）。

❶ 张羽琼，等. 贵州教育发展的轨迹[M]. 贵阳：贵州人民出版社，2009：198.

一、清末民国的贵州教坛女杰

在清末的兴新学热潮中，女子学校的开办在贵州高原也蓬勃兴起。由于当时未办女子师范学校，缺乏女教员，女子学校的教育多由政府挑选品行端正的男教师充任，也有少数受业于旧学饱读诗书的女性担任老师，女校事务管理由年长的妇女负责。随着女校学生的毕业，执鞭任教的女性渐次增加，其中不乏一批在贵州教坛有较大影响的贡献卓著者，他们的事迹可歌可颂，可彰可表，是贵州教育史上闪耀的一页。

据资料记载，贵州近代学校中的第一个女教师是董德莹女士。1905年，具有民主思想的黄齐生先生在省城贵阳达德学校创立女校，聘请达德书社社员董伯平的妹妹董德莹为女小教师，开贵州女性执鞭教坛的先河。相继而办的贵阳广益女学堂，设监督1人、教员2人，均由女性担任，是贵州最早的女教师团队。而首办近代女校的女性，是辛亥革命时期贵州自治学社的骨干——白铁肩。早在1900年，饱读诗书的白铁肩不仅自己接受了新学，而且获准在家开馆授课，在贵阳广益、自奋等女校相继开办的鼓舞下，便联络致密的几个女友，奔走集资，突破重重封建阻力，于1907年创办了光懿女校。不仅培养了一批妇女人才，而且还积极参与反封建活动。1927年，自己引退并推荐培养的学生担任校长，其后，又为省立女子师范学校的建设做了大量工作。❶

在省城之外，教坛女杰不乏其人。三惠八弓镇陈璧钧，早年随母读经史，习女工，有造诣。1906年，在家办起女子私学，开当地女校之先河。每年有二三十个学生听课。民国二年，邛水建县，开办女子学堂，璧钧受聘执教。在她的努力与坚持下，女子学堂开办20余年，获地方政府授以"懿德秉彰"匾额。❷黎平开泰县王开媛，自幼在家塾读书，醉于经史，工诗善文。在变法维新、废科举开新学的推动下，留心时事，吸取新知，赞成社会变革，主张男女平等，于1910年农历三月二日捐资、集资建成黎平"荷花塘女子学堂"，即黎平女子学堂，为黎平女子享有就学的权利开了风气之先。❸铜仁陈素贞，童年籍读私塾，

---

❶ 查继玺.贵阳教育界的两位女先驱[N].贵州日报，1985-12-31.
❷ 政协黔东南州委员会.黔东南人物（1912—1949）[M].昆明：云南民族出版社，2011：807.
❸ 彭维忠.创办黎平女校的才女王恺媛[M]//政协黔东南州委员会.黔东南人物(1912—1949)[M].昆明：云南民族出版社，2011：27.

后考入湖南桃源女子师范学校。民国十二年，任美国驻铜仁基督教会创办的达德小学校长。多次出席省妇代会和地方各种会议，宣传男女平权思想，鼓励妇女们从封建礼教中解放出来。又组织妇女开办手工业小组——缝纫铺，还拟定了充实地方卫生设备，优抚抗日新兵家属，提高小学教师待遇等提案提请政府实施。在达德小学经费紧张时，拿出自己的积蓄来发放教员工资。民国三十七年，素贞又创办了铜仁益州中学，是铜仁教育贡献较大的女性之一。❶

在贵州的教育近现代史上，还有大学毕业、国外执教、回国后又终身从事教育的女杰。杨和林即是其中的典型代表。杨和林（1883—1952年），毕节人，出身于书香门第，幼年随父在成都、叙永等地读书，年长回毕节，任县两级（高级、初级）女子小学校长。1920年，她以优异成绩考入北京女子师范大学，读书期间，受爱国主义思想的熏陶，以"教育救国"为己任。1924年毕业后，曾到厦门任教，尔后又到新加坡、马来西亚等国教书，曾任南洋槟榔中学校长。抗日战争爆发后，她重返毕节，任县立第一女子小学校长。1943年，改任县立毕节师范学院教师。在毕节任教期间，她积极宣传进步思想，对学生进行爱国主义教育，她对学生因材施教，循循善诱，耐心教诲，既严格要求，又关心学生。凡是她教过的学生，都把她当作良师益友，经常拜访，向她请教。和林终身未婚，潜心钻研教学，直到临故前还坚持上课，把毕生的精力无私地奉献给教育事业。❷

二、教坛女杰的女学贡献

贵州的教坛女杰，是贵州近现代教育发展史上的生力军。其中多表现于贵州女子教育的开拓和推动上，是贵州女子教育的骨干和中坚，对发展贵州近现代教育，促进男女平等，推动社会进步做出了杰出的贡献，产生了深远的影响。

首先，教坛女杰的突出贡献表现为在女子学校开办上的身先士卒，殚精竭虑，破难而上。众所周知，中国数千年的封建社会是一个典型的男权社会，妇女不仅长期在"三从四德""三纲五常"的桎梏下处于社会的最底层，而且在社会事务参与、知识习得等方面始终处于被排斥的地位。近代而始的教育变革和资产

---

❶ 铜仁市志编委会.铜仁市志［M］.贵阳：贵州人民出版社，2003：1728.
❷ 毕节县志编委会.毕节县志［M］.贵阳：贵州人民出版社，1996：1208.

阶级民主思想的传播，女学便在全国大地得以倡办。贵州虽处西南僻野，一方面，女学得风气之先，开办较早，至辛亥革命前夕，便先后创办了三十余所女子小学堂。❶民国而起，又开办了女子中学、女子师范、女子职业教育等，女子学校教育得到了进一步的发展。另一方面，贵州女子学校的兴办是在杰出女杰、进步人士共同与封建保守势力坚决斗争，破难而上才得以实现的。前述与白铁肩一道倡办光懿女校的谭佛侠在倾力筹建女校时即遭到其翁姑的横加阻挠，而服毒自尽，以死抗争。名闻遐迩的盘江八属女子学堂创始人孟润芳在1907年创办女校时，便遭到不少"冥顽之辈""女子入学，有伤风化""女子入学，有违圣教"等言论的肆意诋毁，以致招生之艰，难以想象。其既广为宣传，又挨门解说，初才得学生数人；为培养人才，自任学监保护女生，周折辗转，几废寝食，终于感动邑人，使诋毁者改变看法，进而支持办学，最终出现了家长欣然送女入学的局面。❷而在女孩就学上，一些家长也在封建顽固势力的影响下，横加阻滞。正安李亚松，在1921年正安县城首创女学时，便冲破家庭阻拦、世俗偏见进入女校学习。1937年又考入四川省立第二女子师范，未及毕业，父母即在世俗舆论压力下中断其经济供给，迫其辍学返家，"不准再读书，抛头露面，惹人指责"。❸亚松坚持不屈，利用课余代人编织毛衣，浆洗衣服维持最低生活，终以优异成绩毕业后任教于家乡安场女子小学。

其次，教坛女杰在女校开办、人才培养上做了艰辛的努力，贡献突出。在贵州的女子学校办学历史上，不少教坛女杰们既是学校的创办者、也是教育者和管理者。除前述创办者外，实际上这一时期多数女校的建立都与女性有关。曾是国民政府交通部长、上海大厦大学创始人的王伯群母亲王刘氏，于1909年在兴义县城川主庙内创办毓秀女子小学，并任堂长；1912年，贵阳育英女校开办女子中学，玉峰女士充任校长；1915年，光懿女校校长白铁肩增办女子师范班，为实际负责人。贵州女校创办者绝大多数为女校骨干教师，亲自授课。而且都能顺应历史潮流，与时俱进地进行课程的改革。丹江女子学堂创办人谢静仁，于1919年即改革旧的教学制度，在学堂内停止教经书，开设国文、算术、音乐、体育、蚕桑等课程，并顶住封建势力的讥讽，开丹江地区汉族妇女剪辫放足之先

---

❶ 贵州省志教育志编委会.贵州省志·教育志[M].贵阳：贵州人民出版社，1990：105.
❷ 黄友群.贞丰女子学堂创始人孟润芳[M]//贵州省政协学习委员会.文史资料存稿选编（第三卷）.贵阳：贵州人民出版社，2006：231-234.
❸ 正安县志编委会.正安县志[M].贵阳：贵州人民出版社，1999：870.

例。❶ 三惠陈璧钧，在私学除教《三字经》《女儿经》外，还教画花、剪花、挑花刺绣，后又在邛水县女校，教授国文、算术、修身、体操和针黹。❷ 孟润芳创办女校后，不仅延聘地方名儒任教，而且顺应社会潮流，削减了经书课程，增开数理课程，并帮助教师改进教法，提高效果。1909年，贵州提学使来贞丰视察，举行国文、算术竞赛，见学校管理严格，校风良好，教师博学，员工团结；而又学生品学兼优，获奖较多，盛为感慨，遂具文呈请上峰褒奖，孟润芳获授"仕女之师"匾额。❸

贵州女子学校的开办，为贵州培养具有文化知识的新一代女性具有历史性的贡献，一大批贵州教育、社会、经济、文化所需人才赖之得以脱颖而出，成了贵州社会、经济发展中的生力军，并以此助推了贵州教育的现代化进程。以光懿女子师范班为例，毕业于该班的贵阳人孙尧姑1921年报名考中北京女子高等师范专科学校，结束了贵州无人报考该校的历史。其第一期培养的毕业生20余人，第二期30余人，大多成了贵州教育战线上的骨干和领军人物。

其三，教坛女杰关心国家、注重时事的言行，增进了学生的家国情怀，促进了学生的全面发展。贵州女子学校教育开办的时期，是中国历史动荡和社会变革剧烈的时期，学校教育的各项活动无不打上时代的烙印，不少女教师自觉不自觉地把自己的教育行为与国家、民族的命运结合起来，主张民族自强自立，实现男女平等；要求发展经济，创办实务，实现国家自强；反对列强入侵，宣传抗战，揭露侵略，以砥砺民族气节，争取抗战胜利。在她们的努力下，学生的爱乡爱国热情得到了激发，学生的思想进步和全面发展得到了促进。正安颜昌华，民国初年走出家门入县女子学校学习，随又考入贵阳女子师范深造，毕业后回乡教学，先后任正安县城区女子小学校、安场女子小学校校长。任职期间，经常联系群众，广泛宣传女孩学习文化的好处，动员女孩入学，还充分利用既有条件组织教师和高年级学生举办扫盲班，使许多妇女摆脱不识字的痛苦。"七·七"事变后，国难深重，昌华在师生中宣传鼓动"打倒日本帝国主义"，争取抗战胜利。每逢

---

❶ 文鹏飞.拓起丹江女子教育第一人——谢静仁[M]//政协黔东南州委员会.黔东南人物（1912—1949）.昆明：云南民族出版社，2011：709.
❷ 政协黔东南州委员会.黔东南人物（1912—1949）[M].昆明：云南民族出版社，2011：807.
❸ 黄友群.贞丰女子学堂创始人孟润芳[M]//贵州省政协学习委员会.文史资料存稿选编（第三卷）.贵阳：贵州人民出版社，2006：233-234.

场期，便组织学生上街宣传抗日。1939年，国土沦陷过半，抗日战争进入艰苦岁月。为了宣传抗日，正安县筹办妇女干部训练班，招收一批女生集中军训后下乡劳动。昌华主动请求为学员上文化课，并参与操练，随队奔赴离县城百余里的土溪（今道真县治）等地编演文艺节目，发表演说，号召"有力出力，有钱出钱"，支援抗战。在活动中，昌华又细心照料学员，深受学员爱戴。1949年正安临近解放，社会动乱，学校解体。昌华为避免学生辍学，便在自己家里为30余名学生授课，深得学生及家长爱戴。❶ 在这一特殊的历史时期，一些女教师如同颜昌华一样为国家的前途、民族的命运奔走呼号，并不顾风险威胁。如贵阳著名社会活动家许芳媛女士，其于贵州省立师范学校毕业后任教达德学校，参与编印《贵州文艺》《坦荡报》等报刊，并以之宣传抗战，反对妥协，被国民党贵州省党部调查处列入逮捕名单，因其亲属活动才得以幸免入狱。后许芳媛任国民党息烽县县长，于教育与经济上有"除弊""兴利"的政声。此外，有的教师还为争取学生、教师的权利和同情革命而于自己的安危于不顾。如黄平第一位女大学生、四屏小学教导主任吴淑光，思想进步。1938年，进步人士朱世芬（别名马如昆）到黄平谋职，暗中从事革命活动，引起国民党当局注意并被监视。为避迫害，凯里中共地下党负责人李长青致信嘱托吴淑光护送其出境。因国民党黄平驻军控制严密，朱世芬无法离境，吴就安排她在四屏小学代课，后被国民党驻军察觉将朱逮捕并押送贵阳（后被营救）。新中国成立后，朱世芬在北京保育院任职，还通过组织多次来信向吴淑光致谢。❷

三、结　　语

在清末新政、废科举兴新学、发展近代教育的背景下，在贵州高原兴起的创办女学、争取妇女解放、实现男女平权、促进社会进步的教育变革运动，催发了一大批杰出女性冲破封建藩篱，而站在时代的前列。她们或创办女校、执鞭教坛；或追求新知而又投入女学培养人才；或依托教坛宣传社会平等思想为妇女解放奔走呼号；或在从教生涯中坚持真理、抗战爱国、维护师生权益与恶

---

❶ 正安县志编委会.正安县志［M］.贵阳：贵州人民出版社，1999：876.
❷ 政协黔东南州委员会.黔东南人物（1912—1949）［M］.昆明：云南民族出版社，2011：797.

势力做斗争，为贵州女子教育事业做出了应有贡献。从中反映出这一时期的贵州妇女为争取自由解放的执着追求和披荆斩棘、排难而进的大无畏精神和时代担当。勤朴坚韧，力战艰辛。贵州教坛女杰的所言所行及其女学历史的起伏波折，也曲折地反映了近代中国妇女为争取受教育权利，实现自我解放而经历的艰辛历程。这对于推动贵州教育发展和实现真正意义上的男女平等，具有积极的历史借鉴意义和价值。

※对话视域中的贵州民族文化进校园试论[*]

伴随着"视域融合""重叠共识""问答逻辑"等概念的提出，越来越多的学者开始从绝对主体的二元对立观念渐渐转向对狄尔泰式主体间性对话、伽达默尔解释性对话、哈贝马斯交往式对话的关注。他们主张打破绝对的二元划分，走向对话与会通的关系中。其中，巴赫金认为，对话将人的所有社会关系沟通起来，既是手段又是目的，是一切存在的最低条件，通过对话间的独立主体关系的界定让一切都具有了可能性。[❶] 而对话所赋有的"可能性"逐渐蔓延到我国的教育领域中，得到越来越多教育学者的认同，认为教育就是一种对话，是历史和现实的对话，是教师与学生的对话，是人类的历史经验与学生个体需要的对话。[❷] 不管是时间对话、人人对话还是经验对话，教育中无处不存在对话的可能。于此，本文从对话的视域对贵州省民族文化进校园实践活动中蕴含的丰富内涵以及未来的发展路向进行初步的分析和探讨，期冀对"十三五"期间贵州进一步推进各类学校开展民族民间文化教育、实现民族教育工作新发展新跨越有所裨益。

一、对话：贵州民族文化进校园的实践使然

实际上，任何对话都产生于两个主动区分的独立存在之间，只有当一个独立存在发现自己同另一种他从不属于或者他不能不加疑问地接受的陌生存在相

---

[*] 本文发表于《贵州民族研究》2016年第12期，作者为课题组成员杨蕴希（湖南师范大学教育学专业在读博士）。
[❶] 巴赫金. 诗学与访谈 [M]. 白春仁，顾亚铃，等译. 石家庄：河北教育出版社，1998：340.
[❷] 金生鈜. 理解与教育——走向哲学解释学的教育哲学导论 [M]. 北京：教育科学出版社，1997：135.

遇时，对话才可能产生。❸也就是说，"我"的存在是因为知道有"你"而存在的，教学活动给"我"与"你"提供了"相遇"的场所，让"我"和"你"成为同一场域中的关系主体。但"我"和"你"毕竟是有差异的，这种差异成就了"你""我"，也区别着"你""我"。也就是说，差异中的彼此是唇齿相依、互为存在前提的，两者在动态的发展中互相成就与牵制。恰如西周伯阳父所言："以他平他谓之和，故能丰长而物归。"这里的"以他平他"就是试图在差异中寻找动态的平衡，建立两者互通、互动、互助的谓之"和"的局面。❷对这种可能性的探索在中国哲学思想中也不乏可见，从"致中和，天地位焉，万物育焉"(《中庸》)到"君子和而不同"(《论语·子路》)再到"和而不同"(费孝通)的提出，中华民族千百年的智慧结晶都旨在向我们强调在差异中求"和"的概念，而对话无疑是实现这种兼容性和融通性的有效手段。❸

自我国教育部实行国家课程、地方课程和校本课程三级课程体系以来，越来越多的民族地区将大量的人力物力投入到极具地方特色的地方课程开发当中。自2002年以来，贵州就在全省各少数民族地区开展"民族文化进校园"活动，力求将贵州丰富多彩的少数民族文化带入学校教育中。2016年，贵州省再次下发文件重申与推进民族文化进校园工作，明确提出要以国家、省级非物质文化遗产保护项目为基础，围绕省内各地优秀民族文化资源特色，以学校为主体，在课堂教学和课外活动中，因地制宜地开展民族歌舞、民族声乐、民族戏曲、民族体育、民族工艺、民族绘画、民族语言文字等承载着地方民族文化和地方意识身份的民族文化课程。❹这种将少数民族非物质文化遗产以地方艺术体育课程的形式呈现出来的方法，一方面明确地说明了民族文化课程在学校教育中是有别于国家课程的一种存在；而另一方面恰好是这种存在表明了少数民族文化同国家主流文化一样都是学校教育中不可缺少的主体。贵州"民族文化进校园"的实践，做到了既尊重民族文化差异，又关注各种文化之间的沟通与联系。给民族群体、文化、教育同"他者"提供了一个得以对话的平台，让丰富的贵州少数民族资源在现代化、全球化的浪潮中获得了持续、和谐、开放发展的可能。

---

❸ 洪汉鼎．理解的真理：解读伽达默尔《真理与方法》[M]．济南：山东人民出版社，2001：214．
❷ 乐黛云．差别与对话[J]．中国比较文学，2008(1)．
❸ 冯友兰．中国哲学简史[M]北京：北京大学出版社，1998：150．
❹ 贵州省民宗委，省教育厅，省文化厅．关于印发《关于全面推进各级各类学校民族文化进校园工作的实施方案》的通知[S]．2016-05-30．

二、贵州民族文化进校园的对话内涵

对话状态是和谐平等的共存状态、对话之路是平等交流的共荣之路。全球化时代，对话不仅是在同质化与差异化并存环境中的生存智慧，还是多种关系走向和谐共存的发展目标。对话的内涵十分丰富，就贵州民族文化进校园的对话内涵而言，可从如下三个方面进行阐发。

（一）少数民族与"他者"的对话

教育是属于人的，教育是为了人的，教育是人的教育。不论是国家主流教育还是民族教育都应该有"人的在场"，真正做到对"人"的关照与重视。人是自然的产物，降生之时不可避免地被赋予了不同的文化身份，而每一种文化的存在都具有其自身的合理性，都和其他文化发生着或多或少的联系，都具有独特的生命张力。实际上，人的存在是一种最深刻的交际，绝对独立的人是不存在的，每个个体都生活在自我的边界处，准备着与"他者"相遇，通过同"他者"发生联系才能构建自身的存在之维。❶ 在"自我"与"他者"的差异与联系中，教育的功能一言蔽之就是使人"安所，遂生"（潘光旦）。也就是让人在天地间找到自己的位置，获得自我身份，与"他者"建立对话关系，才能真正有意义、有意识地作为一个完整的"人"而存在。

文化的本质是人化，教育是一个使人为"人"的过程，少数民族学生的人性蕴藏在本土、本民族与自然、与他人最天然、最纯粹的互动中；蕴藏在延续着本民族情感与创造的歌舞、服饰与各种仪式中；蕴藏在凝聚着本族智慧与知识的风俗、崇拜与禁忌中；蕴藏在即使没有文字也能通过口耳相传留存下来的独特文化中。失去了这种文化，少数民族学生即便跻身现代化主流社会，也只能如同无根之木、无源之水，难以获得内心最深处的文化归属感。所以，贵州省"民族文化校园"活动的开展，切实地为少数民族地区学生提供了一个可以全面认识自己、看清自我与他者关系，使其能够自觉自信地投入到文化对话的平台中。在这个平台上，国家主流文化与民族文化和谐地共存于少数民族地区校园中，主流文化知识在国家教育评价体系中可以让学生获得向上流动机会，而少数民族文化作为学

---

❶ 旷剑敏，袁怀宇.自我与他者：教师的伦理责任与价值［J］.道德与文明，2009（3）.

生的文化根基则能巩固其立足的根本。两种既相互独立又相互融合的文化在少数民族学生身上交织，一方面能使其作为一个具有完整文化身份的个体参与到社会生活中；另一方面也能将其培养成为各自民族文化的发言人，参与到多元文化对话中。

（二）全球化与地方化的对话

研究发现，美国学者亨廷顿的"文化冲突论"与德国学者米勒的"文化共存说"的辩论实际上都有一个相同的指向：全球化趋势不可避免的同时也导致了强烈的地方化，也就是地方少数民族对本族文化强烈的自觉与归属意愿，这种对文化身份的渴求是一种根源意识，这种意识在文化强权化、单一化与世俗化的危机中愈发强烈。❶不管是对族群的认同感、对本族文化的自豪感还是对自己在世界格局中所处阶层的觉察感，都让每个族群在全球化的迷失中回归理性，重新思考"冲突"还是"共生"的问题。实际上，全球化在让文化走向同一性的同时也产生了多元性，两者是辩证交缠在一起的，历史上每一次文化冲突的结果都会进一步形成文化的共存与融合。如果要在全球化过程中使各种不同的民族文化能够逐渐地在和而不同的背景下生存，就需要对话，没有对话，就会出现霸权宰制的现象，冲突就会产生。❷可见，多种文化的共存与对话，不仅是各种文化的内在需求，也是全球化发展的和谐动力。

贵州省作为全国第一个将民族民间文化引入校园的多民族省份，愈发地意识到汇聚在自己身上的多民族文化基因的可贵。随着贵州高铁时代的到来，"多彩贵州"的提出让人们看到了贵州在更加开放的局面中应对全球化挑战和机遇的决心。"多彩"一词高度凝练了贵州生态的多样性、民族的多样性、文化的多样性以及发展模式的多样性，这些多样性仿佛是一张独特的名片凝聚着贵州的生态与文化、态度与精神，让贵州更加自信的在全球对话中凸显自己的特色与价值。作为践行"多彩贵州"理念的"民族文化进校园"将贵州85项140多处国家级非物质文化遗产和近600项省级非物质文化遗产引入校园，不仅打破了很多非物质文化遗产传承的困局，还发展为对外宣传贵州少数民族文化的重要平台。以从江

---

❶ 塞缪尔·亨廷顿，劳伦斯·哈里森.文化的重要作用——价值观如何影响人类进步[M].程克雄，译.北京：新华出版社，2012：4.

❷ 杜维明.文明对话的发展及其世界意义[J].南京大学学报：哲学·人文科学·社会科学，2003（1）.

县为例，早在 2007 年，从江小黄小学的 9 名学生就把侗族大歌唱到了日本，而从 2015 年在从江举办的首届"民族文化进校园"成果会演中更可以感受到地方学校这十多年对民族文化的捍卫与坚守。近 500 名小学生通过侗族大歌、琵琶歌、芦笙舞、木鼓舞等节目向世界展示着这个民族、这个地方存在的独特意义，怀揣着对自己文化的认同与热爱，自信从容地同全球文化进行对话与交流。

（三）地方课程与国家课程的对话

我国的三级课程体系在知识的选择与文化内涵上各有侧重。国家课程内容大多为符合全球化经济发展要求、代表国家主流意识的实用性知识，体现着文化的统一性；而地方课程和校本课程的内容则是那些为少数人拥有和认同的、与一定的地域和群体紧密结合的地方性知识，体现着文化的多样性和独特性。长期以来，少数民族地区的学校课程普遍缺少以民族地区社会经济为背景的实用性知识以及以民族文化精神为内核的认知性知识。以国家课程为主的普及教育让少数民族地区的学生越来越偏离自己从小生活的文化场域，文化自觉感越来越模糊。而学校教育作为少数民族地区学生实现向上流动的有效途径，由于民族地区经济、社会、文化发展相对滞后的制约，相当部分学生很难实现向上的流动，处于既不具备在主流社会摸爬滚打核心竞争力，又无法从内心接纳和认同自己民族文化的尴尬处境，变成了主流文化和民族文化的边缘人，生活在两种文化的碰撞中，难以找到自己的文化身份，内心极度缺乏文化安全感。"民族文化进校园"将承载着贵州少数民族生活智慧、凝聚着民族精神力量的少数民族文化遗产以地方课程的形式纳入到学校课程体系中，在完善了民族学校课程体系的同时更尊重了学生的文化身份。不同文化内涵的课程体系形成友好的对话局面，让学生不仅能够通过国家课程获得社会流动的机会，更能够通过地方课程守住心中的文化之根。

贵州少数民族文化浩如烟海，民族文化进校园主要以非物质文化遗产项目为主要课程内容，开展的形式和课程目标因教育阶段的不同而各有不同：基础教育阶段目标旨在让学生通过对民族民间技艺的学习，增强学生的民族文化认同感、提升其文化自信、发展其民族文化想象力和多元文化理解素养。基础教育阶段的课程实施主要以课外实践课程的形式出现，意在让学校在开展国家课程的同时丰富学生的校园生活，在增强学生体质和审美情趣的同时完善学生的文化身份，为培养更多的非物质遗产传承人奠定基础。民族文化进入基础教育时间较早，作为贵州省最早尝试将民族文化引入校园的榕江县车民小学，早已成功地将侗族歌舞引入课堂教学中，其成立的"金蝉"侗族少儿艺术团从1985年一直延续至今，让海内外很多人领略到侗族文化的魅力。而职业教育中的课程目标则贴近市场需求，旨在将民族民间文化技能变成民族学生在职业竞争中获得优势的核心力量，为贵州旅游业的发展培养大批具有地方技能的国际化人才。例如雷山县中等职业学校就集结了《苗文苗歌》《铜鼓舞》《芦笙舞》《苗族刺绣》等非遗项目传承人在学校开办民族歌舞、刺绣等专业，为少数民族旅游文化资源丰富的贵州黔东南地区输送了大量民族专业技能人才。这些作为课程主体之一的学生经过学习都变成了各自民族文化的代言人，在越来越开放的平台中和各种文化对话与交流着。而作为另一主体的教师，很多都由非遗传承人所担任，由于苗、侗等民族没有完善的文字体系，所以很多课程都是由教师通过口述或身体示范等教学行为完成的。每个民族都有自己独特的文化传递方式，会在特有的传递过程中引发民族共鸣、增强民族情感。所以整个教学活动就给不同民族文化提供了代际交流和平等对话的机会，让民族情感得以延续、民族精神得以留存。

当然，课程的实施也离不开教材的编写，其中以贵州17个世居少数民族文化为内容的教材最多。比如苗族的有贵定县新铺中学的《德新四寨民俗》《鼓龙鼓虎——长衫龙舞蹈》；侗族的有黎平县岩洞中学的《侗族知识简明读本》《侗族大歌》；布依族有安龙县万丰湖民族小学的《布依族体育》《八音坐唱》；土家族的有沿河县组织编写的《土家音乐》《土家舞蹈与体育》《土家美术》和《土家风俗》等。这些校本教材，从纵向看记录着每个少数民族世代延续的生存智慧与生命之源；从横向看证明着这个地区少数民族区别于其他地区、其他民族的身份差异。这些教材，由于均为少数民族地区各民族自己对于自身文化的书写，因其具有民族的情感与民族认同的情结因而具有"本文"的还原性质，能够引起共鸣与感悟，能够让教材的学习者真切地感受到这个民族、这个地方的文化精髓与生命质感。

三、民族文化进校园的未来发展路向

少数民族文化的传承与学生个体的全面发展是民族文化进校园的两个核心目

标，而学生作为文化传承与保护的主体与媒介，更应视为民族文化进校园推进工作的重中之重。2016年9月公布的中国学生核心素养总体框架明确强调要关注时代性、注重民族性，这里的"民族"既是"国家民族"也是"少数民族"，而只有具备多元文化理解素养的学生才更能在全球经济文化"差异化"与"一体化"的交杂中实现自我认同，进而带着明确的国家（民族）身份承担相应的社会责任。贵州民族文化进校园的未来发展路向应以开拓贵州特色教育之路为手段，以打造贵州非物质文化产业为动力，以实现民族教育工作新发展新跨越目标。

"民族文化进校园"作为贵州将本土文化与教育有机结合的一场改革实践，在十几年的践行中已经累积了不少经验、取得了一定的成果。在继续打造这条具有贵州民族特色的教育之路的过程中，首先要整合与规范现有成果与资源，搭建互联网线上线下的资源共享平台，拓宽民族文化进入课堂、学校等教育空间的交流与对话渠道，打造一个相互联系、相互交流、共同发展的稳定的关系结构，使其在广泛的社会认同和支持的合力中实现结构功能的最大化；其次，应切实加强贵州特色教育整体结构中各个因素的功能，在教育目标上，不仅要让民族文化进入学校校园、进入课程、进入课堂，更要进入学生的头脑、深入民族的骨髓；再次，应结合实际需要确定教育内容，比如具有实用性、技能性的文化内容可以纳入正式课程，系统培养实用性技术人才；将具有审美性、精神性的文化内容作为非正式课程纳入学校教育中，通过各种"民族仪式"化的校园活动提升学生的民族自觉与自信。而不管是何种类型的课程都离不开"教师"的参与，这里的"教师"集非物质文化遗产传承人、课程行动研究者、地方教材编写成员、文化活动组织者等多种身份于一体，所以应该充分关照这类教师身份的特殊性，成立相应的机构整合教师资源并给予充分的保障与支持，使其作为稳定的主体参与到具有贵州特色的教育发展道路的建设中。

在民族文化进校园的未来路向中，还需注重当今世界人类面临的新挑战，已经不是围绕性别、种族或阶级，而是围绕经济发生的实际。经济作为影响地球上每一个个体的存在已经确切的具有全球性质。❶ 而伴随着信息化的发展，全球经济逐渐走向相互合作与依靠的共同体、知识逐渐成为经济发展的主动力，人类社

---

❶ 大卫·杰弗里·史密斯. 全球化与后现代教育学［M］. 郭洋生，译. 北京：教育科学出版社，2012：69.

会开始从工业社会转变为以人的知识、思想和技术为商品的知识社会。❶可见，少数民族非物质文化遗产作为一种知识商品除了蕴含教育意义以外还具有重要的实用价值和经济价值。民族文化进校园不仅是一种地方教育改革实践，还是一种文化保护与文化产业化运动。斯宾塞关于"什么知识最有价值"的讨论放在经济社会的现在，就不得不将文化知识的价值同其隐含的经济效益挂钩。"民族文化进校园"中除了包含对精神文化的关照，也包含了对民族地区通过文化知识推进经济发展的渴望。同样，只有伴随着民族地区经济社会的发展，民族文化才有传承与复兴的养分，民族自觉与自信才会真正被唤醒，多民族文化平等对话与共同发展才会真正实现。所以，要将"民族文化进校园"中具有实用性和代表性的优秀教育成果转变为具有经济价值与影响力的特色文化产业，将其作为新型文化经济体带动贵州民族地区整体的经济发展并借助全球化、信息化的开放平台在全球经济的合作与对话中走出一条特色文化产业经济发展之路。

　　最后还要强调的是，我国是一个多元文化社会，多种文化并存是我国文化的主要特点。不同民族由于地域环境、风俗习惯、历史背景和文化传统而形成了不同的民族语言、民族价值观、民族文化和民族认知体系。民族没有优劣之分、民族文化没有主次之别，任何民族的文化都应该在其文化模式中得到传承与发扬。在全球化背景下，教育是一项跨文化的使命，在与陌生的"他者"和其他事物的沟通中扮演着重要的角色。所以，教育要懂得如何对待文化多样性和差异性。❷贵州民族文化进校园给民族文化与主流文化、国家课程与地方课程、民族学生与非民族学生在走向全球还是坚守地方的迷思中寻到了一条打破"非你即我"的"你中有我、我中有你"的和谐共荣之路。在宏观上可以使民族地区用"美美与共"的文化对话理念参与到区域对话、经济对话、教育对话中，并以此推动民族教育工作新发展新跨越目标的实现；在微观上可以促进民族学生个体发展，使其作为对话主体参与到平等的社会关系中，增强其地区文化自觉力和身份自主性，在提升民族自信的同时实现其精神的真正自由，进而作为一个合格的国家人参与到全球化竞争中。

---

❶ 张华.论核心素养的内涵[J].全球教育展望，2016（4）.
❷ 克里斯托夫·武尔夫.教育人类学[M].张志坤，译.北京：教育科学出版社，2009：4.

※贵州民族地区基础教育资源配置的问题与优化分析

——以黔东南苗族侗族自治州为例 *

党的十九大报告把发展教育事业提到一个新高度,强调教育是民生之基、国之根本,要求在新时期必须加快教育现代化,办好人民满意的教育。改革开放以来,我国教育事业发展迅速,成效明显,但区域间、城乡间的发展差距并未得到有效消除,特别是少数民族和贫困地区的基础教育仍然处于滞后状态。贵州民族地区由于受地域、经济、历史等因素的影响,教育事业发展整体水平不高,与汉族地区、全国相比存在较大差距,这一状况不仅严重制约了民族地区经济社会的发展进程,也对贵州教育综合实力的全面提升产生了较大负面影响。究其原因,重要之一在于基础教育资源配置存在着亟待解决的系列问题。为此,特以贵州省黔东南苗族侗族自治州基础教育为研究对象,试图通过相关事实数据的统计分析,以展现贵州民族地区基础教育资源配置状况及其问题,探寻新时期破解问题以实现基础教育资源配置由量的扩展向质的提升转变的相关对策。

一、黔东南州基础教育发展状况

黔东南苗族侗族自治州位于贵州省东南部,总面积3.0337万平方千米,占全省总面积的17.2%,辖凯里市和麻江、丹寨、黄平、施秉、镇远、岑巩、三

---

* 本文发表于《贵州民族研究》2018年第9期,作者为课题负责人杨军昌教授和其指导的人口学硕士研究生周惠群。

穗、天柱、锦屏、黎平、从江、榕江、雷山、台江、剑河 15 个县。2016 年年末全州户籍人口 477.43 万人，苗、侗等少数民族人口占总户籍人口的 80.3%，其中苗族人口占 42.5%，侗族人口占 29.5%。同年，全州有普通初中 175 所，在校学生 182169 人；普通小学 786 所、教学点 787 个，在校学生 347835 人。小学适龄儿童入学率和义务教育巩固率各为 97.94% 和 93.46%。

（一）学校和班级变动特征

从数量而言，学校平均人数、班级平均人数不仅能反映办学机构的供给效果和拥挤程度，还可用于衡量生均享有的教学资源，以了解学生的群体规模和分布状况。通过对《黔东南年鉴》（2011—2016）的教育数据资料整理可知，2010—2015 年该州基础教育阶段的学校和班级变动呈以下特征：一是小学和初中在校生人数均呈逐年递减趋势。其中以小学的人数减少最为明显，已由 2010 年的 400419 人减至 2015 年的 338759 人，年均减少 12332 人，年均降幅达 3.40%；初中由 2010 年的 203459 人减至 2015 年的 190109 人，年均减少 2670 人，年均降幅为 1.37%。二是小学校数、班数相对于初中减幅较大。2015 年全州共有义务教育阶段学校 1044 所。其中小学校数比 2010 年减少 493 所为 844 所，减少 36.87%，班数减少 2096 个为 10207 个，减少 17.04%；初中校数减少 33 所为 200 所，减少 14.16%，其中，九年一贯制学校减少 14 所为 21 所，减少 40%，由于学校压缩，班数增加 26 个，为 3850 个。三是小学和初中学校平均人数有所增加。由于撤并等因，小学校均人数由 2010 年的 299 人升至 2015 年的 401 人，增长 34.11%；初中由 873 人升至 951 人，增长 8.9%，升幅低于小学。四是小学班级平均人数变化较小，初中"大班额"明显。6 年间全州小学班额均稳定在 32 人左右，而初中 2010—2014 年班额超过 50 人。班额过大会对教育质量产生消极影响，如教师对学生关注度降低、课堂维持成本加大、教学效果降低等，此外还可能涉及师生关系、学校氛围、学生行为、学习效率等诸多方面。❶ 参照贵州省规定的标准班额，小学班额以不超过 45 人，初中不超过 50 人为适宜规模来看，该州的初中较大的班额，可能引发一定程度的拥挤效应。从上可见，黔东南州基础教育阶段的学校和班级结构布局均有待完善、优化。

---

❶ 刘凯，刘荣增. 城镇化背景下中部农区县域中小学空间集中趋势与非均衡发展研究——以河南省泌阳县为例 [J]. 地理研究，2017（9）：1680.

（二）九年义务教育巩固率

九年义务教育巩固率，又称在校生巩固率，是义务教育成果与水平巩固情况的具体体现，也是衡量一个国家或地区义务教育质量的重要指标，❶由九年级期末毕业人数与一年级期初入学人数的百分比计算。表1显示，2012—2016年黔东南州义务教育巩固率与贵州、全国的对比情况为：五年间该州巩固率年均高于贵州省4.98个百分点，与全国相比则是先落后、再赶上、后超越。可以认为，近年来该州的教学质量得到了稳步提升，基础教育事业取得了较快发展。

表1　2012—2016年各地义务教育巩固率对比情况

单位：%

年份	黔东南州	贵州省	全国
2012	81.3	78.6	91.8
2013	89.0	84.0	92.3
2014	91.3	85.0	92.6
2015	93.0	87.6	93.0
2016	93.5	88.0	93.4

数据来源：黔东南州、贵州省《国民经济和社会发展统计公报》（2012—2016）、《全国教育事业发展统计公报》（2012—2016）。

（三）小学适龄儿童入学率和初中毛入学率

入学率是反映教育普及程度的又一个重要指标，分为毛入学率和净入学率两种：毛入学率指某学年某级教育在校生数占相应学龄人口总数的比例；净入学率指在校生中该学龄人数占相应学龄人口总数的比例。❷本文中的小学入学率指小学净入学率，即小学适龄儿童入学率，初中入学率指初中毛入学率，两者的变化均能反映义务教育质量的均衡状况。

2012—2016年黔东南州小学适龄儿童入学率和初中毛入学率与贵州省、全国的对比情况如表2所示，黔东南州小学适龄儿童入学率由2012年的96.8%升至2015年的99.5%，2016年又回落至97.9%；初中毛入学率由2012年的96.9%

---

❶ 李红艳.九年义务教育巩固率［J］.数据，2011（9）：88.
❷ 李红艳.九年义务教育巩固率［J］.数据，2011（9）：88.

升至2016年的107.4%,三年累计增长近10个百分点,与贵州省和全国的趋势相比波动幅度较大。

从黔东南州小学和初中入学率的变动趋势不难看出,该州适龄儿童接受基础教育的情况仅达到基本均衡,距离更高水平的均衡尚有一定提升空间(见表2)。

表2 2012—2016年黔东南州基础教育阶段入学率对比情况

单位:%

年份	小学适龄儿童入学率			初中毛入学率		
	黔东南州	贵州省	全国	黔东南州	贵州省	全国
2012	96.8	99.3	99.9	96.9	101.1	102.1
2013	97.5	99.3	99.7	101.6	102.5	104.1
2014	98.3	99.1	99.8	104.3	104.0	103.5
2015	99.5	99.5	99.9	106.9	104.0	104.0
2016	97.9	99.6	99.9	107.4	107.9	104.0

数据来源:黔东南州、贵州省《国民经济和社会发展统计公报》(2012—2016)、《全国教育事业发展统计公报》(2012—2016)。

二、黔东南州基础教育资源配置状况与评价

教育资源配置,即在教育资源定量的情况下,将各种有限的教育资源在教育系统内部各组成部分或不同子系统之间的分配,其价值在于实现教育资源的充分、合理利用,最大化满足社会各方面的教育需求,从而推进教育事业的持续健康协调发展。❶通过相关数据的分析发现,黔东南州基础教育阶段的资源配置在师资队伍、办学条件及经费投入等方面均有所欠缺。

(一)师资队伍:整体优化与局部失衡

师资队伍作为教育资源不可或缺的组成部分,是学校日常教学活动开展的前提。在师资配置过程中,教师的数量与质量均关系到师资队伍的综合实力,只有

---

❶ 范先佐.论教育资源的合理配置与教育体制改革的关系[J].教育与经济,1997(3):25.

配备数量充足且素质优良的教师队伍,才能保证每名学生都能接受良好教育。而要使教师资源的配置得到优化,需从教师的数量与质量两个角度分析入手。

在教师数量方面,常以生师比的计算判定某一学校或地区的教师人数是否足以支撑日常教学工作。生师比比值越大表示每名教师需负责的学生数量越多,反之比值越小则教师的负担越小。根据教育部的《关于制定中小学教职工编制标准意见》(2014年),城市和县镇、农村统一的生师比标准为初中13.5∶1,小学19∶1的标准,结合《黔东南年检》《贵州年鉴》(2011—2016)所载基础教育阶段师资配置数据,不难发现:其一,小学教师人数变化较小,初中教师人数增长明显。虽然小学教职工总数有所增加,但专任教师人数正缓慢递减,由2010年的20572人减至2015年的19960人;初中教职工总数小幅增长,专任教师人数也由2010年的11728人增至2015年的12577人。其二,小学和初中生师比均逐年增大。参照上述意见,小学的生师比近些年均达到规定标准,且形势逐年向好;而初中的生师比虽不断下降,2015年降至15.12∶1,表明每位初中专任教师需负责15名学生,但这一比例与13.5∶1的标准相比仍存在较大差距。

关于教师队伍质量水平,通常借助专科及以上、本科及以上学历教师人数的占比情况来反映。自2013年以来黔东南州小学和初中专任教师的学历合格率均维持在99%的高位水平。其中,学历为专科及以上的小学专任教师比例由2010年的72.13%升至2015年的88.17%,年均增长5.15个百分点;本科及以上的初中专任教师比例由2011年的62.40%升至2015年的76.97%,年均增长5.39个百分点。可见,在纵向上,全州基础教育阶段教师队伍素质总体上呈稳定提升之势。但在横向上,该州小学专任教师的学历合格率却略低于全国总体水平,如2011年为98.81%,比全国低0.91个百分点,2015年为99.64%,比全国低0.26个百分点。

(二)办学条件:长足改善但差距仍然存在

办学条件是教育事业持续健康发展的物质保障,学校基础设施是否完善更与其教学质量的优劣程度息息相关。在办学条件的评估体系中,校舍建筑面积是衡量学校物质资源配置的基础指标,生均校舍建筑面积则被用来反映每名学生享有的校舍建筑面积。表3显示,2012—2015年黔东南州小学校舍建筑的总面积和生均面积均呈现上升趋势,校舍建筑总面积由224.2万平方米升至274.0万平方米,生均校舍建筑面积由6.22平方米升至8.09平方米;以之与贵阳市进行横向对比,发现该州小学校舍建筑的总面积和生均面积显著高于贵阳市同期水平,而初中阶段远远低于贵阳。

表3 2012—2015年黔东南州基础教育阶段校舍建筑面积对比情况

年级	年份	在校生人数(万人)		校舍建筑总面积(万平方米)		生均校舍建筑面积(平方米)	
		黔东南州	贵阳市	黔东南州	贵阳市	黔东南州	贵阳市
小学	2012	36.05	32.23	224.2	153.1	6.22	4.75
	2013	34.64	30.87	203.8	158.1	5.66	5.12
	2014	33.76	31.65	261.7	185.7	7.75	5.87
	2015	33.88	33.01	274.0	192.2	8.09	5.82
初中	2012	19.98	18.17	162.2	264.1	8.22	14.53
	2013	19.98	17.43	244.4	277.2	12.4	15.9
	2014	19.96	16.76	188.5	316.1	9.44	18.86
	2015	19.01	15.69	202.8	324.1	10.67	20.65

数据来源:《黔东南、贵阳年鉴2013-2016》。

衡量办学条件还可凭借学校的占地面积、危房面积、图书册数、计算机台数、固定资产总值和教学仪器设备值等相关指标。《贵州省县域义务教育均衡发展督导评估实施办法》(2014年)规定的中小学校办学条件基本标准包括:小学、初中生均图书册数分别不低于20册、30册;小学、初中计算机配置生机比分别达到16:1、10:1(通过对生机比的计算可得,小学、初中每百人计算机台数的配置标准分别为6.25、10)。关于黔东南州基础教育阶段的教学资源配置情况,从仅获取的2010—2012年的图书册数、计算机台数、教学仪器设备值等数据对比看,尚有较大差距,2010年、2011年、2012年,小学生均图书册数分别为11.16、12.25、14.71册,初中分别为19.13、20.24、19.13册;小学每百人计算机台数小学分别为2、3.37、3.57台,初中分别为5.10、5.56、5.10台,折算相比,显然差距明显,无疑,相应的教学仪器设备值也与省颁标准有一定距离。

(三)经费投入:纵向虽有所增强但总量明显不足

教育的公共产品属性决定了教育经费主要来源于中央和地方各级政府的公共

财政预算支出。由于教育经费投入总量与各地财政收入情况密切相关，各地的教育经费投入存在较大差别，但能通过计算公共财政预算支出中教育支出的所占比例，了解各地对教育事业的重视程度与支持力度。❶ 表4显示，2015年贵州省公共财政预算支出共计3077.6亿元，其中教育支出694亿元，占财政预算支出的22.55%。同年黔东南州教育支出76.95亿元，数额位列全省第4，教育支出占比21.68%，排名全省第5。虽然该州两项排名均居于中位，但教育支出数额仅达全省最高的遵义市、毕节市的三分之二，支出占比也低于省均水平0.87个百分点。但就州内而言，"2016年度黔东南州一般公共预算支出决算表"显示，全年该州小学阶段教育支出为355989万元，同比增长7.18%，生均教育支出10234.42元，增长4.38%；初中阶段教育支出

197938万元，同比增长13.64%，生均教育支出10865.62元，增长18.59%。从中看出，黔东南州近年来对基础教育事业的重视力度在加强，但与发展让人民更为满意的基础教育的愿景尚有艰难跋涉的路程。

表4 2015年贵州省各市、州教育支出情况

地区	公共财政预算支出（亿元）	教育支出		教育支出占比	
		数额（亿元）	排名	比例（%）	排名
贵州省	3077.60	694.00	—	22.55	—
贵阳市	503.52	98.66	3	19.59	8
六盘水市	257.27	50.37	8	19.58	9
遵义市	473.41	111.37	1	23.53	4
安顺市	196.99	41.92	9	21.28	6
毕节市	409.75	110.85	2	27.05	1
铜仁市	301.30	72.12	5	23.94	3
黔西南州	271.39	65.73	7	24.22	2
黔东南州	354.98	76.95	4	21.68	5
黔南州	308.99	66.03	6	21.37	7

数据来源：2016年度黔东南州一般公共预算支出决算表。

---

❶ 梁慧.宁夏民族地区基础教育均衡发展问题研究[D].西宁：青海师范大学，2014.

三、贵州民族地区基础教育资源配置优化的对策思考

百年大计，教育为本；千秋大业，教育为先。要实现贵州民族地区的经济繁荣，必须优先发展教育事业，尤其是基础教育事业，以缩小当地与汉族地区或教育发达地区的发展差距。

一是加大教育财政投入，缩小地区发展差异。教育资源配置的水平、数量、模式受到经济发展水平的制约，教育供给能力也由经济发展的程度决定，因而经济基础是均衡分配教育资源的前提物质条件。❶总体来看，包括黔东南州在内的贵州民族地区的经济发展较为滞后因而使得教育投入不足，因此，应采取措施调整教育财政投入的区域结构，妥善处理民族地区教育投资的失衡问题，即省级制度设计应照顾到民族地区经济基础薄弱、教育资源相对稀缺的现实，加大公共财政投入力度，特别是对教育事业的投入，尽可能缩小省内教育资源的供给差距。

二是要加强师资队伍建设，合理配置教师资源。合格的教师队伍是教育大厦的支柱，缺乏合格的教师队伍，教育大厦就会倒塌。❷专任教师是教师队伍中的关键力量，其数量充足与素质优良是教师队伍建设的基本要求，两者皆决定了师资队伍的整体质量，并直接影响着教育的发展，其中。贵州作为民族省份，发展民族教育任重道远。鉴于贵州民族地区基础教育的专任教师数量相对短缺、素质有待进一步提升，结构有待进一步优化的实际，教育行政部门在基础教育的发展进程中，应站在民族教育发展的高度，加大教师队伍的建设力度，合理配置教师资源，全面提高教师队伍素质，以促进民族教育进一步全面、高质量的发展。

三是加快推进教育信息化。根据《教育信息化"十三五"规划》（2016年）应不断扩大优质教育资源覆盖面、优先提升教育信息化促进教育公平、提高教育质量的能力等要求，在民族地区全面深入地应用现代信息技术，加速实现教育现代化的过程。目前，贵州民族地区存在办学条件相对薄弱、基础教育教学规模结构不平衡、教育经费和基础设施的投入不足等问题，从而形成与其他地区较大的教学质量差异与教育差距。因此，提高民族地区对教育信息化建设的重视程度就显得尤为重要，应充分利用现代信息技术的优势，将其整合于基础教育教学领域

---

❶ 宁召雯.公平视角下的农村基础教育资源配置问题研究［D］.沈阳：辽宁大学，2016.
❷ 曲铁华，王凌玉.近三十年来我国教师教育改革的困境与解决路径［J］.贵州大学学报：社会科学版，2017（6）：134.

的各个方面，以适应新形势下信息化社会对教育事业发展的新诉求。

　　当然，从总体上讲，贵州民族地区基础教育资源配置要得到优化，明确、优化政府职责，将基础教育资源配置制度化、正常化无疑至为关键，也是根本和保障。基础教育的公共属性及其外部性，决定了管理者和维护者应是政府，而政府职责的明确，制度建设是重中之重。只有从政府层面着手，从公平的视野与发展的战略出发，建立健全强有力的行政法规或行政规章，以及相应的基础教育资源公平，共享开放发展成果，教育经费的投入与教师考评等制度规范化，加上切实有效的制度化实施，才能使民族地区的基础教育资源得到进一步的优化配置，才能有力地保障民族地区的教育更加全面和高质量发展。

※浓浓的乡情 满满的思念

——罗雍品《笔尖上的故乡》序*

接到雍品老师《笔尖上的故乡》书稿后，已是多次认真拜读。随着阅读次数的增多，那个勤奋朴实、诲人不倦、热爱写作的乡村小学教师的形象便在我眼里益发清晰起来，而他笔尖下喷涌而出、绵绵不绝的对于故乡、故园、故人的那份浓得化不开的乡情也益发让我感动。

雍品老师是清水江流域贵州省麻江县坝芒乡乐平小学一名普通教师。当年高考落榜的他从一名山村小学的民办教师干起，通过自身的不懈努力，在当了十多年的代课民办教师后，终于通过考试如愿以偿获得了公办教师的身份。从他自身的人生经历上，让我们感受到了他的努力奋斗和不懈坚持。尤为难能可贵的是，在教书育人，做好自己的本职工作之外，他始终不曾放弃年少时想做一个作家的梦想和追求。从高中时期到从教的三十多年来，他一直笔耕不辍，创作了数十万字不同题材的文字作品。

古人说"感人心者莫先乎于情"。雍品老师的这部书稿最打动我的，正是弥漫其间那份浓浓的乡情，还有他对故乡、故园、故人满怀真诚的思念。雍品的感情是真挚的，也是直白的，不管是在自己的作品中，还是自己集子的《后记》中，他毫不避讳地表示"尽管故乡的文化底蕴极其薄弱，但是，她是我生命的根本，无法舍弃。这里有取之不尽、用之不竭的创作源泉，需要一双慧眼，去观察、去发现、去挖掘她的内在美，这是每一位热爱故乡的有识之士的责任。"

事实上，这本集子中的许多篇目都是围绕这一夫子自道的主题来进行创作和编排的。《父亲与大山同在》《永远的记忆》《山的那边是故乡》《月是故乡明》

---

* 本文发表于《人口·社会·法治研究》辑刊 2017 年 8 月，作者为课题负责人杨军昌教授。

《故乡的老屋》《没有止境的怀念》《我的启蒙老师》《难舍青春的旧梦》……仅从这些文章的标题，我们就大抵知道，作者创作的选材范围和情感依归了。除了往往以自身熟悉经历物事为摹写对象的散文外，其诗歌、小说乃至参编志书中所负责的人物和风物小传的选题也大致没有脱离这一范畴。从这个意义上说，这个集子的书名确实是非常贴切的。

在通读全书之后，《笔尖上的故乡》给我留下了这样几点至为深刻的印象：

一是情感真挚，语言朴实。这一点在作者追忆其父母、故人和个人成长经历的篇什中表现得相当透彻。作者饱蘸感情的笔端常常让你感受到一种浓得化不开的思念，一缕萦绕不去的忧伤，又或是一股震慑心灵的力量。像《没有止境的怀念》中的这一段文字：

我清楚地记得，自己四岁的时候，母亲背着我去看望外乡的堂姐，途经一个小镇时，我无意中瞧见了小摊上的红色小皮球，闹着非要不可。身无分文的母亲，哀求着用大米兑换，遭到了小贩的拒绝。就这样，我和母亲一同哭到了堂姐家。多少年过去，不知那里的蓝天是否记得？有一位小孩，因为得不到心爱的皮球，哭喊着打破了山间的寂静；多少年过去，不知那里的小草是否记得？一位农家妇女，因为无钱购买劣价的皮球，伤心得挥洒两行热泪。

相信许多经历过那段艰苦岁月的人，读到这里恐怕都难掩几分"心有戚戚焉"的伤感吧。

再看《父亲与大山同在》中这一段直白而平实的文字：

父亲没有给自己的儿女留下什么值钱的东西，只留下对生活的感悟和谆谆教诲，留下的是一丝丝拧不断的回忆。我懂得父亲的心思，他决不希望在他去世后，家人在思想上有任何包袱。父亲是铁骨铮铮的汉子，在病重期间，总是不让任何人侍候，临去世时的当天早上，仍旧自己生火做饭。

对父亲浓烈的思念，对父亲的感激还有心中隐隐的愧悔是不是都在这平实的文字中展现出来了呢？而《碾过的岁月》更是通过对父亲承包碾坊以图多挣钱给"我"上学这一事件的记叙，通过对碾坊今昔境遇的描写，写出了父母亲对子女的浓浓爱意，也用厚重无言、默默奉献的碾坊对大爱无言的父母亲作了象征性的描写和表现。

特别值得一提的是，除了对骨肉亲情的描写和讴歌外，作者对纯洁真挚的师生、朋友之情也给予了慷慨的表现和赞美。如《我的启蒙老师》中对满脑子"旧文化"、一肚子热心肠的启蒙老师汤山爷的描写;《时光静静地流》中对当年关心"我"、帮助"我"的校长刘运校的回忆;《明天我要出嫁》中作为民办教师的"我"对家境贫寒、因父亲3000元医药费而被迫辍学远嫁的学生阿玉的帮助和关心,都写得情真意切,令人动容。

而这一切除了与作者淳朴真诚的本性有关外,也得益于他紧紧围绕故乡的选题。因为他所摹写的都是他熟悉甚至是自己和家人亲历亲见的生活,是自己再熟悉不过甚至感同身受的东西,这就为其情感的传达奠定了坚实的基础。毕竟,再美好的文字如果不建立在真实的事件和真实的情感之上,就难免陷于虚妄。

二是构思精巧,匠心独具。像那篇用心良苦、起死回生并激发其巨大创作热情的获奖征文《永远的记忆》就是较为突出的代表。在这篇只有1000余字的短小文章中,不仅有众多令人印象深刻的细节[比如"陌生人"拦阻母亲杀鸡、父亲生气地责怪(实质是错怪)"我"和母亲"收下"县长悄悄放下的钱和粮票等一系列细节行为的描写,都令人倍感真实],其故事构思也颇为精巧,读起来有一种起伏跌宕、酣畅淋漓的感觉。常言说"文似看山不喜平",这篇文章可谓深得其妙。

这种精巧的构思,也体现在作者其他几篇获奖征文中。比如为纪念改革开放而创作的《山里人的梦想》和《今生难忘的一首歌》这两篇文章,前者通过寨中老人"团首公"所讲的"自滚锅""千里眼"和"顺风耳"的故事,导出对当前农村用上电磁炉、电视机和手机等家用电器和现代通信工具的讴歌,后者则通过对乡村民办教师几次用唢呐吹奏《没有共产党就没有新中国》这支曲子的场景的描写,将山村小学和民办教师这些年来发生的天翻地覆的变化进行了不着痕迹的歌颂。

这种独具匠心的构思,在《雪花飘飘的白马河》《遥远的风景线》《天涯泪》《校园里的门卫》等小说中也有较为明显的体现。不着痕迹的构思,再加上朴实平易的叙述,使上述篇章格外具有引人入胜的魅力。

三是立意庄重,合乎正统。在这个方面,几篇获奖征文可谓典型代表。像《永远的记忆》中,通过毫无架子的县长悄悄给"我家"留下"五元钱和三斤粮票"这一行为歌颂了我党廉洁奉公的好干部;《那年枫叶红》中,通过"我们一家"与解放军过路部队的交往,歌颂了人民解放军严明的军纪和对群众秋毫无犯的优良作风。即使在那些夹杂着作者本人"忆苦思甜"情绪的文章中,也都无一例外地为"我"这个主人公安排了通过奋斗苦尽甘来过上了好日子的美好结局。在《故园新咏》一组古体诗中，更是充满了对当下新生活的热烈而直白的歌颂。难能可贵的是，我们从字里行间不难看出，作者的这种立意，这种表达，其感情均是发自内心的。这，我想也是其征文能够屡屡获奖的一个主要原因吧。

当然，文集中也有一些瑕疵和尚可提升改进的地方。比如个别文章有构思太过而流于情节、抒情太多而流于空泛之嫌。另外，个别作品格调也有待提炼。比如类似当地民间传说故事的《山村鬼事》，除了在文章内部逻辑上尚欠足够的说服力外，其典型的却又并无积极意义的"怪力乱神"内容，与文集中其他作品相比显得有些偏差，以删除为好。

我与雍品老师相识，是 2015 年 8 月在参加贵州省社科院、贵州省文史研究馆在麻江县举办的"夏同龢状元法政思想讲坛"研讨会后于麻江高枧、景阳、坝芒一带的民族教育文化调研，其间雍品老师一路给予我们很多的帮助，也为他心系乡梓，热心乡村教育、热爱民族文化而一直笔耕不辍的精神所感动，而《笔尖上的故乡》即为雍品老师的成果之一。承蒙雍品老师抬举，几次催促让我帮他写一篇评论。因为冗务缠身，评论也非吾所长，本欲推拒，但为生活中、作品中罗老师的一腔赤诚之心打动，也就索性写下这些文字，权作序言。不对之处，还望海涵。

后　记

　　国家民委民族研究项目《清水江流域少数民族教育文化研究》（2015-GM-138）由本人申报于 2015 年 5 月立项。项目组成员有李斌、杨蕴希、陆桂林、姜明、吴才茂、王雨容、廖艳、谢芝、李学香、吴丽虹、姜明、林芊、张羽琼等人。在新项目实施过程中，课题组成员不间断地在清水江流域进行了较长时期的田野调查，收集了与项目相关的、较丰的碑刻、文书、宗谱、官制文告、私家著述等文献资料，考察了流域在清代、民国时期私塾、义学、社学、书院、官学（卫学、县学、府学及官办实业学校）、近现代学校等办学场所及其遗址遗迹，走访了不少地方知情人士、教育工作者和学者，按照项目论证方案，撰写了 30 余篇调研报告、研究论文及其他体裁的文稿，其中，近 20 篇学术论文相继在期刊上发表面世。在项目成员的共同努力下，2018 年 12 月，项目研究成果通过了国家民委组织的评审验收。在此，谨向项目组的各位同志致以深深的谢意和敬意！

　　需要说明的是，2013 年 12 月，我牵头申报的"贵州大学文科重点学科及特色学科重大科研项目""历史与借鉴：贵州少数民族教育文化研究"（GDZT201303）获准立项研究。也正是在该项目的实施过程中，发现并认识到清水江流域教育文化的特殊生境，流域教育文化与流域民族文化、文书文化、科举文化、生态文化、制度文化、家国文化等的密切关系，以及对于清水江流域在历史时期国家力量进入而为"成长中的社会"的重要作用，因而将其作为田野调查和研究的重点区域，并进而决定将之析出作专题项目申报。可以说，在近几年中，始终将清水江流域教育文化纳入"历史与借鉴：贵州少数民族教育文化研究"的范畴进行研究，而同时又对之按国家民委研究项目的要求重点推进，格外着力。其结果，既使成果满足了国家民委项目设计的预期，又使之成了学校重特学科重大项目成果的重要组成和亮点。

现呈现于诸君面前的这本册子是选取基于"清水江流域少数民族教育文化"主题的、课题组成员的研究成果按照一定的逻辑关系整合而成的18篇专题论文汇集，内容涵盖民国及以前流域的私塾、义学、社学、书院、官学以及相关的文化如状元文化、宗祠教育文化、民众向学风尚等。同时，为助于人们进一步认识、了解清水江流域民族教育文化，本书同时以"附录"形式收录了或国家民委项目立项结项期之外，或全省范围立论但与清水江流域教育文化有关，或当代题材的项目组成员专题论文5篇。所有专题论文，均以专题形式出现，凡以公开发表者均在专题首页页脚注明撰者和所载刊物，以供读者参酌、指正。

本书是集体劳动的产物，是集体智慧的结晶。其中，参考、借鉴了不少时贤、学者的研究成果，恐于疏漏难免未加注明；也因著述署名的相关规定，未能将本书专题箸者一一具名，在此，一并表示真诚的谢意和致以深深的歉意。

杨军昌

2020年8月于贵阳花溪榕筑寓所